DUMONT
Reiseverlag

DIE **unterschätzten** REGIONEN IN EUROPA

Inhalt

DIE UNTERSCHÄTZTEN 15 REGIONEN ZUM ENTDECKEN

Fischland Es ist ein magischer Moment, wenn die Sonne am Horizont verschwindet und die windstille Boddenlandschaft in mildes Abendlicht taucht.

Friaul-Julisch Venetien Friaul-Julisch Venetien schlägt Brücken zwischen den Kulturen und vereint das Beste aus der alten Republik der Serenissima mit dem Habsburger Erbe.

Wenn Inseln zusammenwachsen

ANDIAMO!

Fischland-Darß-Zingst

Friaul-Julisch Venetien

Extremadura Schon der erste Blick begeistert, wenn sich der weite Himmel über die scheinbar endlose Landschaft und die dünn besiedelte, nahezu unberührte Natur wölbt.

Unter Geiern

Extremadura

4

3

2

Dordogne Dichte Wälder, märchenhafte Schlösser über Flusskehren, hervorragendes Essen und mit den prähistorischen Malereien von Lascaux ein Kulturgut aus einer unvorstellbar frühen Ära.

DIE »GRÜNE HÖLLE« ;-) Dordogne

1

WOHIN MÖCHTE ICH?

15

14

13

Steiermark

Slowenien

Schwäbische Alb

TRADITION + AVANTGARDE Steiermark

wild Slowenien

KANTIG

Steiermark Morgens mit der Gondel auf den Gletscher, abends in der steirischen Toskana Wein trinken oder aufgemascherlt in die Grazer Oper. Und zu guter Letzt in der Therme relaxen.

Slowenien Wandern zwischen Granitgreisen und Baden an der Adria, Höhlentrips im Karst, Wellness in Wald-Thermen – und mittendrin die elegante Hauptstadt Ljubljana.

Schwäbische Alb Urige Fachwerkstädtchen, romantische Burgruinen, spannende Schauhöhlen, Gasthäuser, die deftige Hausmannskost servieren – und dazu fantastische Aussichten über das Hochplateau.

Kanalinseln Jersey hat wilde Klippenpfade, weite Sandstrände und Burgen, Guernsey außerdem eine anmutige Hauptstadt. Alderney und Sark begeistern vor allem Naturfans.

Korfu In zahllosen Kurven winden sich Straßen durch sattgrüne Landschaft. Immer wieder erklimmen sie Panorama-Pässe und senken sich anschließend wieder hinab in Täler oder bis zum Meer.

Luxemburg Vom verträumten kleinen Dorf bis zur Weltstadt Luxembourg-Ville ist alles drin in dem kompakten Staat im Herzen Europas.

BRITANNIEN EN MINIATURE

Kanalinseln

Korfu → Griechisch für Einsteiger

Luxemburg ⋯ Mitten in Europa

5

6

7

Malta → *Einfach abtauchen*

8

Menorca

9

DIREKT PROBIERT

10

11

12

Nordportugal

Normandie → FRANKREICHS WILDER NORDEN

Saarland →

SO VIEL PLATZ HIER!

Im **Westen** v i e l **Neues**

Malta Ja, die Insel ist klein, aber doch eine der Superlative, ein Hot-Spot der Geschichte! Mit großen Häfen und quirligen Touristenorten – und Gozo ist sowieso eine Welt für sich.

Menorca Bislang ist der Massentourismus nicht hinübergeschwappt auf die kleine Nachbarinsel Mallorcas, auf der sich noch die unverbaute Schönheit der Balearen entdecken lässt.

Nordportugal Das Reiseabenteuer Nordportugal beginnt am wilden Atlantik, zieht sich entlang verträumter Flüsse, überwindet raue Gebirge, romantisiert in lieblichen Weinbergen, verliert sich in stillen Dörfern und feiert lebendige Städte.

Saarland Wer es eilig hat, ist in gut einer Stunde durch. Wäre schade, denn ins Saarland kommt man nicht zum Rasen, sondern zum Entschleunigen: zum Wandern, Radeln, Bummeln und Genießen.

Normandie Glückliche Kühe auf saftig grünen Wiesen neben schwindelerregend hohen Kalkklippen über brandendem Meer, endlose Strände für Badefreuden und im Hinterland zauberhafte Fachwerkdörfer.

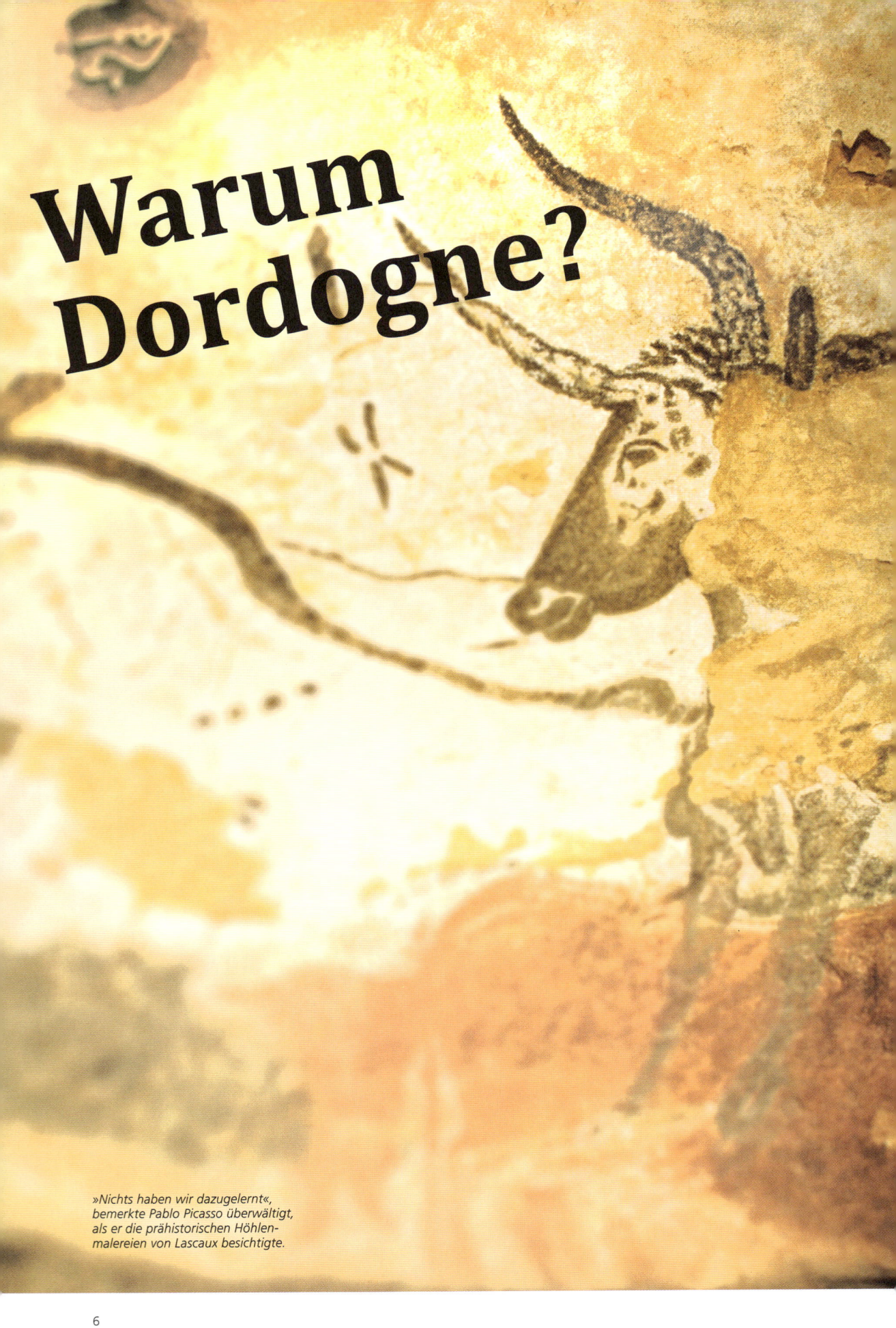

Warum Dordogne?

»Nichts haben wir dazugelernt«,
bemerkte Pablo Picasso überwältigt,
als er die prähistorischen Höhlenmalereien von Lascaux besichtigte.

Die Erfindung der Langsamkeit

Dichte Wälder, märchenhafte Schlösser über Flusskehren, hervorragendes Essen und mit den prähistorischen Malereien von Lascaux ein Kulturgut aus einer unvorstellbar frühen Ära. Als alte Lebensader vereint die Dordogne im Südwesten Frankreichs das Erbe vieler Jahrhunderte, blieb zugleich aber von manchen Eingriffen der Neuzeit verschont. Genießen Sie dazu den Wein, die Trüffeln – und die einmalige Ruhe.

Gar schaurig ist's: Kulissen wie hier in der Rue de la Liberté in Sarlat-la-Canéda sind wie geschaffen für Historienfilme.

Meister der Form: die Gärten von Marqueyssac

Das ist die Dordogne ...

Die »grüne Hölle« beginnt im Périgord Vert, der nördlichen Ecke der historischen Provinz Périgord, heute das Département Dordogne. Gäbe es dort nur etwas weniger Landwirtschaft, würden ein paar Straßen zurückgebaut, hätte das Recht des Stärkeren mehr Tierarten verschont – in der Dordogne blieben dem Menschen noch gute Gründe, sich zwischen Fluss und Flora bedeutungslos zu fühlen. Schon ein Spaziergang durch den Bananenhain von La Roque-Gageac setzt Dschungelgefühle frei, sofern über den saftstrotzenden Stauden eine sengende Sonne feuchte Luft ausbrütet. Dabei ist dies nur eine von Gärtnern geschaffene Trugwelt. Was dagegen die Natur bis dicht ans Flussufer schiebt, könnte bequem dem Orinoko die Stirn bieten. Wer einmal in aller Frühe dort gestanden, einen Milan über Nebelschwaden schwingen gesehen und gehört hat, dass man außer Vogelstimmen eben nichts hört, der weiß, dass diese Landschaft rechtmäßige Heimat europäischer Prähistorie ist. Hier gehört er hin, der Cro-Magnon, vor dem sich auch Picasso verneigte, da ihn die Höhlenmalereien schwer erschütterten. Nur dass die Heimat des Cro-Magnon-Menschen viel zu kalt für Bananen war.

Versuch's mal mit Gemütlichkeit

Qu'est-ce qui manque? Was fehlt, damit all das perfekt wäre? Eigentlich nur das Meer. Allerdings erwächst aus diesem kleinen Mangel ein großer Vorteil. Da die Küsten fern sind, schlagen die sommerlichen Blechlawinen einen ausladenden Bogen um das Périgord. Nur wer sich den Urlaub an der Dordogne gezielt vorgenommen hat, trudelt dort ein und verweilt – oft in Seelenruhe. Entschleunigung? Es gibt noch Winkel in Europa, in denen der Modebegriff absurd erscheint, weil dort die Hektik noch gar nicht begonnen hat. Der Fluss Dordogne ist wie geschaffen dafür, beharrlich gelassen zu sein. Auf seinen 500 Kilometern vom Zentralmassiv bis zur Gironde nimmt er sich alle Zeit der Welt.

Durchlöcherte Welt der Wunder

Das Sahnestück der Dordogne ist die goldene Mitte, die deutlich mehr als ein Rinnsal und noch nicht schiffbarer Strom ist. Gesäumt wird der Fluss von einem mächtigen Kalksockel, verlässlicher Zeuge eines längst verschwundenen Korallen-

Farbzauber wie aus einer anderen Welt: Ein Lichtstrahler wirft einen künstlichen Mond auf die Wand des Museums von Les Eyzies im Périgord Noir, die untergehende Sonne liefert dazu das Kontrastprogramm.

China an der Dordogne: Der exotische Blauregen klammert sich an ein altes Gemäuer.

meers. Dem Cro-Magnon war die tropische Pracht nicht mehr bekannt, er lebte in einer klimatisch gerade noch erträglichen Natur am Rande eines Eispanzers. Flüsse und Regen hatten dem »Höhlenmenschen« vor allem im Périgord Noir, dem Südwesten der Dordogne, Überhänge in den Felsen gewaschen, die Schutz und ganz nebenbei einen Malgrund boten. Darunter gurgelt noch heute Wasser durch ein verzweigtes Höhlensystem. Unter- und oberirdisch sind nur zwei Seiten der einen faszinierenden Medaille. Sie glänzt dort in aller Pracht, wo sich die »Big Four« der Touristik befinden, nämlich im Renaissancestädtchen Sarlat, bei den Felsmalereien von Lascaux, unter dem Kalkschlund von Padirac und im Pilgerstrom von Rocamadour, der Einsiedelei auf einem Steilfelsen.

Burgen und Bastiden

Zwischen Kalknasen bleibt einem Fluss kaum eine andere Wahl, als seine Schleifen zu ziehen. Und oben auf dem Fels blieb den Rittern, die rauften wie die Kesselflicker, kaum eine andere Wahl, als über den Mäandern ihre Burgen zu bauen: Castelnaud, Beynac, Milandes und noch viele mehr. Als Ergebnis finden wir ein real existierendes Schaustück mittelalterlichen Wettrüstens entlang eines völlig unaufgeregten Flusses. *Cingles* nennt man an der Dordogne jene Schleifen. Mit den Burgen an Schleifen ist das Dordogne-Tal bis weit nach Westen erst einmal Meisterwerk einer Kooperation zwischen Mensch und Natur, jeweils im Kleinen kopiert an abzweigenden Flüssen wie Lot, Dronne oder Vézère. Hinter den besonders weit ausgreifenden *cingles* von Limeuil und Trémolat scheinen sich Fluss und Mensch dann verausgabt zu haben. Die Welt weitet sich, in den Ebenen des Périgord Pourpre im Südwesten der Dordogne faulenzen Bastiden wie Beaumont und Monpazier, gezirkelte Siedlungen aus der Zeit des Hundertjährigen Krieges, als Franzosen und Engländer einander immer neue Kolonien vor die Nase setzten. Und dann, schon dicht am Bordelais, grünen um Bergerac die ersten Weinreben.

Rechnet man zum ehemaligen Flusshafen Bergerac noch die Dordogne-Hauptstadt Périgueux im Périgord Blanc hinzu, so leben in der Region gerade mal 60 000 Städter. Muss man mehr sagen, um Tempo und Lebensstil zu verdeutlichen?

... und das sind ihre Städte

Die Hauptstadt Périgueux, ein wundervolles Fleckchen am Fluss Isle

15. Jh. in malerischer Lage am Fluss errichtet und erweitert wurden. Der erste Bischof in Périgueux soll zur Römerzeit Fronto gewesen sein. Es traf sich bestens, dass um 900 Reliquien dieses mysteriösen Mannes auftauchten, denn darüber ließ sich eine Kirche am gerade aufblühenden Jakobsweg errichten. Dank der Pilgergaben konnte die Grabkapelle später als byzantinisch-romanische Cathédrale St-Front zum größten Gotteshaus Südwestfrankreichs ausgebaut werden. Die Türme und hohen Kuppeln deckte Architekt Paul Abadie im 19. Jh. mit orientalisierenden Schuppendächern. Damit hatte er sich selbst das Vorbild für Sacré-Cœur in Paris geschaffen. Über den Resten einer römischen Stadtvilla wurde das Musée gallo-romain errichtet, eine Glas-Metall-Konstruktion des Architekten Jean Nouvel, der damit ein »Fenster zur Vergangenheit« schaffen wollte.

PERIGUEUX

Périgueux, Hauptstadt des Périgord mit rund 30 000 Einwohnern, ist das seltene Beispiel einer Stadt mit zwei separaten Wehrmauern, wenn auch beide nicht mehr stehen. Die Doppelausstattung schützte zwei zeitlich versetzte Siedlungen, das antike Vesunna einerseits und den mittelalterlichen Pilgerort Puy St-Front andererseits. Von St-Fronts Mauern blieb die Tour Mataguerre als letzter von 28 Rundtürmen – ein Glücksfall für alle, die von den Zinnen aus die Dächer der Stadt fotografieren wollen. Andere bestaunen einfach nur die imposante Renaissance- und Barockarchitektur. Schönste Schau-

objekte sind das Hôtel de Saltgour-de mit seinem wuchtigen Eckturm und das ebenfalls aus dem 15. Jh. stammende Hôtel de Ladouze. Verteidigungselemente, wie sie dort zu sehen sind, etwa die Pechnasen, bestimmen auch die Fassade des Palais Gilles Lagrange an der Place de l'Ancien Hôtel de Ville. Wurzeln im 12. Jh. hat möglicherweise die Maison du Pâtissier (rue St-Louis), die um 1518 umgebaut und bei der Gelegenheit mit einem sehr schönen Eckportal versehen wurde. Überaus stattlich ist die Fassade der Maison Estignard (rue Limogeanne), ab 1886 Sitz der Messerschleiferei Favie. Als »Maisons des Quais« bekannt sind Maison des Consuls und Maison Lambert, die ab dem späten

BERGERAC

130 Höhenmeter liegen zwischen höchstem und tiefstem Punkt der Kleinstadt. Das wohl schönste optische Spiel mit dem Gefälle bietet die Place Pélissière, wo man von der Kirche St-Jacques, vorbei an der Statue des Cyrano, hinunter zu Restaurants steigt. Der dortigen Weite steht die intime Place de la Mirpe mit einem zweiten Cyrano gegenüber. »Temple Protestant« ist über dem Portal des Eckhauses zu lesen, auf das dieser Cyrano schaut. Aber der mächtige

Gebäudekomplex aus der Ära Ludwigs XIII. war entstanden, um nach den Religionskriegen den Katholizismus in die Stadt zurückzuholen. Die entsprechende Aufgabe hatte ein Rekollekten-Orden mit strenger Observanz, der hier im Cloître des Récollets weilte. Die Bruderschaft, die lange nach Ausbruch der Revolution dort ihr Domizil namens Maison des Vins de Bergerac fand, hat sich hingegen dem Wein verschrieben (www.vins-bergeracduras.fr).

SARLAT-LA-CANÉDA

Über eine »Servitude volontaire«, eine freiwillige Knechtschaft, schrieb Mitte des 16. Jh. ein junger Mann. Étienne de la Boétie (1530–63) war Richter, Autor und Freund Michel de Montaignes und konfrontierte seine Zeitgenossen mit der These, dass Unterdrückung die Bereitwilligkeit der Unterdrückten voraussetze. Étiennes Geburtshaus, die Maison de La Boétie, steht an der Place du Peyrou. Dass er gleich gegenüber der sehenswerten Cathédrale St-Sacerdos zur Welt kam, besitzt Brisanz, denn neben dem Adel war es gerade auch der Klerus, der *servitude* gefordert hatte. Nun, im Zeitalter der Renaissance, mahnten die Vordenker, sich nicht länger gängeln zu lassen. Die Bürgerhäuser der kleinen Gemeinde atmen diesen Geist, bekennen sich zum verdienten Wohlstand und der Abkehr von Bevormundung. Während die Lanterne des Morts (12. Jh.) hinter der Kathedrale, wo bei Seuchen ein Warnfeuer entzündet wurde, noch das Mittelalter symbolisiert, steht das Rathaus Hôtel de Ville an der Place de la Liberté (17. Jh.) für die Selbstbestimmung. Jahrhunderte später verwandelte Architekt Jean Nouvel die überflüssig gewordene Kirche Ste-Marie in eine Markthalle.

BRANTÔME

Bevor aus König Karl ein Großer wurde, hatte er sich mit Aufständen zu plagen, so auch 769 in Aquitanien. Dort fand er Gefallen an den felsigen Ufern der Dronne und gründete über den Reliquien der Heiligen Pierre und Sicaire eine Benediktinerabtei. Nun ja, die Heiligen könnten pures Hirngespinst sein, aber Karl lockte Pilger ins Tal. Die Mönche schufen früh einen künstlichen Abzweig der Dronne und verwandelten so die Siedlung zu ihren Füßen in eine Insel. Von Osten blickt man auf die Abtei St-Pierre und ihr Spiegelbild im Wasser. Der Campanile aus dem 11. Jh. ist einer der ältesten frei stehenden Glockentürme Frankreichs. Ins 8. Jh. reicht der Monastère troglodytique zurück, das Gründungskloster in der Felswand. In den Fossilkalk haben die Mönche zwei hervorragende Reliefs geschlagen. Über zauberhafte Brücken erreicht man das Zentrum des kleinen Ortes, wo sich rings um die Place de la Liberté Architekturschätze der Renaissance erhalten haben. Der Pont Coudé, eine rechtwinklig geknickte Brücke, führt derweil von der Abtei in den Jardin des Moines, den Lustgarten der Mönche.

DOMME

Domme zählt zu den Bastiden, die man gesehen haben muss, weil sie anders sind. Hoch auf einem schützenden Fels gelegen, das Schachbrett teils über Anhöhen gezogen, teils gegen Gestein abgewinkelt, die Plätze von der Natur unterhöhlt. Von allen Belagerern waren erst 1588 die Hugenotten erfolgreich. Die Markthalle, um die Wende zum 17. Jh. aus Holz und Stein gebaut, birgt den Eingang zu einer Grotte mit Tropfsteinen und ein paar prähistorischen Gravuren. Im Rücken der Markthalle befindet sich das Hôtel du Gouverneur (16. Jh.), schräg hinten die bescheidene Kirche (17./19. Jh.) des Dorfes. Ein paar Schritte weiter gibt es den Blick: von der Aussichtsterrasse La Barre.

1.
TOUR

2.
TOUR

3.
TOUR

Die Dordogne erleben

Bastide im Meditationsmodus: Von der Terrasse La Barre in Domme könnte man stundenlang auf die Dordogne schauen.

1. *TOUR*

Besuch im Trüffelmuseum von Sorges –
Auf der Spur der schwarzen Diamanten

Kaum hatte Carlo Vittadini 1831 das Wesen der Schwarzen Trüffel beschrieben, wurde Sorges Pionier einer gezielten Kultivierung. Kein Wunder, dass Gäste hier ein Trüffelmuseum und einen Sentier des Truffières finden.

2. *TOUR*

Die Flussschleifen von Limeuil und Trémolat –
Wo die Dordogne eine Biege macht

Südwestlich von Sarlat holt der Fluss gleich zweimal besonders weit aus und bildet malerische Windungen, die sogenannten *cingles* von Limeuil und Trémolat.

3. *TOUR*

Flussfahrten bei La Roque-Gageac –
Kanu oder Gabarre?

Auf dem wildromantischen Fluss an imposanten Wächtern über die Dordogne vorübergleiten, ganz ohne lästige Warteschlangen – womöglich sind die Festungen und Schlösser von außen ohnehin schöner!

Auf der Spur der schwarzen Diamanten

Trüffelmärkte, Trüffelfeste, Trüffelmuseen – der Périgord ist ein Trüffelparadies und Sorges ein guter Ort, in die Welt der Trüffeln einzutauchen. Hier erfährt man auch, dass der abgerichtete Hund das bessere Trüffelschwein ist. Denn im Unterschied zu Schweinen haben Hunde kein angeborenes Verlangen nach dem unterirdischen Pilz. Womit wir mitten im Thema wären.

»Et voici …«, sagt Yves Nottelet und klappt die Fensterläden auf: »… la campagne!« Für den Chef der Auberge de la Truffe ist dieses Land schon deshalb belebend, weil es Trüffeln für seine Restaurantgäste liefert. Was nicht jeden erfreut, denn Trüffelduft ist eigen, erdig, für manche unangenehm moderig. Genießer balgen zudem um die Qualität der rund 40 Arten, wobei *Tuber melanosporum,* die Schwarze Périgord-Trüffel, nicht zwingend die Höchstnote erhält. Gleichwohl ist sie mit einem Kilopreis bis 2000 € nach der weißen Alba die zweitteuerste.

Der Hund, das bessere Trüffelschwein

Zwar ist dies Grund genug, Trüffeln nicht den Schweinen zum Fraß zu lassen. Dennoch haftet das Klischee im Kopf: Mann und Sau im dichten Eichenwald. Das begeistert Fotografen, mehr nicht. Denn aus Ferkeln werden mit den Jahren so gewitzte, gefräßige und gewichtige Tiere, dass man sie nur mit viel Erfahrung noch bändigen kann. Ein Hund hingegen ist ausdauernder und begnügt sich mit einem leckeren Happen als Belohnung. Um es vorwegzunehmen: gerne auch mit Wurst vom Schwein.

Der Zusammenhang mit »tuber« (lat.: Höcker) erschließt sich nicht jedem auf Anhieb, doch das Innenleben einer Trüffel kommt der tuberkulösen Lunge schon recht nah. Eklig? Nun ja, für manche beginnt das Trüffel-Trauma schon mit dem grottigen Duft. Wer deshalb jedoch einen Bogen um den Pilz macht, verpasst ein leckeres Stück Périgord.

[Foto]

Seit 1982 lädt ein Anbau des Office de Tourisme als Écomusée de la Truffe zu Einblicken ins Trüffelgewerbe ein. Man lernt, dass es auch Trüffelfliegen gibt, dass kalkhaltige Böden und mediterranes Klima den Wuchs fördern, dass der Pilz eine Symbiose mit Pflanzen wie Haselnuss und Eiche führt, indem er ihr Wurzelwachstum und ihre Photosynthese begünstigt.

Wer glaubt, in Sorges liegt der Hund begraben, weiß nichts über das Leben von Trüffelsammler Édouard Aynaud.

Nur mit Nasenklammer?

Kaum hatte Carlo Vittadini 1831 das Wesen der Schwarzen Trüffel beschrieben, wurde Sorges Pionier einer gezielten Kultivierung. Kein Wunder, dass Gäste hier einen Sentier des Truffières finden (Plan im Museum). Folgen Sie der D 68 Richtung Savignac, dann dem ersten Sträßchen rechts zu einem Parkplatz kurz hinter Puycousin. Schilder begleiten den 3 km langen Lehrpfad. Bei einer alten Eichenpflanzung erfährt man, dass der Trüffel in so dichtem Wald Licht und Wärme fehlen und vielmehr junge Bäume für den Wuchs erforderlich sind. Da bei Ihrem Besuch wahrscheinlich Sommer ist und die Erntezeit im Winter liegt, sind keinerlei Aktivitäten zu sehen. Allenfalls sehen Sie kahle Stellen rings um die Wirtspflanzen, als sei dort Unkrautvernichter am Werk. Tatsächlich haben Trüffel genau diese Wirkung auf andere Pflanzen, teils durch Zellzerstörung und teils – tja, durch den Gestank, den die übrige Flora nicht erträgt. Sollten Sie robuster sein, besuchen Sie in Sorges den Trüffelmarkt.

Ü ÜBRIGENS

Eine Pilgerherberge bei der Dorfkirche verrät, dass Sorges an der Strecke Vézelay–Périgueux des Jakobswegs liegt (Karte und Beschreibungen auf Französisch unter www.compostelle-limousin-perigord.fr).

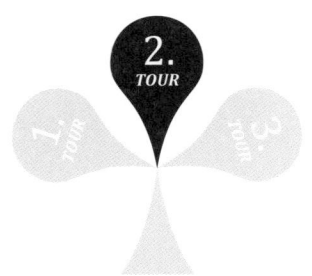

2. TOUR

1. TOUR

3. TOUR

Die Flussschleifen von Trémolat und Limeuil

Wo die Dordogne eine Biege macht

Die Dordogne ist ein Fluss mit vielen Schleifen, »cingles« nennt man sie in Frankreich. Physiker erklären das Phänomen des Mäanderns leider so, dass Laien nur noch Bahnhof verstehen. Begnügen wir uns damit, dass fließendes Wasser durch Hindernisse am Flussboden zu einem Pingpong animiert wird, das am Unterlauf immer weiter ausschwingt – bis es zum Durchbruch kommt und die Schleife stirbt.

Die erste Flussschleife von nennenswertem Ausmaß ist der Cingle de Montfort südlich von Sarlat. Weiter flussabwärts folgen zwei echte Prachtkerle, die ab Einmündung der Vézère so richtig kräftig ausholen.

Garten der Lüste

Was nutzt es, wenn man die Vézère, aber nicht die Dordogne queren kann? Oder umgekehrt? Ende des 19. Jh. erhielt Limeuil endlich freie Fahrt zu anderen Ufern durch zwei rechtwinklig zueinander stehende Brücken über die beiden Flüsse. Der kleine Fähranleger Port de Limeuil hatte damit ausgedient, dafür war mit den *ponts* ein neues Postkartenmotiv entstanden, das sich von der Terrasse des À l'Ancre de Salut bestaunen lässt. In dieser heutigen Brasserie hielten sich früher die Bootsleute auf. Gleich neben dem Haus steigt eine von Kunstgewerbeläden gesäumte Gasse den Hang hinauf. Darüber thront ein verfallenes Schloss mit umliegenden Gärten, die seit ihrer Restaurierung Jardins panoramiques heißen. Der Gang hinauf, der in der Sommerhitze beschwerlich sein kann, lohnt nur zu den Öffnungszeiten. Denn den unverbauten Blick auf einen Teil des 9 km langen Cingle de Limeuil hat man wirklich nur von der Aussichtsterrasse des 1 ha großen Gartens, in dem Färber-, Kräuter- und Wasserpflanzen auf jeweils eigenen Parzellen gedeihen. Für die Sicht über den gesamten Cingle ist aber nur ein himmlischer Standort hoch genug.

Zum Bersten gekringelt

In Trémolat scheint die Suche zunächst ähnlich erfolglos zu verlaufen, aber es existiert die D 30 E Richtung Mauzac und dort nach 2 km eine wuchtige *ferme-auberge,* die schon bessere Zeiten gesehen hat. Damals, zu diesen besseren Zeiten, waren auch Bäume und Büsche noch nicht ins Panorama gewachsen, sonst wäre kein Aussichtspunkt auf den spektakulären Cingle de Trémolat vermerkt. Anwohner aber wissen, dass der Pfad, der rechts durchs Wäldchen führt, nach fünf Minuten in eine Kletterstelle mündet, die Schwindelfreiheit und ein wenig Gelenkigkeit erfordert. Und dann ist der Blick frei auf »l'une des merveilles du monde«, eines der Weltwunder, wie der Schriftsteller André Maurois schrieb. Wenn Sie sich auf der Rückfahrt noch an einem zweiten Fernblick erfreuen möchten, dann wäre das die Sicht auf die beiden Dordogne-Brücken von Trémolat.

»ES MAG DER TAG KOMMEN, AN DEM FRANKREICH UNTERGEHT, ABER DIE DORDOGNE WIRD WEITERLEBEN WIE ALLE TRÄUME, DIE DIE SEELE DER MENSCHEN NÄHREN.«

Henry Miller
(1891–1980)

*Setzen starke Akzente in die Land-
schaft, die »cingles« – Flussschleifen,
die blieben, weil die Wasserläufe in der
Dordogne nie begradigt wurden.*

Flussfahrten bei La Roque-Gageac

Kanu oder Gabarre?

Unzählige Burgen wachen über die Dordogne, an deren Ufern sich einst Franzosen und Engländer feindselig gegenüberstanden. Wie wäre es, einige dieser Prachtbauten mal nur als Kulisse vom Fluss aus zu betrachten? Sie müssen gar nicht hinein, keine Ahnengalerien in Öl und keine Sitzmöbel des Allongeperücken-Adels anschauen. Sie gleiten einfach auf dem Fluss an den Burgen vorbei.

Das österreichische Hallstatt haben die Chinesen kopiert, hätten mit gleicher Berechtigung aber auch La Roque-Gageac nachbauen können. In gerader Zeile entlang der Dordogne sind die Häuser der nur knapp 500 Einwohner pittoresk aufgereiht, von oben drückt machtvoll der steile Fels. Bestimmt fehlt nicht viel, dann ist dieses Panorama samt Palmen und Bananenstauden einfach weggeknipst von den Millionen Handykameras. Gerne möchte man den Bildern bedeutende Worte über den Ort beifügen. Aber was da in seiner Gesamtheit so eindrucksvoll auftrumpft, bleibt in der Lupenansicht eher mager. Hinter dem Manoir de Tarde, einst das Wohnhaus des Klerikers und Wissenschaftlers Jean Tarde (1561–1636), gibt es eine Leiter zum Fort Troglodytique, einer Höhlenfestung, die im Mittelalter als letzte Zuflucht diente. Das war's.

Wehe, wehe, der Wels kommt!

Der alte Hafen von La Roque-Gageac ist das reinste Filetstück in diesem Gewerbe, stets umdrängt von Touristen. Die Fahrt in den *gabarres* ist deutlich bequemer geworden, seitdem diese Boote mit Motoren ausgestattet sind und nicht mehr wie einst flussaufwärts vom Treidelpfad aus gezogen werden. Stromschnellen und andere Tücken, wie sie etwa bei Lalinde warten, sind hier nicht zu befürchten. Da stürzt man schon eher von Bord und wird von einem Wels gefressen. So erzählen es sich jedenfalls die *gabarriers*.

Schlösser per Paddel

Falls Sie überleben, nehmen Sie die herrlichsten Bilder mit nach Hause. Es beginnt mit dem Château de la Malartrie, einem historisierenden Gebäude aus dem 19. Jh., das für Hochzeiten vermietet wird. Die Gärten von Marqueyssac gestatten von unten keine Einblicke – schade, denn die »hängenden Gärten« sind wie von einer anderen Welt. Weiter flussabwärts stehen sich das Château de Castelnaud und Beynac als alte Streithähne gegenüber.

An Bord der *gabarre* treten Sie dann wieder die Rückfahrt an. Mittlerweile sind Ihnen aber sicher längst die Paddler aufgefallen, die auf Kanus allesamt flussabwärts fahren. Mietstationen gibt es reichlich, auch in La Roque-Gageac. Man kann von dort erst einmal ein Probestück bis Les Milandes wählen (zwei Stunden), wo das Kanu abgeholt wird. Meistens hat einen danach aber das Fieber gepackt und man will immer neue Abschnitte der Dordogne und ihrer Nebenflüsse erkunden.

La Roque-Gageac ist, vom Wasser aus betrachtet, besonders pittoresk.

Kanu, Pferdewagen und viel heiße Luft

Angeln

Eine Flussbegradigung hat es nie gegeben, industrielle Verschmutzung kaum, die Welt im Wasser ist also noch in Ordnung und für Angler interessant.

Fesselballon

Montgolfieren starten ganzjährig zu ein- bis zweistündigen Ausflügen durch die Lüfte, beliebt sind Fahrten ab La Roque-Gageac (www.montgolfiere-du-perigord.com), Hautefort (www.montgolfiere.fr) oder Rocamadour (www.rocamadouraerostat.fr).

Kanu und Kajak

Im Périgord ist es die Freizeitaktivität schlechthin und erfordert angesichts der harmlosen Gewässer auch keine sonderlichen Kenntnisse: das Kanufahren. Man paddelt nur die Strecke flussabwärts und wird von der Station zum Start gefahren bzw. am Ziel abgeholt. Infos: www.canoe-france.com. Verleihfirmen mit besonders großem Angebot: www.copeyre.com, www.canoe-kayak-dordogne.com.

Klettern

Das Kalkgestein des Périgord bietet Steilwände ebenso wie unterirdische Gänge, sodass sich Klettern *(escalade)* und Höhlendurchsteigen *(spéléologie)* zur sportlichen Einheit verbinden. Anregungen finden Sie auf www.perigorddecouverte.com.

Radfahren

Die nur schwach genutzten Straßen verleiten Autofahrer zu zügigem Tempo und geringer Vorsicht in den Kurven – ein Nachteil für Radfahrer, die zudem mit enormen Steigungen zu kämpfen haben. Schöne und leichte Strecken sind die alte Bahntrasse bei Thiviers und der Pfad entlang des Canal de Lalinde.

Reiten

Etwa 900 km Reitwege im Département Dordogne sind in Karten des CDT verzeichnet, darin auch die Lage von Unterkünften, die die Verpflegung der Tiere gewährleisten. Über Reiterferien informiert www.terre-equestre.com.

»Roulottes«/Pferdewagen

Ausgestattet mit Betten, Kochnische und einem genügsamen Pferd, ist die Roulotte ein familientaugliches, beschauliches und vollkommen ausreichendes Fortbewegungsmittel. Einer der Anbieter: www.perigord-roulottes-vacances.net.

Wandern

Zu den Fernwanderwegen (GR, weiß-rot markiert) gehört der 89 km lange GR 64 von Rocamadour nach Les Eyzies. Hinzu kommen Mittelstrecken (GRP, gelb-rot), Kurzwanderwege (PR, gelb-weiß) und alte Treidelpfade. Infos: www.ffrandonnee.fr.

Kanus zur Miete sind der geläufige Anblick an den Ufern der Flüsse und geben knallige Farbtupfer in bizarren Landschaften.

Solche besonderen Momente einer Landpartie möchte man für immer festhalten.

So schmeckt die Dordogne

...re est un mélange de ... ...ostalgie et d'anticipation extrême

Die Kirche als Marktplatz: Ste-Marie widmet sich heute ganz der frischen Kost.

Es matscht die Mühle – und presst köstliches Öl aus dem Mus von Walnüssen.

In den 1970ern wurde Nouvelle Cuisine Kult und alles weggefegt, was von Fetten und Schwitzen belastet war, lange schmorte und gar noch eingemacht wurde. Inzwischen sind Bocuse und Guérard überlebt, auch neue Hypes sterben bereits – doch die Küche des Périgord lebt immer noch. Vielleicht liegt's daran, dass sie beides schätzt: Eigengeschmack und Frische einerseits, deftige Schwere andererseits.

Ein Leben mit Weichkäse …

Cabécou heißt der verteufelt leckere Rundling, dem man nicht nachsagen kann, ein kleiner Stinker zu sein. Hergestellt wird dieser Périgord-Käse aus der Milch von Ziegen – nicht aus der von Kühen und auch nicht aus der von Schafen. Das hat seinen nachvollziehbaren Grund, denn Ziegen haben sich auf kargen Kalkböden mit ihren Lebens- und Fressgewohnheiten gut bewährt. Weil die Natur immer noch der beste Ratgeber ist, passt *Cabécou* dann auch prächtig zu anderen genügsamen Dingen, etwa Brombeeren, Kartoffeln oder Zucchini. So ergeben sich typisch bodenständige Gerichte, die den Eigengeschmack zu betonen suchen und oft schnell zuzubereiten sind wie *Cabécou* im Hut eines großen Champignons, auf einer Quiche oder in einem Blattwickel, der in Armagnac getränkt wurde.

… und mit schwerer Leber

Godard – ausnahmsweise mal nicht der Regisseur – prangt seit Jahrzehnten in jedem Dorfzentrum als »Spécialiste du Foie gras«. Als Superproduzent der Stopfleber stünde Godard in Deutschland sicher unter Beschuss, während ihn das Périgord gerade als solchen ehrt. Auch am Geschmack scheiden sich die Geister. Die gemästete Leber ist ein fetter Brocken und fügt sich in ein Gesamtbild fleischiger Deftigkeit. Eingemachtes *(confit)* von Gans *(oie)* oder Ente *(canard),* darunter nicht nur Brust *(margret)* und Keule *(cuisse),* sondern auch Magen *(gésier)* und Hals *(cou),* ist ebenso beliebt wie schmalztriefend. Wer Stopfleber im doppelten Sinne schwer verdaut, findet Alternativen – von Ziegenkäse bis »faux gras«.

Wo noch der Frischpilz regiert …

Obst und Walnüsse, Maronen, Steinpilze und Trüffeln – die Mischung ist köstlich und bleibt zum Löwenanteil in der Region, wo die Ware von Kleinbauern auf Wochenmärkten unters Volk gebracht wird. Klingt nach Urgroßvaters Zeiten? Umso schöner, dass es in Europa mitunter noch so funktionieren kann. Und dass sich auch die Köche vieler Restaurants noch auf den Märkten eindecken. Doch es irritieren inzwischen Discounter mit ihrem Allerweltsbrei zu Spottpreisen das Gefüge und locken den Nachwuchs von den Speisetraditionen weg. Ein geläufiges Phänomen und doch frappierender, als es bei uns der Fall war, weil es nicht schleichend, sondern rasant um sich greift.

… und Chicken eher selten Nuggets bedeutet

Wer nämlich am ersten Morgen in der Dordogne ein Frühstück mit hausgemachten Produkten in der *ferme-auberge*, dem Bauernhof, zu sich genommen hat, versteht am zweiten Morgen nicht mehr, warum er noch irgendein Mac-Dings aufsuchen sollte. Schnellimbiss, Pizza auf die Hand, Dönerspieß und selbst die allfranzösisch grassierende Crêpe sind vorerst noch Phänomene der Städte und großen Touristenzentren. Etabliert hat sich derweil der nordafrikanische Import Couscous, auch über den Niedrigpreis.

Warum Extremadura?

Intakte Umwelt ist ein Markenzeichen der Extremadura, wo sich einsame Kork- und Steineichenhaine bis zum Horizont erstrecken.

Ein stilles Paradies

Schon der erste Blick begeistert, wenn sich der weite Himmel über die scheinbar endlose Landschaft wölbt. In der dünn besiedelten, nahezu unberührten Natur sind mehr als 300 Vogelarten heimisch oder überwintern, darunter 130 000 Kraniche. Wer wäre nicht angetan von den grünen Wiesen, knorrigen Olivenbäumen, blauen Seen, sanften Bergen, wilden Gebirgen? Und von den verschlafenen Dörfern und historischen Städten, die wie dazwischengeworfen wirken, gezeichnet von den Palästen der spanischen Eroberer des 15. und 16. Jahrhunderts.

Lampenlicht und Sonnenschein lassen die weißen Gassen in Zafra strahlen.

Warum bis Japan schweifen? Sieh, die Kirschblüte in Jerte liegt so nah.

Das ist die Extremadura ...

Spanien en miniature, nur die Küste fehlt – das ist die Extremadura. Sie mag auf den ersten Blick etwas provinziell erscheinen. Und wirklich, auf Ihrer Reise sollten Sie ein paar Gänge herunterschalten und Neugier für versteckte Schönheiten mitbringen. Dann werden Sie eine Facette Spaniens entdecken, in der Tradition noch nicht gänzlich zum Tourismusmarketing verkommen ist. Wenige Menschen, kaum Industrie, extensive Landwirtschaft. Die Umwelt ist weitgehend intakt. Vielleicht finden Sie fast vergessene Freuden der Kindheit wieder. Planschen in einem Naturschwimmbad. Oder Sonnenbaden am Strand; zwar ohne Meer, doch entlang großer Seen. Wandern auf Blumenwiesen und durch geheimnisvolle Bergwälder. Das Auge schweift über schier endlose Steineichenhaine. Frei laufende Iberische Schweine laben sich an den Eicheln. Urlauber stoßen auf Zeugnisse unterschiedlicher Kulturen, die das ewige Durchgangsland geprägt haben: Im Norden lassen die mächtigen Wehranlagen der christlichen Rückeroberer an Kastilien denken, der Süden erinnert mit seiner Lebensfreude an Andalusien und im westlichen Grenzland wähnen Sie sich mancherorts in Portu-

gal. Und auch das Auftreten vieler Extremeños offenbart eine sympathische Verbindung von kastilischem Stolz und portugiesischer Seele.

Alle Vögel sind schon da

Fernglas scharf gestellt und Kamera ausgepackt! Unter dem endlosen Himmel schweben majestätische Raubvögel. 69 Vogelschutzgebiete sind ausgewiesen. 344 Arten nisten oder überwintern in diesem Paradies. 800 Mönchsgeierpaare werden gezählt – Europarekord! 6500 Großtrappen – 13 % der Weltpopulation. 130 000 Kraniche zieht's jeden Winter in die Eichenwälder – Weltrekord! Und mit ihnen Tausende Birdwatcher, verstreut über das ganze Land. Mit einem gemeinsamen Treffpunkt: Regionalstraße EX-208, Km 28. Warum? Gegenüber erhebt sich der »Geierfels« Salto del Gitano. Über diesem legendenumwobenen Felsvorsprung kreisen Dutzende von Geiern in majestätischem Flug, bei über 2,50 m Flügelspannweite. In den Steilhang haben sie ihre Horste gebaut. Manchmal mischt sich sogar ein Schwarzstorch unter sie. Der im Tal fließende Río Tajo trennt die Vogelbeobach-

Fünf von 130 000 Kranichen, die in der Extremadura ihr Winterquartier aufschlagen. Nahrung finden die edlen Vögel mit über zwei Metern Flügelspannweite in Eichenwäldern und Kornfeldern.

Der 189 m weit gespannte Brückenbogen schwebt geradezu über dem Río Guadiana und bildet einen futuristischen Kontrapunkt zu viel Antikem in der römischen Hauptstadt Mérida.

tungsstelle an der Parkstraße von den Vögeln. Das gibt ihnen Sicherheit, auch wenn die Fotoapparate im Akkord klicken.

Eine Reise in ferne Zeiten

Stolz zeigt die Extremadura die Zeugnisse ihrer langen Geschichte. Das beginnt bei steinzeitlichen Dolmen und Goldschmuck aus dem legendären Königreich Tartessos. Eine Art römische Autobahn, die Vía de la Plata, förderte Handel und weiteren Wohlstand, der in imposanten Theatern und Tempeln seinen architektonischen Ausdruck fand. Westgotische Kirchen, arabische Befestigungen und mittelalterliche Burgen prägten die folgenden Epochen. Als jedoch im 16. Jh. das alte Europa zum großen Sprung über die Weltmeere ansetzte und der Horizont sich plötzlich über die neue Welt ausdehnte, geriet die Binnenregion aufs Abstellgleis. Denn ohne eigenen Hafen war die Extremadura abgeschnitten von den Reichtümern, die die spanische Silberflotte ins Land brachte.

Auf Eroberung

Dieses Problem wurde auf abenteuerliche Weise gelöst. Junge Adlige und Kriegsherren, aber auch die einfache Landbevölkerung ohne Lebensperspektive, wurden zu Protagonisten der Unterwerfung von Mittel- und Südamerika. Die Konquistadoren Pizarro, Cortés, Ovando, Orellana, Balboa und wie sie noch alle hießen, sorgten für die Fortsetzung der extremenischen Geschichte jenseits des großen Teichs. Die alte Heimat fiel unterdessen in einen Dornröschenschlaf, aus dem sie erst langsam wiedererwacht. So blieben die Silhouetten vieler mittelalterlicher Orte bis in unsere

Zeit nahezu unverändert. Cáceres, Trujillo, Plasencia und Zafra sind die größten. Spanische Stararchitekten allerdings verpassen den Innenstädten ein sanftes Facelifting und öffnen sie behutsam der Zukunft. So scheint die Extremadura wie erfunden für kulturinteressierte und naturbegeisterte Urlauber mit etwas Abenteuerlust und Forschergeist. Und mit gutem Geschmack, um eine ureigene Küche zu entdecken, in deren Mittelpunkt schwarze Schweine, Paprikaschoten, Kirschen und ganz viele Eier stehen.

... und das sind ihre Städte

Über dreistöckige, bis zu 25 m hohe Bogengänge führten die Römer einst ihr Wasser nach Mérida, teils in Thermen, die mit zirkulierender Heißluft erwärmt wurden.

Seitdem wird das wertvolle archäologische Ensemble neu zusammengesetzt. Stück für Stück.

CÁCERES

Die 95 000 Einwohner standen Kopf, als die Filmcrew von »Game of Thrones« in der Altstadt auftauchte. Gezeigt wird in Folge 3 der 7. Staffel, wie der verrufene Euron Graufreud in Königsmund einreitet. Das passt, gleicht die historische Silhouette von Cáceres doch einem Traum vom Mittelalter.

Die Zukunft verkörpern junge Familien und Hochschüler der regionalen Universität. Sie tragen das Selbstbewusstsein einer sich neu erfindenden Stadt zur Schau. Futuristische Museen sind ebenso entstanden wie durchgestylte Bars außerhalb der Festungsmauern. Schmale Einkaufsstraßen mit Traditionsgeschäften laufen auf den verkehrsumtosten Paseo de España zu, der von Filialen der großen Modeketten und Telefongesellschaften gesäumt ist. Hier spult die Neuzeit ihren immer gleichen Film ab.

Schnitt! Von der Plaza Mayor fängt der Blick die arabische Wehrmauer mit ihren Festungstürmen ein. Sie schützt die von der Unesco als Welterbe anerkannte Ritterstadt. Es bereitet immenses Vergnügen, sich in den autofreien Gassen zu verlieren und schmale Treppen auf und ab zu steigen. Nachts lässt gezieltes Scheinwerferlicht die Gebäude magisch aus der Dunkelheit treten.

MÉRIDA

Es gab Streit! Was sollte Hauptstadt der 1983 neu geschaffenen autonomen Region Extremadura werden? Die beiden großen Städte Badajoz und Cáceres neideten sich gegenseitig diesen Titel. Da kam ein geschichtsträchtiges Städtchen als Alternative gerade recht, zumal es ziemlich in der Mitte liegt. Für die neue Verwaltung entstanden avantgardistische Glaskästen am Ufer des Río Guadiana. Derweil blieb die große Vergangenheit allgegenwärtig, ist Mérida doch der Inbegriff des Römischen. Mit Superlativen wie »das spanische Rom« wird die 60 000 Einwohner zählende Stadt überschüttet. 1993 erfuhr sie mit der Anerkennung als Welterbe der Menschheit die allerhöchste Würdigung. Und es ist wirklich so: Auf Schritt und Tritt stoßen Besucher auf Geschichte. Das Römische Theater und das Nationalmuseum für Römische Kunst bilden ohne Zweifel kulturelle Highlights einer jeden Reise in die Extremadura.

Eine solche Aufmerksamkeit fand Mérida nach dem Abzug der Römer allerdings nicht immer. Die antiken Schätze waren im frühen 20. Jh. unter Kichererbsenfeldern und Müllhalden verborgen. Doch so ganz in Vergessenheit geraten war die einstige Größe nun auch wieder nicht, und 1910 begannen weitläufig angelegte Ausgrabungsarbeiten.

Als Schatten reitet König Alfonso VIII., der im 13. Jh. die Vertreibung der Mauren einleitete, auf dem Karussell mit.

Der Hauptplatz Plaza Alta in Badajoz kleidet sich in einen bunten Stilmix aus arabischen und barocken Einflüssen.

TRUJILLO

Weltweit verbreitet ist der Name der kleinen Stadt: Trujillo gibt es in Peru, in Honduras, der Dominikanischen Republik und in Venezuela. Selbst eine Bar in Gelsenkirchen heißt so. Der Grund: Hier, mitten in der Extremadura, lag einst der Ausgangspunkt für die spanischen Eroberungen in Amerika. Die *conquistadores* nahmen die Ortsbezeichnung mit in die fernen Welten und schenkten ihrer Heimat nach der Rückkehr mittelalterliche Wehrburgen und festliche Adelspaläste.
Die ebenfalls als Welterbe ausgezeichnete Altstadt wirkt nicht ganz so atemberaubend wie in Cáceres, dafür erscheint sie anmutiger. Und vielfältiger. Denn drei Geschichtsetappen prägen ihr Bild. Die arabische Festung thront oben. Darunter wird die romanisch-gotische Oberstadt, die *villa medieval*, von einer mächtigen Mauer geschützt. Für die Eroberer blieb die Unterstadt. Sie bauten ihre Paläste im Geist der Renaissance rund um die Plaza Mayor. Kurz gesagt: oben arabisch, unten Aufbruch und dazwischen Mittelalter.
Seitdem ruht der Ort mit heute rund 9000 Einwohnern eingefroren im Zustand seiner höchsten Blüte. Der Blick vom Burghügel zeigt einen recht kleinen historischen Stadtkern, unmittelbar dahinter beginnen die Felder, am Horizont zeichnet sich das Vogelparadies Monfragüe ab. Die Nähe zur Natur hat aus der Hauptstadt der brandschatzenden

Eroberer ein Zentrum klappernder Störche gemacht. Sie nisten auf Dächern und Türmen. Sie scheinen zu wissen, wo es schön ist.

BADAJOZ

Zur Liebe auf den ersten Blick wird Badajoz wohl kaum. Zu viele Belagerungen, Schlachten und Zerstörungen musste die mit 150 000 Einwohnern größte Gemeinde der Extremadura bis in die jüngste Vergangenheit erleiden. Zu viele Narben weist die Häuserkulisse auf. Vordergründig zeigt sich das Bild einer geschundenen Stadt, in der architektonischer Wildwuchs regiert. Doch hinter den mehrspurigen Zufahrtsstraßen stoßen Besucher früher oder später auf das ursprüngliche Badajoz. In den schmalen Gassen der Altstadt offenbart es den Reiz des alltäglichen Lebens, das sich in Spanien gerne in Kneipen und Restaurants austobt. Und davon gibt es hier wahrlich genug. Auf den zweiten Blick dann zeigen sich auch die wenigen geschichtsträchtigen Bauwerke und kulturellen Schätze in zahlreichen Museen. Überregionalen Ruf erlangten das Archäologische Museum und das Museum für Zeitgenössische Kunst.

ZAFRA

Die Nähe zum Mittelmeer ist spürbar. Die Sonne scheint intensiver, das Thermometer steigt höher. Palmen

zieren die von Bars gesäumten Plätze Plaza Grande und Plaza Chica. Ein wenig Andalusien liegt in der Luft. Manche Fassade zeigt einen ungewöhnlichen Baustil: Mudéjar. Nach der christlichen Rückeroberung nutzten die neuen Machthaber das handwerkliche Geschick der verbliebenen Mauren und ließen ihre Prachtbauten mit arabischen Stuckdekoren, Hufeisenbögen und Blendarkaden aus braunem Ziegel anreichern. Auch den wuchtigen Alcázar de los Duques de Feria an der Einfahrtsstraße. Diese Burg steht für die beste Zeit Zafras, die 1395 mit der Einrichtung eines Marktes von überregionaler Bedeutung begann und bis ins späte 15. Jh. andauerte. Erhalten hat sich der Charme dieser Epoche. Die Straßen sind eng, die Häuser weiß gekalkt, die wenigen Kirchen und Klosterbauten passen sich ins hübsche Stadtbild ein. Und bis heute veranstaltet das gut 16 000 Einwohner zählende Provinzzentrum eine der wichtigsten Viehmessen Spaniens.

1. TOUR
2. TOUR
3. TOUR

Die Extremadura erleben

Grandioser Ausblick über archaische Hügellandschaften. Im Tal schlängelt sich der Fluss Alagón in engsten Kurven.

1. TOUR

Im Vogelparadies Monfragüe –
Vom Räuberversteck zum Nationalpark

Der Ausflug führt in den weltweit größten Mittelmeerwald, umgeben von Weide- und Wiesenlandschaften, und in eines der letzten Rückzugsgebiete für bedrohte Vogelarten. Kurzum: in die typische Extremadura.

2. TOUR

Pilgern am Kloster Guadalupe –
Stille Wallfahrt zur schwarzen Jungfrau

Bei der Einsiedelei vor den Toren von Guadalupe dürfte den mittelalterlichen Pilgern der Atem gestockt haben, konnten sie doch zum ersten Mal die riesige Klosteranlage sehen. Heute ist es ein wunderbarer Platz zum Picknicken.

3. TOUR

Radeln bei Mérida – **Unter Korkeichen zum römischen Stausee**

Sanft hügelige Wiesen, bewachsen mit Stein- und Korkeichen, fast menschenleer. Dazwischen ein See mit römischer Staumauer. Worauf also warten? Mit Schwung in den Sattel und kräftig in die Pedale getreten!

Im Vogelparadies Monfragüe

Vom Räuberversteck zum Nationalpark

Drei in eins! Der Rundweg Umbría del Castillo im Nationalpark Monfragüe verläuft durch die vielfältige extremenische Pflanzenwelt, führt auf spektakuläre Aussichtspunkte und lässt die Herzen von Vogelbeobachtern um einiges höherschlagen. Die etwa 90-minütige Wanderung ist nicht sonderlich schwierig, doch sollten Sie eine einigermaßen gute Kondition und festes Schuhwerk mitbringen.

Einige Superlative vorweg: Monfragüe ist der einzige Nationalpark in der Extremadura und einer von 14 Spaniens. Er umfasst den größten, fast unberührten Mittelmeerwald der Welt und ist umgeben von Weide- und Wiesenlandschaften. Zahlreiche vom Aussterben bedrohte Vogelarten finden hier eines der letzten Rückzugsgebiete.

Die Räuberzuflucht

Versperrt von zwei steilen Felsgraten, waren die tiefen Täler der Flüsse Tajo und Tiétar lange Zeit nahezu unzugänglich. Kaum überrascht da, dass Monfragüe noch im 18. Jh. als Räuberversteck gefürchtet war. Erst 1966 wurden die Flüsse durch Staumauern gezähmt. Bis 1979 planten die verantwortlichen Politiker, die unberührte Natur zugunsten hochprofitabler Eukalyptuspflanzungen zu zerstören. Charakteristisch für die Zeit: Proteste von Umweltschützern zeigten in der jungen spanischen Demokratie rasch Erfolg. Zunächst wurde auf 18 396 ha ein Naturpark ausgewiesen, 2007 schließlich der Nationalpark gebildet und der Zugang zu weiten Gebieten zum Schutz von Flora und Fauna untersagt.

Mehr als 300 Vogelarten beherrschen die Lüfte über dem Nationalpark, 500 Paare des majestätischen Gänsegeiers gehören dazu.

In 465 m Höhe schweift der Blick über den Río Tajo, der in weiter Ferne bei Lissabon in den Atlantik mündet.

Flatternde Vielfalt

Ausgangspunkt der 5 km langen Wanderung ist der Parkplatz an der Fuente del Francés, nahe Km 28 der Straße EX-208. In den Lüften sind Gänse- und Mönchsgeier leicht zu entdecken. Auch Schlangen- und Zwergadler sind keine Seltenheit oder Uhus und Eulen. Wiede- hopfe, Bienenfresser, Alpensegler, Pirole, Blauelstern, Blaumerlen, Nachtigallen, verschiedene Arten von Grasmücken und Lerchen sind mit ausreichender Geduld und etwas Glück zu sehen oder zu hören.

Im exotischen Wald

Der teilweise rot markierte Weg führt zunächst über Schotter am Fluss entlang zur Casa de los Camineros (Hinweisschild). Eschen und Erdbeerbäume, aus deren Früchten der scharfe Obstler »Aguardien- te de Madroños« gewonnen wird, säumen den Weg – typisch für die extremenische Bergwelt. Nach einigen Minuten weist ein Schild nach rechts bergan. Ein nun schmaler Pfad schlängelt sich zwischen Stein- und Kermeseichen, Thymian, Schopflavendel und weiß blühendem Heidekraut, ebenfalls typisch Extremadura, bergauf und passiert nach etwa 30 Minuten die saubere Quelle Fuente de la Parra. Schnell ist nun die Höhe erreicht, kurze An- und Abstiege am Hang entlang folgen. Romantisch, fast urtümlich wirken dunkle Wälder aus teils abgestorbenen Bäumen.

Der ferne Blick

Schließlich weitet der Aussichtspunkt Mirador La Umbría das Pano- rama. Unten fließt der Río Tajo. Der Ausgangspunkt der Wanderung ist dort ebenso zu sehen wie die weiten Hügelketten im Westen und Norden. Im Anschluss wird zwar, hinter einer Kehre, noch eine letz- te, ziemlich deftige Steigung erklommen, doch nach weiteren fünf Minuten stürzt sich der Weg endgültig ins Tal, selten durch im Boden eingelassene Holzbohlen treppenartig abgemildert.

TOUR

Pilgern am Kloster Guadalupe
Stille Wallfahrt zur schwarzen Jungfrau

Pilgern ist en vogue, was den berühmten französischen Jakobsweg im Norden fast zu einer Pilgerautobahn werden ließ. Wer Einsamkeit sucht, findet auf dem südlichen Camino Mozárabe über die Vía de la Plata die kontemplative Alternative. Jährlich nur rund 3 % aller Pilger, kaum mehr als 9000, gelangen auf dieser Strecke nach Santiago de Compostela.

An einigen Stellen verläuft die Extremadura-Route noch auf römischem Originalpflaster. Wie Perlen aufgefädelt liegen antike Torbögen, Heilbäder, Amphitheater und Tempel am Wegesrand. Ein Abstecher vom Hauptweg führt zum Königlichen Kloster Santa María de Guadalupe, das die Extremadura in der katholischen Welt berühmt gemacht hat. Genauer: Es war eine schwarze Jungfrau.

Alles begann mit Mutter Maria persönlich, die dem Hirten Gil Cordero im 13. Jh. an den Ufern des Río Guadalupe erschien. Gemäß himmlischer Anweisung errichtete er eine Einsiedlerkapelle, in der eine dunkle Marienfigur angebetet wurde. Sogar der König suchte den Weg in die lieblichen Berge, empfand das Bethaus allerdings als zu schäbig für die großartige Maria und ordnete die erste Erweiterung an. Es folgte ein Anbau nach dem anderen, bis das reichste Kloster Spaniens entstanden war.

Ein Kloster der Superlative: labyrinthisch verschachtelt und von Spitztürmchen bekrönt, als wäre der Stein mit einer Laubsäge bearbeitet worden.

Gleich über zwei Kreuzgänge verfügt das Kloster. Der ältere der beiden Innenhöfe wurde von arabischen Bauleuten im Auftrag der Christen gebaut, der jüngere aus dem Jahr 1533 mit seinen Spitzbögen ist gotisch. Im begrünten Hof wuchsen einst Heilkräuter, schließlich lag im Nachbargebäude die Krankenstation.

Pilger für drei Stunden

Der mittelschwere Weg der frühen Wallfahrer beginnt in der Calle Cruz gegenüber dem Kloster von Guadalupe. 10 km lang und mittlerweile rudimentär rot-weiß beschildert ist er. Durch das Stadttor Arco Chorro Gordo wird das historische Viertel verlassen. Über die Calle de la Ventilla passieren Sie nach einer Viertelstunde die »Quelle der Laus« – Fuente del Piojo! Der kuriose Name stammt aus Zeiten, da die Wasserstelle als Waschplatz und Entlausungsstation vor dem Besuch der heiligen Stätte diente. Der bald kreuzenden Autostraße folgen Sie 200 m nach rechts, um dann links auf einen Bach abwärts zuzusteuern. Der folgende Weg geradeaus führt nun 45 Minuten aufwärts.

Himmlischer Blick

Korkeichen, Pinien, schließlich weißes und rosa Heidekraut, weiß blühender Ginster, Erdbeerbäume, Lackzistrosen schießen in die Höhe. Sogar Wein wächst in diesem Paradies. In einem dichten Kiefernwald, es ist nun etwa eine Stunde vergangen, wendet sich der Weg nach Süden. Bei der Einsiedelei Ermita de Santa Catalina aus dem 15. Jh. dürfte den einstigen Pilgern der Atem gestockt haben, konnten sie doch zum ersten Mal die riesige Klosteranlage sehen. Heute ist es ein wunderbarer Platz zum Picknicken mit Blick auf den Pico Villuercas im Nordwesten, mit 1595 m der höchste Punkt der Sierra.

Heilung von Halsweh

Hundert Schritte später geht es an einer Gabelung zunächst leicht, nach weiteren 100 m scharf links auf den Camino de Vallehermoso – »Weg des schönen Tals«. Knapp 30 Minuten danach beginnt der Abstieg, vorbei an der Ermita de San Blas. Der hl. Blasius praktizierte im 3. Jh. erfolgreich als Arzt und schützt bis heute vor Halskrankheiten. Dafür hat er sich am 3. Februar auch eine Prozession verdient. In der Extremadura vermischt sich Religion gerne mit Aberglauben.

200 m unterhalb wird der Hauptweg nach rechts verlassen, um kurz hinter dem Steinbogen Puente de Palono eine Hochbrücke zu überqueren. Geplant war sie für die Eisenbahn, die jedoch nie hier ankam. Dann sind Sie auch schon auf der Zufahrtsstraße nach Guadalupe, die nach links zum Ausgangspunkt führt.

»BRÜNETTES MÄDCHEN, DICH LIEBE ICH, SEIT ICH WEISS, DASS DIE JUNGFRAU VON GUADALUPE SCHWARZ IST.«

Liedtext zu einem Tanz aus dem 19. Jh.

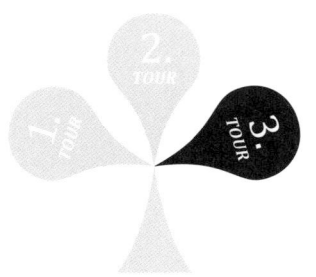

Radeln bei Mérida

Unter Korkeichen zum römischen Stausee

Bis zum Horizont ziehen sich knorrige Eichen über die weite Ebene und die sanften Hügel. Weit auseinander stehen sie, nur zehn bis sechzig Bäume pro Hektar. Darunter ist Platz für Weidewirtschaft. Und für

▼ **naturbegeisterte Radfahrer.**

Der Schatten unter den ausladenden Baumkronen schützt Gras und Kräuter vor zu schnellem Austrocknen sowie Schafe, Ziegen, Rinder, Stiere, Schweine vor den Unbilden des Wetters. Die Eicheln sind Futter für Weidevieh und viele Vögel, allen voran Kraniche. Der Dung der Tiere nährt die fruchtbare Erde. Getreide wird angebaut, extensiv, um die Böden nicht auszulaugen. Nebenbei wird Imkerei betrieben. Die Frühlingswiesen tragen ein farbenfrohes Kleid aus bunten Blumen. Die Bäume in dieser sogenannten *dehesa*, wie es sie nur in der Extremadura und der portugiesischen Nachbarregion gibt, sind zudem Weltmeister im Absorbieren des klimaschädlichen Kohlendioxids. Landwirtschaft im Einklang mit der Natur – typisch Extremadura.

Wappentier Schwarzstorch

Der Auftakt der Radtour am Informationszentrum des Parque Natural de Cornalvo, 10 km östlich von Mérida, lässt Raum zum Betrachten dieser Landschaft – dank der meist flachen Teerstraße. Mit sehr viel Glück ist sogar ein Schwarzstorch in den Lüften zu entdecken, das inoffizielle Wappentier des 10 570 ha großen Naturparks. Meister Adebar nistet in den dichteren Korkeichenhainen, die sich die Hügel am Horizont hinaufziehen Nach 6 km weist das Schild »Presa de Cornalvo« nach rechts. Hier – oder auch 1,1 km vorher beim Landgut Cortijo de Campomanes – liegen gute Ausgangspunkte für die 7 km lange Umrundung des Sees. Alternativ können Sie per Auto auch direkt zum Ufer fahren. Lackzistrosen blühen weiß im Frühjahr. Im Spätherbst und Winter zeigt der eine oder andere Erdbeerbaum seine roten Früchte.

Über die römische Staumauer

Nur noch ein paar kurze, aber steile Anstiege trennen vom See Embalse de Cornalvo. Bereits die Römer stauten an dieser Stelle das Wasser. Sie waren es, die den 220 m langen und 18 m hohen Damm bauten, um Mérida über einen Kanal und Aquädukte mit Wasser zu versorgen. Nun beginnt der schönste Teil der Tour: In 7 km geht es auf einem befestigten Erdweg um den See herum, am besten entgegen dem Uhrzeigersinn, steht so doch die Überquerung der Staumauer als Höhepunkt am Schluss. Bei niedrigem Wasserstand ragt auf der entgegengesetzten Seeseite der Bogen eines frühen Brunnens aus den Fluten. Korkeichen, Eschen und sogar rot blühender Oleander begleiten die Ausflügler. Am Ufer finden sich zahlreiche Plätze fürs Picknick oder zum Baden; fast zu schade zur Rückkehr, die vom Ende des Damms über denselben Weg führt.

Schwarzstörche sind sehr menschenscheu.

Geiergucken und fürs Seelenheil wandern

Angeln

Spanische Petrijünger entwickeln besonderen Ehrgeiz darin, einen Schwarzbarsch an Land zu ziehen, einen listigen Gegner. Einen Angelschein gibt's bei den Gemeinden (www.extremafishingspain.com).

Baden und Tauchen

Überrascht? Sogar Tauchen ist möglich – in den tiefen Naturbecken der Bergbäche und in den Stauseen, in denen sich auch die Badejünger tummeln.

Gleitschirmfliegen

In den Bergen und über den Seen gibt es hervorragende Flugmöglichkeiten. Sehr hilfsbereit zeigt sich der Club Parapente Extremadura (www.parapente extremadura.webnode.com).

Pilgern

Der südliche Santiagoweg Vía de la Plata führt etwa 300 km durch die Extremadura. Bevorzugt wird diese Route von Ruhe suchenden Pilgern, die dem Andrang auf dem französischen Weg entgehen wollen (www.rutadelaplata.com).

Radfahren

Attraktiv für Langstreckenradler ist der 1000 km lange Camino Natural del Tajo (www.viasverdes.com). Kurze Routen bieten die Naturparks. Ein schönes Angebot für Mountainbiker hält www.extremadura btt.com bereit. Konditionsstarke Radsportler dürfen sich auf gut ausgebaute, verkehrsarme Landstraßen in den nördlichen Bergen freuen.

Vögelgucken

Ein Wort reicht: Vogelparadies. Nirgendwo in Europa existiert eine solche Artenvielfalt. Zentrum der Vogelbeobachtung ist der Nationalpark Monfragüe. Doch auch überall sonst werden geübte Birdwatcher oder beiläufige Beobachter durch die Pracht der Vogelwelt zum Staunen gebracht (www.birdinginextremadura.com).

Wandern

Gelb-weiß oder grün-weiß gekennzeichnete Wege gibt es allerorten (Karten in den Tourismusämtern). Bergwanderer bevorzugen die nördlichen Regionen Las Hurdes und La Gata. Leichter sind die Wanderungen im Vogelparadies Monfragüe. Für Hartgesottene: Von West nach Ost quert der rot-weiß markierte GR 10 die Extremadura.

Wellness

Schon die Römer genossen die heilenden Wasser der Extremadura. In den Baños de Montemayor werden die entspannenden Bäder mit römischen Aromen angereichert (www.balneariomontemayor.com).

Ein sommerliches Vergnügen bildet das Planschen in den zahlreichen Naturschwimmbädern der wasserreichen Bergregionen.

Der Pilgerpfad durch die stille Extremadura verspricht ein kontemplatives Abenteuer, ob auf Schusters Rappen oder per Rad.

Kolumbus brachte die ersten Paprika-
pflanzen in die Extremadura, heute
gehört das Gewürz in zahlreiche regionale Gerichte.

So schmeckt die Extremadura

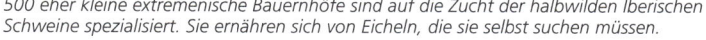
500 eher kleine extremenische Bauernhöfe sind auf die Zucht der halbwilden Iberischen Schweine spezialisiert. Sie ernähren sich von Eicheln, die sie selbst suchen müssen.

José Polo, Mitbesitzer des Spitzenrestaurants Atrio in Cáceres, verrät das Geheimnis der extremenischen Küche: »Sie hat eine Eigenständigkeit entfaltet, ganz wie die Region. Das Iberische Schwein besitzt eine starke Persönlichkeit. Das kann ich gleichfalls über unser Land, unsere Bevölkerung, unsere Küche sagen. Eine Küche mit viel Persönlichkeit.«

Ein Schwein regiert die Welt

Das schwarzhäutige Iberische Schwein stammt aus Nordafrika, wurde aber wohl schon in vorrömischen Zeiten in der Extremadura und in Andalusien heimisch. 500 eher kleine extremenische Bauernhöfe sind auf die Zucht der halbwilden Rasse spezialisiert, die über den kulinarischen Kosmos der Extremadura herrscht. Die Tiere fressen 10 kg Eicheln pro Tag, auf deren Suche sie bis zu 12 km durch Eichenhaine rennen und dadurch kräftige Muskeln ausbilden. Das Ergebnis findet sich an prominenter Stelle auf jeder Speisekarte: zart-kräftiges Fleisch *(cerdo ibérico)* und ein milder Schinken *(jamón ibérico)*, dessen Geschmack im Munde regelrecht explodiert.

Qualitätsmerkmal ist eine feine Fettmaserung.

Scharf, bitter, süß

Schon der Name zergeht auf der Zunge: Zorongollo. Die beliebte Vorspeise sowie Beilage zu Fleisch und Fisch besteht aus roten Paprikaschoten, die in Olivenöl eingelegt sind. Überraschend ist der Anbau dieser Pimentón de la Vera – Paprika aus der Extremadura! Die ersten Pflanzen hatte Kolumbus aus Amerika mitgebracht. Seitdem werden sie im Tal der Vera im Norden gezogen. Und wenn im Frühjahr die Bäume rund um das benachbarte Städtchen Jerte ausschlagen, kleidet sich die dortige Landschaft weiß. Nicht nur in Japan wird die Kirschblüte fröhlich gefeiert. Auch das fruchtbare Jerte-Tal ist für seine süßen Früchte berühmt. Aus ihnen wird sogar Obstler destilliert. Olivenbäume wachsen allerorten, dort sogar zu viel, wo sie Monokulturen in Reih und Glied bilden. Fast golden ist die Farbe des Öls, intensiv das Aroma, leicht bitter.

Kreative Tapas

In der landwirtschaftlich geprägten Extremadura wird niemand Hunger leiden müssen. Davor schützen

schon die Bars mit ihren vielfältigen Tapas, den Appetithappen. Manchmal triefen sie noch wie anno dazumal von Fett, doch viele sogenannte Gastrobars haben sie zu kulinarischen Kunstwerken weiterentwickelt. Da wird Verführerisches gereicht, wie im Wok geschmorter Thunfisch auf Braunalgen oder auf Humus oder mit Kirschen und Kürbis. Und es gibt viele vegetarische Alternativen. Ansonsten haben die Extremeños gesundes Essen eher wenig für sich entdeckt.

Nonnen haben gut lachen

Lust auf einen himmlischen Keks? Dann ab in ein Nonnenkloster. Ziemlich eitel waren die Ordensschwestern und verwendeten Eiweiß zum Festigen ihrer Frisur und der Kragen ihrer Tracht. Mit dem Dotter kreierten sie göttliche Kekse und Süßspeisen. Und im Land der schwarzen Schweine ersetzten sie die Butter gerne durch Schmalz! Für die Roscos de Yema de Santa Clara fehlen nun nur noch Zucker, Mehl und Anisgewürz. Frisch aus dem Ofen gibt's in vielen Klöstern eine köstliche Auswahl an traditionellem Gebäck zu kaufen. Und in weltlichen Restaurants als Nachtisch, wenn auch nicht ganz so original.

Warum Fischland–Darß–Zingst?

Der Weststrand am Darßer Wald bei Prerow

Idylle am Bodden

Es ist ein magischer Moment, wenn die Sonne am Horizont verschwindet und die windstille Boddenlandschaft in mildes Abendlicht taucht. Leise laufen die Wellen über das Windwatt und quer zum Strand. Im Gegensatz zur Nordsee ist die Ostsee immer da. Man muss nicht auf das Wasser warten, weil gerade Ebbe ist. Das ist das Schöne: Ganz egal wann man kommt, es ist immer richtig.

Stolzer Gang, sechs Kilo Gewicht. Der Graue Kranich ist ein berühmter Übernachtungsgast auf dem Weg nach Süden.

Born hat das Land,
Wieck hat den Sand,
Prerow den Strand.

Das ist Fischland-Darß-Zingst ...

In einem sanften Bogen erstreckt sich die 50 km lange, stellenweise nur 500 m schmale Halbinselkette zwischen Ostsee und Bodden. Ursprünglich waren sowohl der Kern des Fischlands als auch der Darß und der Zingst einzelne Inseln. Erst durch die Schließung der schmalen Flutrinnen im 14. Jh. (Fischland und Darß) und im 19. Jh. (Zingst) wuchsen sie dauerhaft zusammen. Über einen Damm beziehungsweise eine schmale Landenge sind sie mit dem Festland verbunden.

Jede der drei ehemaligen Inseln hat ihren eigenen Charakter und auch ihren eigenen Namen bewahrt, nur durch einen Bindestrich zusammengefügt. Was sie noch vereint, ist die atemberaubende Lage zwischen schilfgesäumtem Ufer und stillen Buchten am Bodden und dem Ostseestrand. Feinsandig, weiß und kilometerlang.

Geschaffen von Wind und Meer

Fischland, Darß und Zingst entstanden nach der letzten Eiszeit. Ihre endgültige Form erhielten sie nach der großen Sturmflut von 1872, in deren Folge die letzten Flutrinnen durch Versandung, Deich- und Dammbau zwischen den Inseln geschlossen wurden. Das Land ist nach wie vor im Wandel.

An stürmischen Tagen, wenn die Wellen an das Hohe Ufer des Fischlands oder den Darßer Weststrand schlagen, kann man regelrecht dabei zusehen, wie das Meer am Land frisst. Unterhöhlte Steilufer, abgestürzte Baumriesen auf dem Strand – blank und bleich geschliffen von Seewasser und Sonne – künden von den Naturgewalten. Wellen und Strömungen tragen den »erbeuteten« Sand gen Norden, wo er sich vor allem am Darßer Ort wieder ablagert und das Land nach Norden in die Ostsee wachsen lässt: über 3 km in den letzten 300 Jahren. Vom über 100 Jahre alten Leuchtturm am Darßer Ort bietet sich ein grandioser Blick auf das Land im Wandel.

Das Fischland

Der westliche Teil der Halbinselkette ist recht klein: nur 5 km lang und zwischen 500 m und 2 km breit. In den ehemaligen Fischerdörfern Wustrow, Althagen und Niehagen lebten Fischer und Seefahrer in rohrgedeckten Katen und Büdnereien.

*Voll das Klischee? Ja schon.
Tut dem Glück, hier zu sein, aber
keinen Abbruch.*

*Life is better at the beach. In Prerow auf
alle Fälle. Wo sonst kann man direkt in
den Dünen zelten?*

Die durch Seefahrt und Handel wohlhabend gewordenen Schiffer bauten charmante steinerne Häuser mit Ziegeldächern. Nach protzigen Bauten stand ihnen nicht der Sinn, das ist bis heute so geblieben. Das bitterarme Fischerdorf Ahrenshoop wurde Ende des 19. Jh. von Künstlern für sich entdeckt. Bis heute ist das Ostseebad ein Ort geblieben, der Künstler und Kunstliebhaber anzieht.

Trubel am Meer, Stille am Bodden, die Schriftstellerin Käthe Miethe sinnierte 1949 über das Leben auf dem Fischland: »Der Bodden ist uns näher als die See. So kann man manchen Tag seines Lebens damit verbringen, am Osthang seines Gartens zu sitzen und auf den Bodden und seine Boote zu schauen … Man hat einen Tag des stillen Schauens niemals vergebens, niemals sinnlos verbracht. Es kehrt dabei ein Frieden in die Seele ein, der sich in jeglichem Tun segensreich auswirkt.«

Der Darß

Sehr viel dünner besiedelt ist der Darß mit dem urwaldähnlichen Darßwald, einer Kernzone des Nationalparks Vorpommersche Boddenlandschaft. An dessen östlichem Rand erstreckt sich das hübsche Seebad Prerow, berühmt für seine atemberaubenden Strände, den Nordstrand und den (wilden!) Weststrand. Vom Touristenstrom vergleichsweise wenig berührt sind die stillen Boddendörfer Wieck und Born. Eingebettet in Wiesen und Wald bezaubern sie mit charmanten Häfen, rohrgedeckten Fischerhäusern und farbenfrohen »Sonnentüren«.

Der Zingst

Das östlichste und mit einem Alter von etwa 4000 Jahren jüngste Glied der Halbinselkette zieht Natur-

fotografen von weither an. Das Ostseeheilbad Zingst erstreckt sich zwischen weißem Ostseestrand und dem Hafen am Bodden mit der Vogelinsel Kirr in Sichtweite. Im Osten schließen sich die Sundischen Wiesen an. Pramort, der östlichste Zipfel der Halbinsel, ist der größte Kranichrastplatz Mitteleuropas und das Herzstück des Naturschutzgebiets Vorpommersche Boddenlandschaft. Der größte Nationalpark an der deutschen Ostseeküste reicht von den Halbinseln Darß und Zingst über Hiddensee bis zur Westküste Rügens.

... und das sind seine Seebäder

Das Markenzeichen der Kirche zu Wustrow: bodenständiger Backstein, hoher Turm

WUSTROW

Zwischen Boddenhafen und Ostsee-küste erstreckt sich der größte Ort auf dem Fischland. Fischfang und Seefahrt haben die Geschichte des charmanten Ostseebads geprägt, in der Blütezeit waren hier rund 240 Schiffe beheimatet. Die Lage der für die Region typischen Backstein-kirche von 1873 auf einem künstlich aufgeworfenen Hügel oberhalb des Hafens ist großartig. Ein Highlight im wahrsten Sinne des Wortes ist die Aussicht vom Kirchturm. Von der Kirche führt die Neue Straße direkt zum Fischländer Friedhof. Prunkvolle Steine fehlen, und doch lohnt ein Besuch allein schon wegen der Aus-sicht hinaus über den Bodden und in die Neue Straße mit bildschönen rohrgedeckten Architekturdenk-mälern, darunter das Fischlandhaus, ein mehr als 200 Jahre altes, auf-wendig saniertes Hochdielenhaus. Von der Bäderstraße zweigt die Strandstraße zur Anfang der 1990er-Jahre erbauten, 240 m lan-gen Seebrücke ab. In diesem Viertel ließen sich die durch die Segelschiff-fahrt zu Wohlstand gekommenen Schiffer und Steuerleute nieder. In den Seitenstraßen entdeckt man viele schön erhaltene Schifferhäuser. Kurz vor der Seebrücke passiert man den historischen Rettungsschuppen der DGzRS von 1812.

Eine zauberhafte, etwa 20-minütige Wanderung führt vom Hafen in

den auf einer Halbinsel im Bodden gelegenen Ortsteil Barnstorf. Hier stehen die schönsten Bauerngehöf-te des Fischlands. Die vier Hufen (Hofstellen) mit rohrgedeckten Fach-werkhäusern aus der ersten Hälfte des 18. Jh. haben von ihrem Charme nichts eingebüßt.

AHRENSHOOP

Ein beeindruckendes Hochufer über einem traumhaften Sandstrand und eine schilfgesäumte Bodden-küste bilden den Rahmen für die ehemalige Künstlerkolonie. Rohr-gedeckte Katen und bildhübsche Villen beherbergen heute Kunst-galerien. Die ersten Maler ließen sich gegen Ende des 19. Jh. in dem idyllischen Dünendorf nieder.

Auf dem Kunstpfad gewähren an zehn Stationen ausgewählte Gemälde dem kunstinteressierten Spaziergänger einen Blick zurück in die Zeit, als Ahrenshoop noch ein weltfernes Fischerdorf war.

Als »gelungene Ode an die Künst-lerkolonie« wird das architektonisch bemerkenswerte Ahrenshooper Kunstmuseum gelobt. Der ganze Ort ist mit Künstlergeschichte gespickt. Als der Landschaftsmaler Paul Müller-Kaempff kurz vor der Wende vom 19. zum 20. Jh. auf einer Wanderung in das abgelegene Fischerdorf kam, war er hingerissen von der Unberührtheit und Schön-heit zwischen Meer und Bodden. Er blieb und gründete eine Malschule. Seit 1994 steht sie als Künstlerhaus

Seiltänzer als Kunstfigur in einem der schönen Ausstellungsräume des Kunstmuseums Ahrenshoop

Benannt nach einem Weltenbummler, Maler und Fotografen – das Max Hünten Haus in Zingst. Großartig für Fotofreunde!

Lukas Stipendiaten zur Verfügung, die regelmäßig zu einem Tag der offenen Tür einladen (www. kuenstlerhaus-lukas.de). Von großer Bedeutung für die Künstlerkolonie war auch der Bau des Kunstkatens (1909) im Strandweg. Hier konnten die Künstler erstmals ihre Arbeiten ausstellen und auch zum Verkauf anbieten. Ein markantes Wahrzeichen des Ortes ist die Bunte Stube am Abzweig zum Strandweg. 1922 als Laden gegründet, entwickelte sie sich rasch zum kulturellen Treffpunkt – und ist es bis heute. Architektonisch bemerkenswert ist auch die 1951 aus einheimischen Baustoffen (Holz und Rohr) gebaute Schifferkirche. Sie hat die Form eines kieloben liegenden Bootes.

PREROW

Die weißen steinfreien Sandstrände sind das Kapital des Ostseebads. Mitte des 19. Jh. verdienten noch etwa 90 % der Männer von Prerow den Lebensunterhalt auf See. Der Wohlstand zeigt sich bis heute in den bildhübschen Wohnhäusern, die vom Hafengebiet ausgehend entlang alter Dünenzüge in Ost-West-Richtung zum Meer hin gebaut wurden. Die zentrale Straße ist heute die Waldstraße. Bei einem Spaziergang entdeckt man Büdnereien, Fischer- und Seefahrerhäuser. Ihr besonderes Kennzeichen sind die reich verzierten Darßer Haustüren, zu sehen auch im vielseitigen Darßer Museum. Der Prerowstrom, der das Dorf vom

Meer trennt, ist heute nur noch ein stilles, schilfumstandenes Binnengewässer. Man überquert es auf dem Weg zum Strand. Der Hafen mit Ausflugsdampfern liegt auf der Boddenseite. Eine Schiffstour ist ein wunderbar vogelreiches Vergnügen. Nördlich des Hafens im Ortsteil Kirchenort liegt das älteste Gotteshaus der Halbinsel Fischland-Darß-Zingst, die 1726 bis 1728 errichtete Seemannskirche. In der Orkannacht 1872 war sie zusammen mit der hoch gelegenen Alten Apotheke aus der Mitte des 19. Jh. einer der wenigen Zufluchtsorte für die Prerower. Viele prachtvolle Sommerresidenzen entstanden in der strandnahen Villenstraße, darunter auch Vogels Warte, ein burgähnliches Haus, das sich ein Berliner Gerichtsadministrator namens Vogel 1910 erbauen ließ, und die Blockhaus-Villa von Prinz Eitel Friedrich, einem Sohn Kaiser Wilhelms II.

ZINGST

Das mit Abstand größte Ostseebad der Region ist ein klassischer Urlaubsort mit Seebrücke, feinsandigem Strand, netter Flaniermeile und Hafen, wo die Ausflugsfahrten in den Nationalpark Vorpommersche Boddenlandschaft starten. Zu sehen und zu fotografieren gibt es immer etwas. Der Blick schweift über den Zingster Strom zur Insel Kirr, einem Vogelparadies, das nur im Rahmen geführter Exkursionen betreten werden darf. Bilder vom

Hafenleben aus lang vergangenen Tagen findet man im Heimatmuseum. Es dokumentiert Darßer Geschichte vom Mittelalter bis zur großen Seefahrtsepoche. Heute steht der Tourismus in Zingst an erster Stelle. Zwei verkehrsberuhigte Flaniermeilen – die Strandstraße und die Klosterstraße – führen in Richtung Strand und Seebrücke. An der Seestraße, wo Strand- und Klosterstraße wieder aufeinandertreffen, liegt der 1873 erbaute Rettungsschuppen mit einer Ausstellung zur Geschichte der Seenotrettung. Die Tauchgondel am hinteren Ende der 270 m langen Seebrücke lädt zu einer Tour in die Unterwasserwelt ein (www.tauchgondel.de). Die Peter-Pauls-Kirche bekam der Ort erst im 19. Jh. Der neogotische, mit einem aufwendigen Staffelgiebel versehene Bau wurde nach Plänen des Schinkel-Schülers Friedrich August Stüler 1862 vollendet und besitzt noch weitgehend seine originale Ausstattung.

Fischland-Darß-Zingst erleben

Beim Surfen auf der Ostsee ist größeres Können gefragt als auf dem ruhigen Bodden.

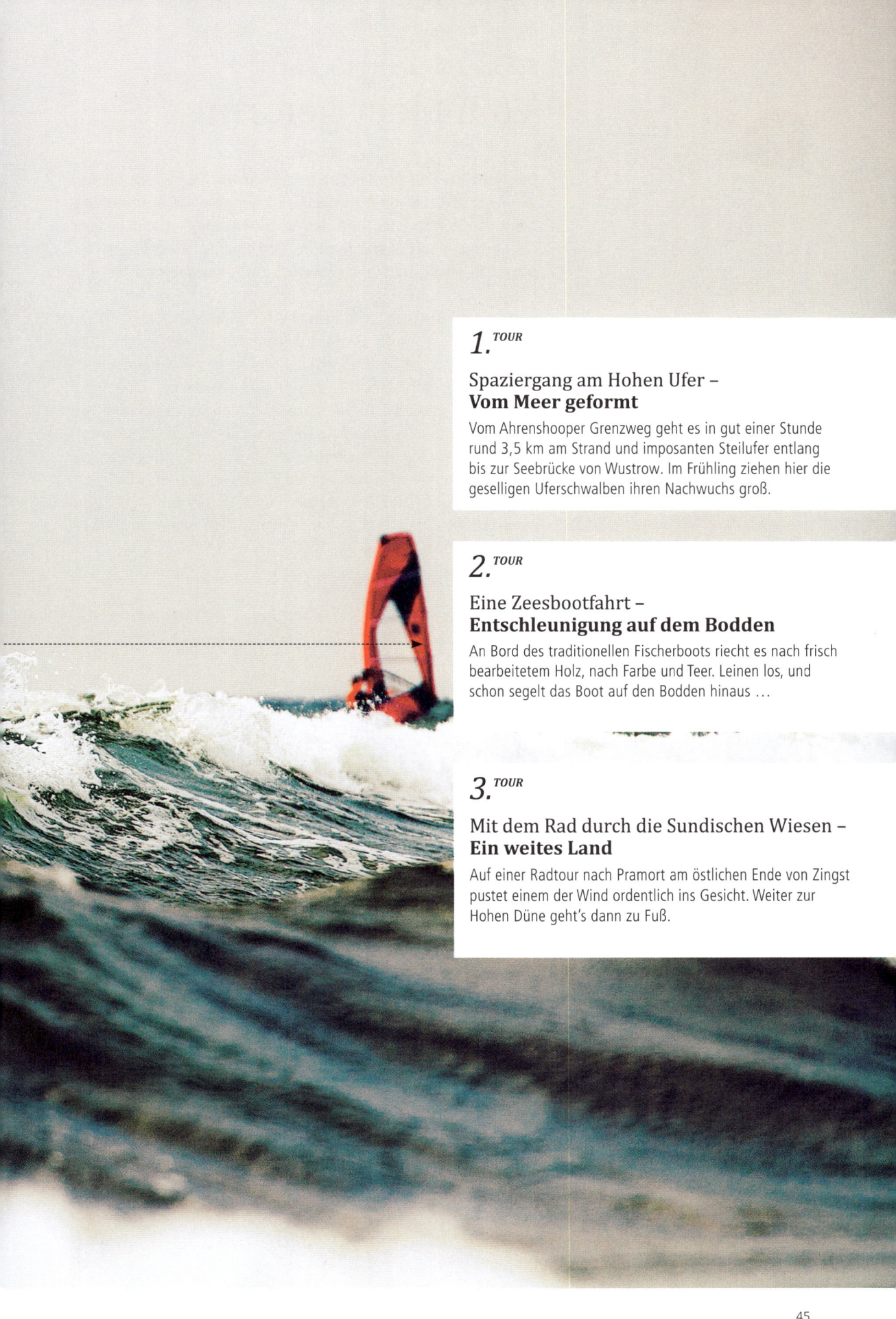

1. *TOUR*

Spaziergang am Hohen Ufer –
Vom Meer geformt

Vom Ahrenshooper Grenzweg geht es in gut einer Stunde
rund 3,5 km am Strand und imposanten Steilufer entlang
bis zur Seebrücke von Wustrow. Im Frühling ziehen hier die
geselligen Uferschwalben ihren Nachwuchs groß.

2. *TOUR*

Eine Zeesbootfahrt –
Entschleunigung auf dem Bodden

An Bord des traditionellen Fischerboots riecht es nach frisch
bearbeitetem Holz, nach Farbe und Teer. Leinen los, und
schon segelt das Boot auf den Bodden hinaus …

3. *TOUR*

Mit dem Rad durch die Sundischen Wiesen –
Ein weites Land

Auf einer Radtour nach Pramort am östlichen Ende von Zingst
pustet einem der Wind ordentlich ins Gesicht. Weiter zur
Hohen Düne geht's dann zu Fuß.

Spaziergang am Hohen Ufer

Vom Meer geformt

Die Steilküste von Fischland erstreckt sich von Ahrenshoop bis kurz vor die Seebrücke von Wustrow. Man kann oben auf dem Kliff entlanglaufen oder besser noch den Strandweg am Flutsaum wählen. Aber Achtung: Das Wasser reicht je nach Wind an einem kleinen Abschnitt bis an die Steilwand heran. Dann hilft nur Wellenhüpfen.

Ausgangspunkt ist der Grenzweg in Ahrenshoop: Zunächst ist der Strand noch breit, sanfte Wellen überspülen eine flache, ein Stück ins Meer hinausragende Sandbank, geschützt hinter einem Wall aus steinernen Wellenbrechern. Ist das eine übertriebene Schutzmaßnahme? Nein, denn die Ostsee kann auch anders. Es sind die (vor allem im Winterhalbjahr) heranbrandenden Wellen, die diese beeindruckende Steilküste geschaffen haben. Bei Sturm untergraben sie den Fuß der Steilwand, sodass ganze Partien abbrechen. Die Folge: Entwurzelte Bäume stürzen auf den Strand. Ein bis drei Meter Steilküste verschwinden jährlich im Meer, in manchen Jahren auch mehr.

Uferschwalben im Steilufer

Das Steilufer ist ein ideales Terrain für die als gesellige Koloniebrüter bekannten Uferschwalben *(Riparia riparia)*. Gegen Ende April/Anfang

Romantisch und gefährdet, uralt und doch vergänglich …

Ungeliebt und faszinierend: Die
Bunkerruinen zwischen Wustrow und
Ahrenshoop wandern langsam ins Meer.

Mai kehren sie aus ihren afrikanischen Winterquartieren an die Ostseeküste zurück. Wenn sie keine bereits vorhandene Brutröhre in Be-
schlag nehmen können, graben sie sich mit Schnabel und Krallen
armtief in die steile Wand, polstern das hintere, etwas erweiterte Ende
mit Halmen und Federn aus, und das Brutgeschäft kann beginnen.

Die Elternvögel sind ein Team. Beide brüten (nach 14 bis 16 Tagen
schlüpfen die Jungen), beide füttern (nach 18 bis 23 Tage verlassen
die Jungen die Bruthöhle). Ein Teil der Uferschwalben brütet noch ein
zweites Mal, doch spätestens Ende September kehrt wieder Ruhe ein.

Bunker und Seebrücke

Die Seebrücke von Wustrow rückt näher. Der Strand wird schmaler.
Wie groß die Abtragung an diesem Küstenabschnitt ist, machen die
abgestürzten, mit bunten Graffitis bemalten Bunker deutlich – einer
noch in Ufernähe, der andere schon ein ganzes Stück draußen im
Meer. Sie gehören zu einem unterirdischen Bunkersystem, das in
DDR-Zeiten von der Nationalen Volksarmee (NVA) als technische
Beobachtungsstation genutzt wurde.

Nicht gerade schön, aber was tun? Über die Eigentums- und Zu-
ständigkeitsfrage wie auch über die Entsorgung der tonnenschwe-
ren Betonklötze ist hinreichend diskutiert worden. Da aber von ihnen keine Gefahr ausgeht, hat man sie als »Sehenswürdigkeit«
akzeptiert. Das Hohe Ufer verliert an Höhe und verläuft schließlich
im Sande. Direkt an der Seebrücke liegen zwei Lokale, hier kann
man sich mit Blick über das Meer für den Rückweg stärken. Am
schönsten ist natürlich eine Rundwanderung. Am Strand hin und
oben auf der Steilküste zurück.

> »HIER IST ES WUNDERVOLL,
> KEIN TELEPHON, KEINE
> VERPFLICHTUNG, ABSOLUTE RUHE.
> ICH LIEGE AM GESTADE WIE EIN
> KROKODIL, LASSE MICH IN DER
> SONNE BRATEN, SEHE NIE EINE
> ZEITUNG UND PFEIFE AUF DIE
> SOGENANNTE WELT.«

Albert Einstein, 1918, tiefenentspannt
in Ahrenshoop

Eine Zeesbootfahrt

Entschleunigung auf dem Bodden

In dem kleinen Hafen von Born liegt das Zeesenboot »Bernstein« vor Anker, voll aufgetakelt, ein schönes Boot – 1921 in Stralsund gebaut und bis 1968 als Fischerboot genutzt. Skipper ist heute Martin Rurik, gelernter Bootsbauer. Er hat das Zeesboot 2006 gekauft und restauriert, seit 2009 nimmt er Gäste an Bord (www.zeesbootfahrten.de).

Jeder Gast wird persönlich begrüßt – vom Skipper oder von seinem zweiten Mann an Bord wird ihm die Hand ins Boot gereicht. Ein herzliches, handfestes Willkommen. Um auf den Bodden zu kommen, wirft der Skipper den Motor nur an, wenn die Zeit drängt … Sie drängt nicht, die Segel sind aufgezogen, Leinen los, wie von Zauberhand bewegt sich das Boot, und schon bald blähen sich die Segel im leichten Sommerwind. Die Zeesenfischerei gehört der Vergangenheit an, aber noch immer prägen die robust gebauten Segelschiffe das Erscheinungsbild der Boddenküste. Rotbraun sind ihre Segel: In früheren Zeiten wurden sie mit Holzteer, Lebertran, Gerblauge aus Eichenrinde und Rindtalg imprägniert, um sie haltbarer zu machen. Jeder Schiffer hatte sein eigenes Rezept.

De Zeese ist dat Nett …

Die Wellen schlagen an die Bordwand, einen Moment wird es ganz still. Nichts als Wind und Wellen. Zeit, innezuhalten und den Gedanken nachzuhängen, dann wird eine Frage gestellt, eine weitere folgt, der Schiffer hat viel zu erzählen: von alten Zeiten, als die Zeesenfischer zum Fang ausfuhren. Je nach Jahreszeit, Fanggebiet und Netzart fing man Aal, Hecht, Plötz, Barsch oder Stint. Saison war vom Ende des Eises bis zum Frosteintritt. Heute geht es nur noch einmal im Jahr auf Zeesenfang nach traditioneller Art, auch die »Bernstein« ist dabei.

AB INS NETZ

Beim Fischen trieben die relativ breiten Boote quer vor dem Wind und zogen die Zeese, ein sackförmiges Schleppnetz, seitlich hinter sich her. Damit die Öffnung des Netzes trotz der geringen Bootslänge weit genug war, wurde es vorn und achtern an »Bäumen« befestigt, die über die Länge des Bootsrumpfes hinausragten.

Wettfahrten vor dem Wind

Dass die Zeesboote nicht vom Bodden verschwunden sind, ist einem Bodstedter Fischer zu verdanken, der 1965 zur ersten Regatta aufrief. Eine verrückte Idee? Die Zeesboote sind für Wettfahrten ungeeignet? Ein Irrtum. Martin Rurik klopft auf das hölzerne Deck, sie sind tüchtige Am-Wind-Segler. Der Wind hat aufgefrischt. Gischt spritzt über das Deck. Der Bootsbauer steht an der Pinne und weist auf den dichten Schilfgürtel und die Reihe dem Bodden zugewandten Häuser. Viele haben einen eigenen Steg am Wasser, nach der politischen Wende haben die Eigentümer aufgepasst: Die Bootsstege, die damals registriert wurden, dürfen erhalten bleiben. Diese kleinen Anleger im Schilf sind auch so ein kleines zauberhaftes Stück Darß.

Segeltörn auf dem Bodden: leichte Wellen, eine sanfte Brise und einfach mal die Seele baumeln lassen

Mit dem Rad durch die Sundischen Wiesen

Ein weites Land

Manchmal gibt es perfekte Tage für Radler – dann sausen die Räder über den schnurgeraden Deich in Richtung Osten. Zum Pramort, wo die Halbinsel Zingst ihre Nase in die Ostsee steckt. Der Blick schweift über den Großen Werder. Die Kleinen Werder zum sandbeigen Windwatt erscheinen wie das Ende der Welt.

Vom Parkplatz am Hotel Schlösschen Sundische Wiese geht es los, am besten mit dem Fahrrad. Nach ein paar Hundert Metern ist man am Nationalpark-Informationszentrum. Zwei über den Köpfen der Besucher fliegende Vogelmodelle – die Graugans Akka und Kranich Nils – führen durch die Ausstellung. Kraniche und Graugänse sind wichtige Themen, ebenso die Geschichte der hiesigen Landwirte.

Pächter am Ende der Welt

Jahrhundertelang gehörte die Insel Zingst der Hansestadt Stralsund, die die (stral)sundische Wiese als Sommerweidefläche für die stadteigenen Rinder nutzte. Das Vieh wurde im Frühjahr und Herbst in einem boddentauglichen, flachen Schiff (Prahm) übergesetzt. In der Umgebung der Anlegestelle (Pramort) ließen sich im 17. Jh. einige Bauern nieder. Das Leben war nicht leicht, der Boden karg, neue Besitzer erhöhten jeweils den Pachtzins. 1937 wurde der Zingster Ostzipfel Militärstandort. Die Bewohner mussten gehen, die verlassenen Bauernhöfe dienten fortan als Bomben-Abwurfziel. Erst Ende 1991 gab das Militär den Standort endgültig auf.

So nah und doch so fern

Seit Gründung des Nationalparks kehrt die Natur zurück. Die einzige Straße ist für den Autoverkehr gesperrt, Fußgänger und Radfahrer teilen sich den Landesschutzdeich. Röhricht und Birkenwäldchen zur Linken, dahinter ahnt man das Meer. Zur Rechten: ein schmaler Baumstreifen, dahinter (Prärie)Wiesen bis zum Bodden. Ein Schild weist zur Hohen Düne. Das Rad bleibt stehen, zunächst folgt man der Deichkrone, dann geht es weiter über federnde Bohlenwege durch unberührte Landschaft. Kleine Sümpfe, Heidehügel und Kiefernwäldchen – nach gut 1,5 km ist die Hohe Düne erreicht, mit 13 m Höhe das höchste Weißdünenmassiv der deutschen Ostseeküste. Traumhaft ist der Blick von der Aussichtsplattform unmittelbar oberhalb des Strands. Trotz verlockender Strandnähe ist Baden nicht möglich, die Natur geschützt, die Vogelspuren im Sand werden nur vom Wind verweht.

Sehen, aber nicht gesehen werden

Zurück am Hauptweg ist es nicht mehr weit nach Pramort. Von den zwei Aussichtshütten schweift der Blick in die Ferne. In dieser Region verbringen Tausende Kraniche stehend im flachen Gewässer die herbstlichen Nächte. Der Seeadler zieht ganzjährig seine Kreise, mitunter spazieren Hirsche über das flache Meer.

Die Hohe Düne – was Sie hier nicht sehen: zu Füßen weißer Sand, dahinter die grünblaue Ostsee

Am, im und auf dem Wasser

Angeln

Wer in den Küstengewässern angeln möchte, benötigt neben dem Fischereischein eine Angelerlaubnis. Genaue Auskünfte erhält man im Internet unter www.lallf.de und beim Landesanglerverband, www.lav-mv.de, oder www.auf-nach-mv.de/touristenfischereischein. Was man fängt? In der Ostsee vor allem Dorsch, Hering, Flunder, Meerforelle und Hornhecht. (Übrigens: Von den Seebrücken ist das Angeln von 22 Uhr bis 6 Uhr erlaubt!) Im Bodden fischt man hauptsächlich Zander, Hecht, Barsch, Weißfische und manchmal Aal.

Baden

Am Bodden liegen verschwiegene Badebuchten, an den offiziellen Badeplätzen hängt ein Rettungsring, Rettungsschwimmer sind nicht vor Ort. Von der DLRG bewacht sind dagegen die Badestrände am Ostseestrand – vom Strandkorb bis zum Imbiss ist hier alles vorhanden. Eine rot-gelbe Flagge am Mast der Wachstation bedeutet, dass die Station besetzt ist. Eine zusätzliche gelbe Flagge signalisiert ein Badeverbot für ungeübte Schwimmer und Kinder, eine rote Flagge generelles Badeverbot.

Kranichbeobachtung

Im Herbst (September bis Anfang November) sind die »Vögel des Glücks« vor allem entlang der südlichen Boddenküste anzutreffen. Tagsüber fressen sie sich auf abgeernteten Getreide- und Maisfeldern die für den Weiterflug notwendigen Energiereserven an. Informationen bieten das Kranichzentrum in Groß Mohrdorf, das Kranorama am Günzer See sowie viele Kranichsafaris, auch per Schiff (www.fischland-darss-zingst.de).

Radfahren und Wandern

Die Schönheiten der Halbinsel entdeckt man am besten mit dem Rad oder zu Fuß jenseits der befahrenen Autostraßen. Besonders empfehlenswert: der Fischland-Darß-Zingst-Streckenabschnitt des Ostseeküsten-Radwegs, der auf einer Länge von 400 km zwischen Lübeck/Travemünde und Ahlbeck auf Usedom dem Küstenverlauf folgt. Weiß-blau-weiß markiert ist der Ostseeküstenwanderweg E9. Stille Winkel und Buchten genießen Radfahrer und Wanderer entlang des Boddenufers.

Wassersport

Baden, Surfen, Kiten, Stand-up-Paddling, Segeln und Paddeln: Für Wassersport ist die Halbinsel eine großartige Adresse, denn Ostsee und Bodden sind zwei ganz unterschiedliche Gewässer. Die geschützten Boddengewässer bieten ideale Bedingungen für Anfänger. Das Wasser ist relativ flach, der Wellengang sanfter als in der Ostsee.

Die See sorgt für die Köstlichkeiten. Auch wenn mal keiner so schnell anbeißt.

Das Leben ist kein Ponyhof? Ein Reiturlaub auf dem Fischland und Darß bedeutet genau das Gegenteil.

So schmeckt
Fischland–Darß–Zingst

*Ein altes Kapitänshaus, frischer
Kaffee und ofenwarmer Kuchen.
Herzlich willkommen!*

Heringssalat, ein Klassiker der norddeutschen Küche, köstlich an heißen Sommertagen

Erstklassig, regional und bio, so kann es sein: Zander aus dem Bodden, Wild aus dem Darßer Wald, Bio-Rinder- und Büffelfleisch vom Gut Darß sowie fruchtiges Sanddornsorbet. In den Genuss feiner regionaler Küche kommen Feinschmecker nicht nur während der Kulinarischen Wochen von Mitte Oktober bis November. Denn das ganze Jahr über sind die Köche in Aktion. Und lieben dabei die Kombination süß und sauer.

Ein Klassiker auf die Hand
Aus den Räucheröfen der Fischer zieht der Rauch und duftet wunderbar nach Wacholderstrauch- und Buchenholzspänen. An fast jedem Boddenhafen bekommt man geräucherten Fisch und Fischbrötchen, in Althagen ebenso wie in Dierhagen, Wustrow und Zingst. Eine perfekte Mahlzeit für zwischendurch.

Ostseeluft macht hungrig
In den Gaststätten galten lange große Portionen mit schön viel Soße und ordentlich Speck als Inbegriff für gutes Essen. Mittlerweile geht es leichter und kreativer zu, aber man muss schon satt werden, finden die Inselbewohner.

De Mäkelbörger un sine Tüffeln
Die Kartoffel alias *Tüffel* oder *Tüften* spielt in der mecklenburgischen Küche eine zentrale Rolle. Die Zusammenstellung ist bisweilen eigenwillig: Mecklenburger Rippenbraten, gefüllt mit Trockenobst und Rosinen, Eintopf mit Birnen, Bohnen, Kartoffeln und Speck. Armeleuteessen waren Himmel und Erde (Kartoffeln mit Äpfeln) sowie *Tüften un Plum*, eine Kartoffelsuppe mit Pflaumen und Speck.

Fisch in allen Variationen
An der Küste dominiert natürlich Fisch die Speisekarte. Von Aal bis Zander kommt alles auf den Tisch, was Ostsee und Boddengewässer hergeben: gebraten, gegrillt, gebacken, frittiert, gedünstet, gekocht oder traditionell geräuchert. Nur wenige Wirte werden noch von einem Fischer vor Ort beliefert oder fahren im eigenen Kutter raus. Fragen Sie die Einheimischen, wer (wirklich) frisch gefangenen Fisch serviert! Eine regionale Spezialität ist der pfeilförmige Hornfisch, der Anfang Mai zum Laichen an die Ostseeküste kommt. Man isst ihn mitsamt den feinen grünen Gräten. Weil er massenhaft vorkommt, kann er auch leicht selber geangelt werden.

Vergessen Sie den Kaviar
Der wichtigste Ostseefisch ist der Hering. Das »Silber des Meeres« wird im Frühjahr gefangen, in Salzlake reift er zum Matjes. Eingelegt kommt er als Brathering oder als Rollmops auf den Tisch. Unwiderstehlich ist er als Tatar, mit Birnen, Bohnen und Speck oder auch an Mango-Chili-Salat.

Barther Küstenbier
Die einheimischen Biersorten waren schon zu Zeiten der Hanse berühmt. Das Barther Bier wurde bis in die russische Stadt Nowgorod und ins französische Marseille exportiert. Der Feldherr Wallenstein soll bei der Belagerung Anklams im Jahr 1628 eine Ladung Barther Bier angefordert haben. Seit 2007 wird in Barth wieder nach alter Tradition das »Barther Küstenbier« gebraut.

Die Zitrone des Nordens
Mit seinen ab Ende August lockend orangefarbigen Beeren ist das saure Powerfrüchtchen Sanddorn nicht nur eine Augenweide, sondern auch reich an Vitamin C. In der Darßer Manufructur in Wieck werden die Beeren zu Konfitüren, Gelees und Likören verarbeitet (www.darssermanufructur-neu.de).

Warum Friaul-Julisch Venetien?

Vom antiken Seehafen zum ehemaligen
k.u.k. Seebad – das pittoreske Fischerdorf Grado hat einiges erlebt.

Zwischen Alpen und Adria

Bunt, aufregend und vielfältig wird ein Aufenthalt in der nordöstlichsten Region Italiens: Friaul-Julisch Venetien schlägt Brücken zwischen den Kulturen und vereint mit seinen Sehenswürdigkeiten und seiner Küche das Beste aus der alten Republik der Serenissima mit dem Habsburger Erbe.

Die Kirche Santa Maria Assunta in Cividale del Friuli vereint venezianische Gotik und Renaissance.

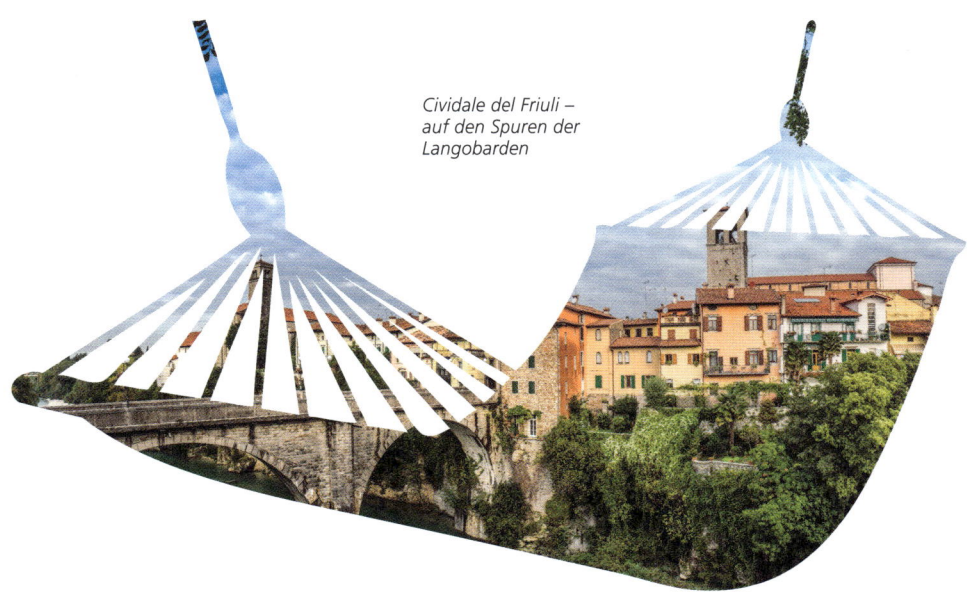

*Cividale del Friuli –
auf den Spuren der
Langobarden*

Das ist Friaul-Julisch Venetien …

Im Nordosten Italiens liegt eine kleine Region, die an Österreich und Slowenien grenzt: *Benvenuti* in Friuli Venezia Giulia (Friaul-Julisch Venetien)! Das autonome Gebiet, dessen Name sich kaum aussprechen lässt, reicht von den Alpen bis zur Adria. Bei einer Entdeckungsreise von Norden nach Süden offenbart sich hier ein erstaunlich vielfältiger Mikrokosmos. Tatsächlich ist Friaul-Julisch Venetien ein kleines Land mit einer großen Vielfalt. Hier werden Ihre Erwartungen übertroffen – versprochen! Ob Berge, Hügel, Seen oder Meer: Jeder kann sich hier im Freien und inmitten der Natur austoben. Außer an den im Sommer gut besuchten Adria-Stränden Grado und Lignano drängen sich hier noch keine Urlauberscharen wie im benachbarten Venetien. Der Massentourismus hat selbst Triest, einen Schmelztiegel verschiedener Völker, Sprachen und Kulturen mit ausgeprägtem mitteleuropäischem Flair, nicht erreicht.

Die geografische Lage des Landes, das über Jahrzehnte abgeschieden am östlichen Rand der italienischen Halbinsel lag, hat dazu beigetragen, seine mannigfaltige Natur und seine alten Traditionen zu bewahren. Nach Friaul-Julisch Venetien kommt man nicht per Zufall, dorthin muss man wollen. Für diese Reise können Sie all Ihre Sprachkenntnisse nutzen, denn hier werden mehrere Idiome und Mundarten gesprochen.

Majestätische Berge

Bereits an den Alpenpässen beginnt die Faszination dieses Landes. Etwas ist gleich klar: Friaul-Julisch Venetien gilt es zu erobern. Den Blick nach oben gerichtet, entdeckt der Reisende abwechselnd felsige Gipfel, sanfte Hügel und grüne Almen. Im Norden der Region ragen die Friauler Dolomiten in den Himmel empor, die seit 2009 zum Unesco-Weltnaturerbe gehören. Wasserfälle, Schluchten und Bergseen begeistern die Bergwanderer durch ihre Ursprünglichkeit. Wie die Natur sind auch die Menschen hier manchmal sperrig, jedoch immer bodenständig und sehr hilfsbereit. Wenn sie aber untereinander sprechen, hat kaum jemand eine Chance, sie zu verstehen. Der Satzbau der altdeutschen Mundarten kommt einem irgendwie vertraut vor, aber bei der furlanischen Sprache werden selbst die Sprachbegabtesten kapitulieren müssen.

Lignano Sabbiadoro – Sonne satt, endlose Sandstrände und das Meer als Badewanne verspricht der Badeort an der nördlichen Adria.

Aus der Vogelperspektive ist die geometrische Struktur der Festungsstadt Palmanova zu erkennen.

Im Winter verwandeln sich die schneebedeckten Ortschaften in schöne Skigebiete, aber die weiße Pracht genießt man auch auf Schneeschuhen bei einer Winterwanderung. Wer die Region auf dem Rad erkunden möchte, dem bieten sich zahlreiche Touren an – und es muss nicht gleich die anspruchsvolle Alpen-Adria-Ciclovia sein, denn dafür braucht man viel Kondition!

Das Meer ruft!

Zwischen den Bergen schlängelt sich der Fluss Tagliamento Richtung Süden und durchquert die Mitte der Region, wo die Berge zu sanften Hügeln werden. Hier trifft man entlang der »Straße der Burgen und des Schinkens« auf malerische Dörfer und romantische Burgen. Verwöhnt wird der Besucher in dieser Gegend von typischen Produkten und deftigen Spezialitäten. Einen Streifzug durch die Geschichte und die unterschiedlichen Kulturen, die das Land über Jahrhunderte prägten, macht man in Udine, Gorizia oder Cividale del Friuli. Bevor der Reisende die einladende Küste an der Adria erreicht, entdeckt er eine fruchtbare grüne Ebene. Je mehr er sich dann der Küste nähert, desto intensiver spürt er das typisch italienische Flair des Dolce Vita. Die lange Strandzunge von Lignano Sabbiadoro und der Strand von Grado stillen die Urlaubsgefühle von Wasserratten und Sonnenhungrigen: Die Sehnsucht nach dem Dolcefarniente wächst!

Lebendiges Erbe der Vergangenheit

Für Abwechslung sorgen in Küstennähe auch die »venezianische« Altstadt von Grado, die erstaunlichen Mosaiken von Aquileia und die sternförmig angelegte Festungsstadt der Renaissance, Palma-nova. Die Königin der Adria bleibt aber Triest. Bis zur Hauptstadt der Region an der östlichen Grenze Italiens fährt man auf der Strada Costiera, einer der schönsten Küstenstraßen weltweit. Die Triestiner Alltagssprache mutet venezianisch an. Doch die Nähe zum Balkan und die k. u. k. Vergangenheit verleihen der Hafenstadt einen unverkennbar internationalen Charme – und eine äußerst vielseitige Küche. Dem Zauber des Castello di Miramare und der Weitsicht von den karstigen Höhen darüber kann kaum jemand widerstehen. *Andiamo!*

... und das sind seine Städte

Am Molo Audace, dem Kai im alten Hafen der Hauptstadt Triest, treffen sich die Flaneure.

Italo Svevo, James Joyce und Umberto Saba. Den europäischen Charme Triests erleben Sie am besten auf der Piazza dell'Unità d'Italia, dem größten zum Meer hin offenen Platz Europas, bei einem aromatischen *nero*. So nennen die Triestiner den Espresso! Flanieren Sie bei Sonnenuntergang auf der Mole Audace und genießen Sie den Ausblick auf die Hafenstadt. Hier erinnert eine bronzene Windrose daran, dass dies auch die Stadt der Winde ist, also aufgepasst!

UDINE

In der Hauptstadt Friauls erlebt man einen Hauch von Venedig. Auf der Piazza della Libertà strahlen ein geflügelter Markuslöwe und zwei »Mori« auf dem Uhrturm. Hier befindet sich auch die Loggia del Lionello, ein Meisterwerk der venezianischen Spätgotik und heute Kommunalpalast. Kein Wunder, dass der Platz einst als »der schönste venezianische Platz auf dem Festland« galt. Hinter dem Uhrturm führt ein Weg hinauf auf den Burghügel, wo man einen herrlichen Blick auf die roten Dächer bis hin zu den Bergen hat. Die Einheimischen treffen sich aber im »Salotto« der Stadt, dem alten Marktplatz Piazza Matteotti: Das malerische Ensemble aus historischen Häusern mit bemalten Fassaden und Laubengängen, zusammen mit dem schönen Brunnen in der Mitte, zieht alle Blicke auf sich. Pittoreske grüne Ecken mit kleinen Wasserläufen prägen die Altstadt und erinnern erneut an die Lagunenstadt.

TRIEST

In der Hafenstadt an der Adria ist Europa schon immer zu Hause, denn die Hauptstadt der Region Friaul-Julisch Venetien ist ein Schmelztiegel der Kulturen. In der Grenzstadt haben sich über Jahrhunderte die italienische, österreichische und slawische Kultur gegenseitig bereichert. Daraus ist eine Vielvölkerstadt entstanden, die es zu entdecken lohnt. Wer die Wasserstraße Canal Grande entlangschlendert, den versetzen die Kuppeln der serbisch-orthodoxen Kirche San Spiridione mit ihren byzantinischen Mosaiken in den Osten. Über den alten Resten eines römischen Forums erheben sich die Wahrzeichen der

Stadt: das Castello und die romanische Kathedrale San Giusto. Das alte jüdische Getto mit seinen Antiquitätenläden hinter dem mächtigen Rathauspalast erinnert dagegen ein bisschen an Venedig. Auch das alte Viertel Cavana – die eigentliche Città Vecchia – mutet wegen seiner Architektur venezianisch an. Dagegen haben die historischen Kaffeehäuser, wie das Caffè degli Specchi, in der Altstadt ihr Habsburger Flair beibehalten. Hier setzten sich Künstler und Patrioten auseinander und träumten von einer besseren Zukunft. Der ehemalige Freihafen der k. u. k. Monarchie inspirierte um 1900 große Persönlichkeiten der internationalen Literatur – verewigt in Bronzestatuen sind die Schriftsteller

*Die Loggia del Lionello auf dem Haupt-
platz von Udine verbreitet venezianischen Charme.*

*Eines der gut erhaltenen spätantiken
Mosaike von Aquileia zeigt eine wohl-
habende Frau.*

Liebhaber der Malerei freuen sich auf
die Fresken des großen Venezianers
Giambattista Tiepolo im Palazzo
Patriarcale, im Dom und im Orato-
rio della Purità. Plötzlich ist es Zeit
für einen Aperitif: Genießen Sie in
einer typischen Osteria ein *tajut*, ein
Glas Wein in geselliger Runde. Statt
»ciao!« sagen Sie dort aber »mandi!«

GORIZIA

Eine Metallplatte mit den Namen
Italiens und Sloweniens und den
Jahren 1947 und 2004 markiert auf
dem Piazzale della Transalpina die
ehemalige Grenze zwischen den
Nachbarstaaten. Wo bis 2004 eine
Mauer durch die Stadt lief, kann
heute jeder frei flanieren, mit einem
Fuß in Italien und dem anderen in
Slowenien. Die bewegte Geschichte
der Grenzstadt am Fluss Isonzo
spricht nicht nur Italienisch, denn
Gorizia hieß auch Nova Gorica
(slowenisch) und Görz (deutsch).
Nach dem Tod des letzten Grafen
von Görz fiel die Stadt um 1500 an
die Habsburger – bis zum Untergang
der Donaumonarchie im Jahre 1918.
Das k. u. k. Erbe ist in der Stadt-
architektur sofort erkennbar, wie
bei der Barockkirche San Ignazio
mit ihren zwei Zwiebeltürmen auf
der Piazza Vittoria, in den kleinen
Gassen in der Unterstadt und
den vielen Parks – Gorizia wurde
auch das »habsburgische Nizza«
genannt! Steigen Sie über einen
Fußweg zur mittelalterlichen Burg,
dem Highlight der Stadt, hinauf. Von

hier aus genießen Sie einen schönen
Blick auf die ganze Stadt und die
umliegenden Hügel.

CIVIDALE DEL FRIULI

Ob der Teufel beim Bau der sagen-
umwobenen 22 m hohen »Teufels-
brücke« (Ponte del Diavolo) über der
Natisone-Schlucht wirklich persönlich
mithalf? So erzählt es zumindest die
mittelalterliche Legende über das
Wahrzeichen der geschichtsträchtigen
Kleinstadt. Von Julius Cäsar als Forum
Iulii gegründet – woraus sich später
der Name Friuli (Friaul) ableitete –,
wurde die Ortschaft 568 n. Chr. zur
Hauptstadt des ersten Herzogtums
der Langobarden in Italien. Ihnen
verdankt Cividale den Eintrag in die
Unesco-Liste des Weltkulturerbes.
Hierher verlegten 773 die Patriarchen
des zerstörten Aquileia ihren Sitz.
Von der Piazza del Duomo führt ein
kurzer Spaziergang zum Tempietto
Longobardo, einem geheimnisvollen
Gebäude, das allein schon eine Reise
wert ist (www.tempiettolongobardo.
it). Stuckdekorationen, Freskenmale-
reien und Figuren schmücken das
Kleinod, vermutlich aus dem Jahr 760.
Bevor man die weiteren Schätze aus
der Langobardenzeit besucht, stärkt
man sich mit einem Stück Gubana Ci-
vidalese, einem traditionellen Gebäck.

AQUILEIA

Himmlische Unterstützung braucht
man immer, scheint die Botschaft

des prächtigen Bodenmosaiks in
der Basilika Santa Maria Assunta zu
sein. Auf dem über 600 m² großen
bunten Mosaikfußboden aus dem
4. Jh. erkennt man neben allerlei
Tieren, geometrischen Ornamenten
und allegorischen Gestalten auch
Engel mit Fischern gemeinsam im
Boot beim Fischfang. Ob hier auch
reisende Engel abgebildet wurden?
Die detailreiche Bildersprache, mit
der sich das wahrscheinlich größte
Mosaik der christlichen Spätantike
schmückt, hinterlässt den Besucher sprachlos. Zum Wow-Effekt
beim Besuch des Städtchens, das
in der Antike eine der wichtigsten
Handelsmetropolen des Römischen
Reichs und später auch Bischofssitz
war, tragen ein Spaziergang durch
das ehemalige Forum Romanum und
die großartige Domus (Villa) von
Titus Macro bei. Weitere Schätze
aus der Ausgrabungsstätte, die zum
Unesco-Weltkulturerbe gehört, sind
im Frühchristlichen und im Archäolo-
gischen Museum zu bewundern.

Friaul-Julisch Venetien erleben

1. TOUR

2. TOUR

3. TOUR

Die Karnischen Alpen locken mit lichten Wäldern, klaren Seen, historischen Almwegen und urigen Bergbauerndörfern.

1. *TOUR*

Entdeckungen in Karnien –
Unterwegs im deutschsprachigen Friaul

Spektakuläre Straßen durch eine faszinierende Bergwelt führen nach Timau, Sauris und Sappada: In allen drei Bergdörfern spricht man Deutsch.

2. *TOUR*

Rilke-Weg von Duino nach Sistiana –
Auf poetischen Pfaden

Hoch über der Adria auf dem nördlichsten Felssporn des Triestiner Karsts thront das Castello di Duino. Auf Einladung von Marie von Thurn und Taxis war hier auch Rainer Maria Rilke zu Gast und ließ sich von der Steilküste inspirieren.

3. *TOUR*

Castello di Miramare –
Märchenschloss am Meer

Vor den Toren von Triest lockt das schneeweiße Habsburgerschloss am blauen Meer. Schon von außen eine Augenweide und innen voller wertvoller Möbel, Bücher und Bilder …

1. TOUR

2. TOUR

3. TOUR

Entdeckungen in Karnien

Unterwegs im deutschsprachigen Friaul

Im Herzen Friauls liegen drei Bergdörfer, in denen heute noch eine alte deutsche Mundart zu hören ist. Auf der Tour von Timau über Sauris nach Sappada erleben Sie deutsche Sprachinseln und genießen die Berglandschaft der Karnischen Alpen und Voralpen.

Eine serpentinenreiche Bergstraße mit ständig wechselndem Blick auf die Berge führt vom grenzüberschreitenden Plöckenpass nach Timau im Friaul. Von einer bezaubernden Natur umgeben, die vor allem im Herbst ein echtes Feuerwerk der Farben entfacht, liegt Timau (Tischlbong in der Ortssprache) im Tal des Flusses Bût auf 820 m Höhe in Karnien (Carnia). Über dieses Dorf mit knapp 500 Einwohnern ragen majestätisch die Felswände der Creta di Timau hoch. Neben der hohen modernen Kirche beherbergt das historische Museo della Grande Guerra eine Sammlung von Erinnerungsstücken, die vom Ersten Weltkrieg erzählen (www.museograndeguerra timau.com). Am Kirchplatz befinden sich Infotafeln auch in einem alten deutschen Dialekt, der mit dem Südbayerischen und dem Kärntnerischen verwandt ist: Etwa um das Jahr 1000 und gegen Ende des 13. Jh. wurde Timau von Kärnten aus besiedelt.

»TUEST REIDN TAIČ?« HEISST IN DER ZAHRER SPRACHE: »SPRICHST DU DEUTSCH?«

Atemberaubende Natur im abgeschiedenen Sauris

Die Straße SS 52 schlängelt sich nach Süden durch das von den Karnischen Alpen flankierte Tal des Flusses Bût weiter in Richtung Tolmezzo. Weiter geht es über Villa Santina nach Ampezzo, wo man auf die SP 73 abbiegt: Ab jetzt fahren Sie auf einer schmalen, kurven- und tunnelreichen Bergstraße knapp 15 km durch die enge Lumiei-Schlucht nach Sauris. Der smaragdgrüne See am Ausgang des letzten Felsentunnels vor dem Bergdorf verstärkt den Eindruck, dass man eine märchenhafte Welt betritt. Sauris (von den Einheimischen Zahre genannt) liegt inmitten von Almen und Weiden auf 1000 bis 1400 m Höhe. Im Sommer ist die Gegend ein Wanderparadies, im Winter verwandelt sie sich in ein beliebtes Skigebiet. Die Abgeschiedenheit der Ortschaft

Traditionelle Holzhäuser prägen das idyllische Bergdorf Sauris.

und die karge Landschaft haben dazu beigetragen, Kultur und Traditionen zu erhalten. Im Bergdorf wird heute noch Sauranisch (»de Zahrar Sproche«) – ein dem Kärntnerischen ähnlicher, südbayerischer Dialekt – gesprochen. Sauris ist auch wegen seines köstlichen rohen Schinkens bekannt, der seinen rauchigen Geschmack dem Buchenholz aus den umliegenden Wäldern verdankt. Dazu genießen Sie am besten ein Stück Käse von der Alm mit dem lokalen, handwerklich hergestellten *Zahrebeer* (www.sauris.org).

Die Gegend rund um die Bergstadt Sappada ist reich an Wasserfällen, die auf Wanderwegen einfach zu entdecken sind.

Streifzug durch Sappada und seine alten Weiler

Um Sappada zu erreichen, fahren Sie den gleichen Weg von Sauris zurück Richtung Villa Santina, wo Sie die Straße SR 355 nehmen. Sie werden bald merken, dass Sappada (Plodn in der heimischen Sprache) kein Bergdorf wie Timau oder Sauris ist. Die Ortschaft in der Nähe der Quelle des Flusses Piave erstreckt sich über 5 km auf einem langen Hochplateau, verteilt auf 15 schmucke alte Weiler (»heivilan«). In Cima Sappada glaubt man, dass die Zeit stehen geblieben ist. Der kleine Ortsteil besticht durch seine alten, im Blockbau errichteten, mit Geranien geschmückten Holzhäuser. Die Sprache, die Sie auf einigen Schildern lesen, ist Plodarisch. Wahrscheinlich brachten Flüchtlinge aus Osttirol vor über 1000 Jahren ihren bayerisch-tirolerischen Dialekt hierher mit. Die Straße führt weiter nach Alt-Sappada, wo malerische Ortsteile wie Mühlbach, Cottern oder Kratten mit ihren alten Holzhäusern den Besucher willkommen heißen. Diese Viertel haben dank der 1922 neu gebauten Straße, die abseits dieser Ortschaften verläuft, ihren alten Kern bewahrt. Kein Wunder, dass Alt-Sappada zu den schönsten Dörfern Italiens zählt. Auch die Tradition des Rollats, der Hauptmaske der Plodner Fasnacht (»Vosenòcht«), geht auf diese alten Zeiten zurück. Rund um die Hauptstraße liegt das touristische Alpindorf Sappada, das wegen seiner landschaftlichen Schönheiten und der vielen Outdoor-Aktivitäten ein beliebter Urlaubsort ist (www.sappadadolomiti.com).

Ü
ÜBRIGENS

Bordano, das sogenannte »Dorf der Schmetterlinge«, liegt am Fuß der Berge San Simeone und Festa. In ihrer geografisch isolierten Lage bieten die beiden Berge ein optimales Mikroklima für Schmetterlinge, die auch im größten Schmetterlingshaus Italiens zu bewundern sind (www.bordanofarfalle.it).

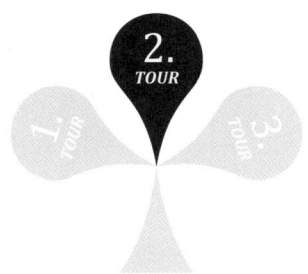

Rilke-Weg von Duino nach Sistiana

Auf poetischen Pfaden

Rainer Maria Rilke kamen beim Gang über Italiens höchste Steilküstenkante seine verzweifelt-fatalistischen »Duineser Elegien« in den Sinn. Dabei animiert der auf den berühmten Dichter getaufte Wanderweg von Duino in die Bucht von Sistiana weniger zum Klagen denn ▼ Frohlocken über die tolle Aussicht auf die Adria.

Rainer Maria Rilke reiste viel und weilte von Oktober 1911 bis Mai 1912 auf Schloss Duino, von wo er gern Spaziergänge in die benachbarte Bucht von Sistiana unternahm. Der 1875 im damals österreichisch-ungarischen Prag geborene und 1926 in der Schweiz gestorbene Dichter gilt als bedeutender Vertreter der literarischen Moderne, lebte u. a. in Paris, München, Wien und Berlin. Als Gast von Marie von Thurn und Taxis, die ihm 17 Jahre in reger (Brief-)Freundschaft verbunden blieb, schrieb er auf Schloss Duino zwei von insgesamt zwölf Klageliedern, die 1922 unter dem Titel »Duineser Elegien« publiziert wurden.

Farbenfrohe Wanderstrecke

Der knapp 2 km lange Sentiero di Rilke beginnt am Parkplatz vor dem Schloss Duino und endet vor der Tür des Touristenbüros oberhalb der Baia di Sistiana. Er führt durch einen Pinienwald an die Küstenkante, deren weiße Klippen hier dramatische 80 m tief ins Meer stürzen. Damit krönt der Dichterpfad den höchsten Steilküstenstreifen des Belpaese, der wegen seiner bizarren Felsformationen und artenreichen mediterranen Flora und Fauna als Riserva Naturale Regionale Falesie di Duino deklariert ist. In dem Naturschutzgebiet gedeihen Steineichen, Oliven, Wolfsmilch und Ginster, kreuchen und fleuchen u. a. die seltene Pracht-Kieleidechse mit tiefblauer Kehle und leuchtend rotem Bauch, die leicht giftige Katzenschlange und der Schwarzspecht. Unterwegs eröffnen vier zu »Panoramaterrassen« (Belvedere) befriedete ehemalige Gefechtsstellungen der deutschen Wehrmacht wunderbare Aussichten aufs Meer, das Castello di Duino und die Baia di Sistiana, die mit Hafen, Bars und Restaurants erschlossen und von mehreren feinkieseligen Badesträndern gesäumt ist.

Schöne neue Urlaubswelt

Gleich nebenan begeistert und befremdet Portopiccolo, das als adriatisches Klein-Monaco gehypt wird. Der edeltouristische Retortenort wurde in einen ausgedienten Steinbruch direkt ans Meeresufer gesetzt und wird wegen seiner nachhaltigen Bauweise und klugen Energietechnik als ökologisch zukunftsweisendes Vorzeigeprojekt gefeiert. Portopiccolo integriert mehrere Hundert Luxuswohnungen und ein Fünf-Sterne-Hotel, lockt mit exklusiv möblierten Strandbädern, einer hochgelobten Wellnessoase und schicken Läden und Lokalen. Kurzum: Es besticht mit stilvollem Luxus und toller Lage, wirkt aber zugleich etwas seelenlos und artifiziell.

Nudisten und Alt-Hippies treffen sich an der naturbelassenen Costa dei Barbari gleich neben Portopiccolo. Ihre grobsteinigen Gestade sind Kult, nur über einen steilen Pfad von der Küstenpiste SS 14 zu erreichen (Km 137) und neben einem Küstenstreifen namens Liburnia (Km 140) einer von zwei FKK-Stränden bei Triest.

Schloss der Dichter und Komponisten:
Neben Rilke waren im Castello di Duino
u. a. auch Mark Twain, Franz Liszt und
Victor Hugo geladen.

1. TOUR
2. TOUR
3. TOUR

Castello di Miramare

Märchenschloss am Meer

Das Castello Miramare ragt auf einem Felsvorsprung schneeweiß ins blaue Meer und gibt eine gefällige Kulisse fürs Spazierengehen und Sonnenbaden ab. Es ist von einem herrlichen Park umgeben und eines der meistbesuchten Museen an der Oberen Adria.

Das Schloss von Grignano wurde zwischen 1856 und 1860 im Auftrag von Ferdinand Maximilian von Österreich (1832–67), Bruder von Kaiser Franz Joseph I. und seinerzeit in Triest stationierter Oberbefehlshaber der österreichischen Kriegsmarine, vom Wiener Architekten Carl Junker in einem architektonischen Stilmix aus Gotik, Neorenaissance und Barock erbaut. Seine Salons und Säle verteilen sich auf zwei Etagen, die um ein Mezzanin (Halbgeschoss) unter dem zinnengekrönten Flachdach ergänzt sind. Im Erdgeschoss liegen die Privat- und Schlafgemächer des Bauherrn und seiner Ehefrau Charlotte von Belgien sowie eine opulent möblierte und mit botanischer und archäologischer Fachliteratur bestückte Bibliothek.

Was für ein Blick! Da darf man schon mal neidisch werden auf die einstigen Schlossbesitzer. Die hatten beim Bau von Schloss Miramare keine Kosten und Mühen gescheut.

Schöner wohnen am Meer

Im Stockwerk darüber glänzen die mit künstlerisch hochkarätigen Gemälden dekorierten Repräsentationssäle. Diese Juwelen des Hauses, ganz besonders prächtig die Sala del Trono, bekamen erst nach Maximilians Tod den letzten Schliff. Die meisten der großen »Ölschinken« im Schloss huldigen Mitgliedern des illustren Habsburger-Clans. Sie zeigen z. B. ein zu Ehren von Maximilian und seiner Gemahlin ausgerichtetes nächtliches Fest in Venedig, auf Leinwand gebannt von Ippollito Caffi (1809–66), oder die von Cesare dell'Acqua (1821–1905), abgelichtete bzw. -gemalte Ankunft der legendären Sisi in Miramare im Jahre 1861.

Das Schloss schmückt sich außen mit einem entzückenden kleinen Hafen und grandiosen Grünanlagen, in denen sowohl Wald- und Wiesenflächen als auch akkurat bepflanzte Blumenbeete grünen und blühen und mehrere Skulpturen künstlerische Akzente setzen.

Sein Gartenschlösschen (Castelletto) war jahrelang Sitz der Riserva Naturale di Miramare (www.riservamarinamiramare.it). Die Meeresschützer zeigen inzwischen in einem Flügel der ansonsten für Wechselausstellungen genutzten Stallungen (Scuderie) unter dem Namen BIODiversitario MArino (BioMa) eine Dauerschau zur Meeresfauna im seit 1986 naturgeschützten Meer vor den Toren des Schlosses.

Im Schloss Miramare übernachtete einst auch Kaiserin Elisabeth von Österreich, besser bekannt als Sisi.

Schlossgeschichte(n)

Maximilian, der zwischenzeitlich als Generalgouverneur von Lombardisch-Venetien in Mailand gewohnt hatte, bezog Weihnachten 1860 sein Traumhaus am Meer, genoss den gehobenen Wohnkomfort freilich nur bis 1863, als ihn Napoleon III. zum Kaiser von Mexiko ernannte. Charlotte begleitete ihn, kehrte aber schon 1865 – inzwischen psychisch erkrankt – nach Miramare und 1866 in ihre belgische Heimat zurück. Nachdem ihr Gatte 1867 in Mexiko von Revolutionären hingerichtet worden war, diente das Schloss als Sommerfrische seiner habsburgischen Verwandschaft, darunter auch der schönen Sisi, die hier besonders oft und gern zu Gast war.

Nach dem Ersten Weltkrieg gelangte das Schloss in den Besitz des Staates, war zeitweise Museum und von 1931 bis 1937 das neue Zuhause von Fliegergeneral und Kriegsheld Herzog Amedeo von Savoyen-Aosta (1898–1942) nebst Familie, die Mobiliar und Haustechnik auf den allerneuesten Stand brachten. Weil auch der neue Schlossherr fern der Heimat ums Leben kam – er erlag in einem alliierten Gefangenenlager in Nairobi der Tuberkulose und Malaria –, heißt es, dass ein Fluch auf dem märchenhaften Anwesen liege und seinen Bewohnern ein früher Tod in der Fremde beschieden sei.

Ein ganz anderer Fluch ereilte Miramare 1943, als hochrangige Nazis im Schloss einzogen, um dort ein Ausbildungszentrum für ihren Nachwuchs zu etablieren. Bei Kriegsende nahmen alliierte Truppen in dem prachtvollen Gemäuer Quartier. Schloss und Park gehören seit 1955 wieder Italien, sind ein bevorzugtes Ziel für den Sonntagsausflug der Triestiner und Ziel von Touristen aus aller Welt.

Bei den Skulpturen im Park handelt es sich übrigens mehrheitlich um Kopien antiker Kunstwerke, die der Hausherr bei der Berliner Zinkgießerei Moritz Geiß in Auftrag gegeben hat. Deren gleichnamiger Gründer (1805–75) hatte sich mit täuschend echt anmutenden Plastiken aus Zinkguss einen Künstler- und Industriellennamen gemacht.

Triest ist zwar für seine Kaffeekultur
berühmt, aber natürlich darf es auch
ein Aperitivo sein!

So schmeckt Friaul-Julisch Venetien

Die bunte Hefe-Nuss-Rolle, »Gubana«, ist einfach unwiderstehlich.

Die kleine norditalienische Region bittet mit einer vielfältigen Speisekarte zu Tisch und zeigt sich dabei als ein Schlaraffenland, denn Auswanderer aus aller Herren Länder prägten sie mit ihren Rezepten. Ob in Karnien (Carnia), an der Küste oder in der Vielvölkerstadt Triest: Der Feinschmecker kann in den vielen typischen Spezialitäten Einflüsse aus Venetien, dem Balkan und der Habsburger Gastronomie wiedererkennen. Um die lokale Küche sowie die Kultur und das Territorium der Region zu entdecken, besucht man eine traditionelle Osteria rund um Udine oder eine Osmiza, eine typische Buschenschänke, im pittoresken Karst.

Zum Aperitivo
Kurz vor dem Mittag- und Abendessen ist Zeit für einen Aperitif. Der berühmte rohe San-Daniele-Schinken gehört dazu immer hauchdünn aufgeschnitten, egal ob auf Brot, um Grissini gerollt oder pur. Er zergeht auf der Zunge, und sein Geschmack ist einmalig. Konkurrenz bekommt die Schinkenstadt San Daniele del Friuli aber vom

Bergdorf Sauris mit seinem würzig geräucherten Schinken. Für Genießer stehen weitere Leckerbissen zur Auswahl, etwa der *Frico*, ein in Schmalz und Öl gebratener Käse aus den Karnischen Alpen. Käseliebhaber schwören aber auf den ausgebackenen *Montasio*, der hier zusammen mit dem »Multitalent« Polenta aufgetischt wird.

Brücke zwischen den Kulturen
Bei der großen Vielfalt an typischen Gerichten hat man die Qual der Wahl. Wer Bohnen mag, ist bei der gehaltvollen Gemüsesuppe *Jota* genau richtig, aber aufgepasst: Rund um Triest wird sie mit Sauerkraut und Schweinerippchen zubereitet. Im Badeort Grado ist *Boreto* einfach ein Muss: Die köstliche Fischsuppe, die einst aus zu kleinen, unverkauft gebliebenen Fischen bestand, gehört heute zur gehobenen Küche. Experimentierfreudige bestellen *Cjarsons:* Diese Art Ravioli mit einer Füllung aus Kartoffeln, Zimt, Trockenfrüchten und Kräutern schmeckt herzhaft-süß. Tintenfisch in den verschiedensten Varianten ist Bestandteil der Menüs an der Küste, mit frisch zubereiteter Polenta serviert. Dazu passt ein Weißwein aus dem Weingebiet Collio, wie der strohgelbe, würzige

Tocai Friulano. Wer dagegen Fleisch bevorzugt, der bestellt am besten ein *Spezzatino:* Diese deftige Gulaschart steht dem Klassiker aus Ungarn in nichts nach. Ein guter passender Begleiter dafür wäre der granatfarbene Rotwein Refosco dal Peduncolo Rosso.

Möchten Sie etwas Authentisches in urigem Ambiente probieren? Dann verkosten Sie einen typischen gemischten Triestiner »Büfettteller« und entdecken Sie dabei die gutbürgerliche altösterreichische Küche. Zu den bekanntesten Nachtischen zählen der *Strucolo* (Strudel), die *Gubana* (Hefeteig in der Form einer Schnecke und der Farbe des Steinpilzes) und die Triestiner Spezialität *Presnitz* (Blätterteig, gefüllt mit Nüssen, Mandeln und verschiedenen getrockneten Früchten).

Un caffè, per favore!
Zur Krönung der Mahlzeit bestellt man selbstverständlich einen *caffè*. In der Hafenstadt hat man sogar einen eigenen Wortschatz in Sachen Kaffee entwickelt: Den Espresso nennt man dort *nero*; ein Caffè Macchiato heißt *capo*. Wer einen Cappuccino möchte, bestellt einen *caffellatte* – aber niemals nach einer Mahlzeit!

Warum die Kanalinseln?

Am Corbière Lighthouse auf Jersey wird der Gezeitenwechsel nahezu im Minutentakt sichtbar.

Inselhüpfen im Ärmelkanal

Welche Insel ist die schönste? Jersey hat wilde Klippenpfade, weite Sandstrände, stille Heckenwege, Burgen und Museen, Guernsey außerdem eine anmutige Hauptstadt. Alderney und Sark begeistern vor allem Naturfans. Überall locken kulinarische Genüsse, grandiose Natur und herzliche Freundlichkeit.

Nach dem Tag am Strand besonders beliebt: ein Pint süffiges Ale mit Blick aufs Wasser.

So ruhig ist das Meer an der St Ouen's Bay auf Jersey nicht oft, immer aber ist das Gefühl der Weite überwältigend.

Das sind die Kanalinseln ...

»Stücke Frankreichs, die ins Meer gefallen sind und von England aufgelesen wurden …«, so hatte der Dichter Victor Hugo die Kanalinseln genannt und dabei die historischen Wurzeln des Archipels im Sinn. Die Rechtsordnung, nach der die Inseln sich bis heute selbst verwalten, stammt noch aus dem Mittelalter – der normannische Gesetzeskodex »Le Grand Coutumier« gilt seit Ende des 13. Jh. Traditionsverbunden und stolz auf ihre Eigenständigkeit sind die Insulaner bis heute. Die normannischen Dialekte (Patois) Jèrriais und Gernesiais werden gepflegt, doch spricht jeder Englisch.

Traditionell

Was das britische Parlament in Westminster beschließt, ist für Jersey and Guernsey unwichtig – sie sind als Kronland dem englischen Monarchen verpflichtet, nicht dem Vereinigten Königreich. Die Queen ist als Duke of Normandy Staatsoberhaupt. Vier Inseln besitzen je ein eigenes Parlament, darunter das bis ins 21. Jh. feudal regierte Sark. EU-Mitglied sind die Inseln nicht, vom Brexit werden sie daher höchstens indirekt berührt.

Invasoren und Besatzer

Jahrhundertelang waren die Inseln Zankapfel zwischen Frankreich und England – davon zeugen Burgen und Türme überall an den Küsten. Die Invasion gelang den Franzosen nie ganz, dafür den Deutschen: Die Wehrmacht besetzte im Sommer 1940 die Inseln und machte sie zur »Inselfestung«. Die Besatzer ließen keine Felsnase unbefestigt, keinen Strand unvermint. Die Insel Alderney wurde zum Arbeits- und Konzentrationslager, Tausende Gefangene, oft aus Osteuropa, mussten Zwangsarbeit leisten, und viele von ihnen starben. Bei der Invasion der Normandie 1944 ließen die Alliierten die strategisch unwichtigen Inseln links liegen. Besatzer und Besetzte waren gleichermaßen vom Nachschub abgeschnitten und hungerten dem Kriegsende entgegen. Erst am 9. Mai 1945 kapitulierte der deutsche Kommandant.

Touristen, Banker, Künstler, Millionäre

Schon zu Queen Victorias Zeiten im 19. Jh. kamen Touristen per Dampfschiff aus England. Heute ist

Der einzige gangbare Weg nach Little Sark – jeder, der die entrückte Süd-Halbinsel erreichen will, muss über La Coupée, bei Sturm zur Not auf allen Vieren.

Guernseys Wahrzeichen ist eine exotische Schönheit: Die Guernsey Lily treibt im Herbst aus unscheinbaren Knollen erstaunliche Blüten.

noch vor dem Tourismus die Finanzwirtschaft Haupteinnahmequelle. Fischerei und Austernzucht, Kartoffel- und Tomatenanbau sowie Blumenzucht spielen für die Inselwirtschaft kaum noch eine Rolle. Der Einkommensteuersatz (20 % auf alles) treibt so manchen Millionär ins Steuer-Exil. Anders der französische Dichter Victor Hugo. Er flüchtete 1865 vor der Repression im französischen Kaiserreich. Mitte des 19. Jh. konnte er sich mit den Bewohnern noch auf Französisch verständigen.

Ebbe und Flut bestimmen die Agenda

Auf den Kanalinseln herrscht mit 12 m – bei Springfluten bis zu 15 m – Tidenhub einer der höchsten Gezeitenunterschiede der Welt. Bei Flut schrumpft so mancher goldene Sandstrand zu einem schmalen Streifen oder verschwindet komplett. Rasante und äußerst gefährliche Meeresströmungen wie *The Race (Raz)* zwischen Alderney und Cherbourg sowie bei Flut unter der Wasseroberfläche verborgene Riffe und Untiefen haben viele Schiffe in Wracks verwandelt.

Naturparadiese im Golfstrom

Auf den Kanalinseln findet man zahlreiche in Südeuropa beheimatete Pflanzen. Ein Blickfang ist der auf den Kanarischen Inseln und Madeira heimische Riesen-Natternkopf mit winzigen himmelblauen Rachenblüten. Immergrüne Steineichen, Meerkiefern und Tamarisken gehören zu den mediterranen Bäumen und Sträuchern, die sich auf den Kanalinseln wohlfühlen. Die Stars unter den Wildblumen sind aber die Hasenglöckchen *(bluebells)*, die im April/Mai den Küstenpfad in zartes Blau tauchen. Exoten wie die Guernsey Lily, die im 17. Jh. mit einem Schiff aus Südafrika auf die Inseln gelangt sein soll, prunken rosa in Vorgärten. Kaum etwas wächst dagegen auf den unzähligen unbewohnten Felsen rund um die Inseln – sie gehören den Vögeln, darunter auch Hochseebewohner wie die Basstölpel *(gannets)*. Selten findet man eine Kolonie so nah vor der Küste wie auf den Vogelinseln nahe Alderney. Papageitaucher *(puffins)* brüten im Sommer auf flachen Sandinseln, während an den Steilküsten Seeschwalben, Kormorane und Austernfischer leben.

... und das sind ihre Städte

*Die historischen Markthallen in
St. Helier aus den Tagen Queen Victorias
verführen die Sinne: Leckereien aus aller
Welt betören Nase und Augen.*

ST HELIER, JERSEY

Kosmopolitisch, urban, hektisch wirkt die Hauptstadt von Jersey – und das auf einer abgelegenen Insel im Golf von Saint-Malo. Menschen im Büro-Outfit hasten durch die Straßen. Die meisten arbeiten in der Finanzbranche, die fast 80 % der Inselwirtschaft ausmacht. Zwischen der Stadt und Elizabeth Harbour, wo die Fähren anlegen, ist durch Landgewinnung ein neues Viertel mit moderner, ansprechender Architektur entstanden: die Waterfront. Vom Fähranleger läuft man rund zehn Minuten (vorbei am Busbahnhof) zum Jersey Museum, das Ausstellungen über Geologie, Flora,

Fauna, Politik, Kultur und Geschichte von Jersey, eine Kunstgalerie und ein denkmalgeschütztes Kaufmannshaus vereint: Das 1820 gebaute Haus Pier Road No. 9 ist eine repräsentative großbürgerliche Residenz aus viktorianischer Zeit. Nicht nur an Regentagen lohnt ein Abstecher zum Maritime Museum. Der ehemalige Hafenspeicher ist vollgestopft mit Maschinen, Kunst und Kuriositäten rund ums Meer und die Seefahrt. Vom Hafenviertel geht es in die Stadt: Die aus rötlichem Granit errichtete Parish Church St Helier wurde schon im 11. Jh. erwähnt. An eine wichtige Begebenheit in der Geschichte Jerseys erinnert im Innern ein schlichter Stein mit der Aufschrift »Peirson: The Battle of

Jersey«. Der Major dieses Namens verteidigte die Insel 1781 erfolgreich gegen die Franzosen. Mit alten Kastanienbäumen und Bänken bildet der ehemalige Marktplatz Royal Square abseits des Getümmels der Fußgängerzone eine ruhige Oase. Auf einer Seite erstreckt sich das majestätische, 1866 errichtete Gebäude des Royal Court, in dem das Parlament der States of Jersey tagt. Das authentisch restaurierte kleine Stadthaus Georgian House im quirligen Zentrum von St Helier entführt ins Jahr 1760, als im Stil des Regency bunter Wohnkomfort die großbürgerlichen Häuser eroberte. Gut 100 Jahre älter ist die viktorianische Eisen-Glas-Architektur des Central Market. Hauptattraktion des Fischmarkts schräg gegenüber im Beresford Market sind die Hummer, Garnelen, Muscheln und Fische aus Inselgewässern.

So weit die Stadt – fehlt noch ein Spaziergang die Strandpromenade (Esplanade) entlang. Draußen in der Bucht von St Helier sieht man Elizabeth Castle liegen. Trockenen Fuß ist die Festung nur bei Ebbe erreichbar über das dann frei liegende Pflaster oder per Amphibienfahrzeug auf den Wellen schaukelnd. Selten dokumentiert eine Festungsanlage Militärgeschichte im Lauf der Zeiten so anschaulich. Die königliche Burg in der Bucht von St Helier hat gut fünf Jahrhunderte Belagerung und Kanonendonner auf dem Buckel. Doch begann alles ganz friedlich: Der erste namentlich bekannte Bewohner des Felsens war der Heilige St Helier,

Das Panorama von St Peter Port

Residenz eines berühmten Exilanten: Im Hauteville House lebte der Dichter Victor Hugo, bis er 1870 nach Frankreich zurückkehren konnte.

dessen in den Fels gehauene Kapelle an der windumtosten Spitze des Eilands den Elementen trotzt.

GOREY, JERSEY

Das Burgstädtchen Gorey ist einen Bummel wert, mit den Jachten und Fischerbooten, den pastellfarbenen Häusern am Hafen und der über allem thronenden Burgruine Mont Orgueil Castle. Sie ist nicht irgendeine mittelalterliche Burg – das spannende Labyrinth ist das Ergebnis von 800 Jahren Baugeschichte. Das ausgeklügelte Verteidigungssystem hinter den meterdicken Mauerringen erstaunt selbst Festungskenner. Auch wenn Mont Orgueil aussieht wie eine typische mittelalterliche Burg, über die Jahrhunderte hat jede Epoche ihre Spuren hinterlassen. Es wurde abgerissen und angebaut, renoviert und restauriert. Das schwierige Terrain – auf der Ostseite fällt der Granitsporn steile 45 m tief ab – war kein zu hoher Preis für die strategische Lage mit Aussicht bis zur französischen Küste. So hatte man den Feind im Hundertjährigen Krieg ab Mitte des 14. Jh. gut im Blick. Damals war Mont Orgueil uneinnehmbar. Es war der Wandel in der Kriegstechnik, von der Armbrust zur Kanone, der Mont Orgueil zu Fall brachte. Mit dem Bau von Elizabeth Castle auf Jerseys Südseite Ende des 16. Jh. hatte Mont Orgueil als wichtigste Festung der Insel ausgedient. Fortan diente die Burg nur noch als Gefängnis.

ST PETER PORT, GUERNSEY

Die Inselhauptstadt breitet sich stufenförmig am steilen Klippenhang aus. Treppen und enge Gassen erschließen die verschiedenen Niveaus der ansteigenden Hafenstadt. An einem Verkehrskreisel markieren der Uhrturm im viktorianischen Stil und das Liberation Monument die Zufahrt zum Hafen. Es erinnert an die Befreiung von der deutschen Besatzung 1945.

Die Südseite des Hafens begrenzt die Festung Castle Cornet. 600 Jahre lang war sie eine Insel, bis sie 1859 in die Hafenanlage einbezogen wurde. In einem ehemaligen Kasernengebäude wird im Story of Castle Cornet Museum die Geschichte der Burg nachgezeichnet.

Die trutzige Town Church aus grauem Granit ist die am prächtigsten ausgestattete Kirche der Insel. Eine etwas ungewöhnliche Visualisierung der wechselvollen Geschichte von Guernsey ist in einem Anbau der 1818 errichteten, einstigen St James Church untergebracht: »The Guernsey Tapestry«, ein um das Jahr 2000 entstandener Bilderzyklus, der in einzelnen Szenen die wichtigsten Stationen der Inselgeschichte in buntem Stickgarn festhält – der Teppich von Bayeux lässt grüßen.

In den exotischen Candie Gardens gedeihen botanische Raritäten wie Ginkgobaum und Palmfarn.

Das Guernsey Museum at Candie vermittelt Inselgeschichte kompakt: von der Jungsteinzeit bis heute.

Victor Hugo war nicht nur ein erfolgreicher Romancier, sondern auch ein politisch Verfolgter. Aus Frankreich vertrieben, ließ sich der Exilant in Guernsey nieder. Zum Domizil wählte er ein Haus auf den Klippen mit Blick Richtung Heimat und höchst individueller Einrichtung: Hauteville House, das sich heute im Besitz der Stadt Paris befindet.

ST ANNE, ALDERNEY

Die kleine Inselhauptstadt von Alderney hat Charme: Die High Street und die umliegenden Kopfsteinpflastergassen mit ihren Pubs und kleinen Läden sind nett zum Bummeln. Im Alderney Museum wird die Geschichte Alderneys von der Steinzeit bis zur deutschen Besatzung nachgezeichnet. Die hübsche St Anne's Church von 1850 aus lokalem grauen Granit, abgesetzt mit hellem Kalkstein, strahlt eine friedliche Atmosphäre aus.

Die Kanalinseln erleben

1. TOUR

2. TOUR

3. TOUR

Grosnez Point an der Küste im Nord-westen der Kanalinsel Jersey

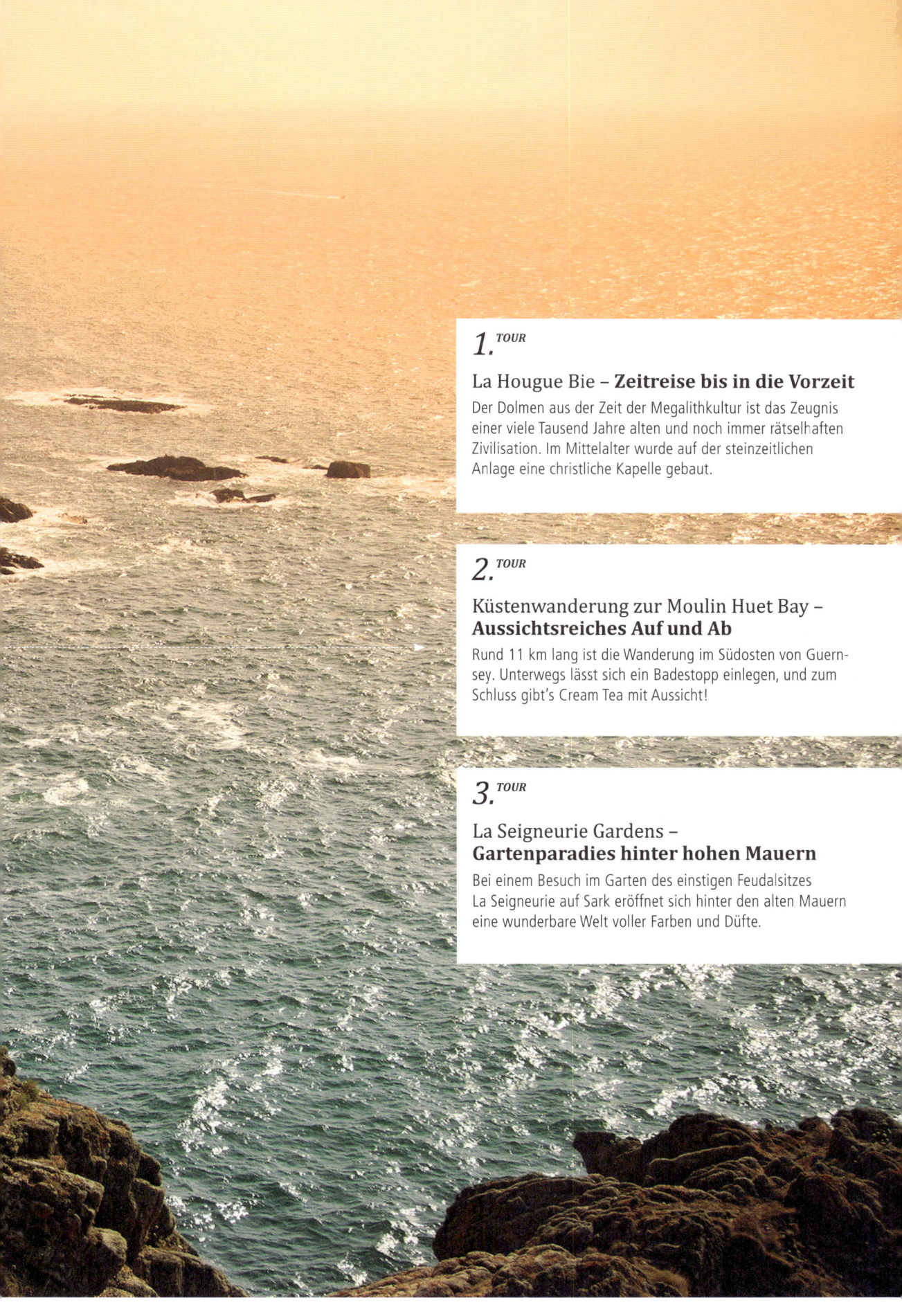

1. *TOUR*

La Hougue Bie – Zeitreise bis in die Vorzeit

Der Dolmen aus der Zeit der Megalithkultur ist das Zeugnis einer viele Tausend Jahre alten und noch immer rätselhaften Zivilisation. Im Mittelalter wurde auf der steinzeitlichen Anlage eine christliche Kapelle gebaut.

2. *TOUR*

Küstenwanderung zur Moulin Huet Bay – Aussichtsreiches Auf und Ab

Rund 11 km lang ist die Wanderung im Südosten von Guernsey. Unterwegs lässt sich ein Badestopp einlegen, und zum Schluss gibt's Cream Tea mit Aussicht!

3. *TOUR*

La Seigneurie Gardens – Gartenparadies hinter hohen Mauern

Bei einem Besuch im Garten des einstigen Feudalsitzes La Seigneurie auf Sark eröffnet sich hinter den alten Mauern eine wunderbare Welt voller Farben und Düfte.

La Hougue Bie
Zeitreise bis in die Vorzeit

La Hougue Bie ist die größte Steinzeitstätte der Kanalinseln. Damit nicht genug: eine mittelalterliche Kapelle oben auf dem Hügel, in der Tiefe ein Kommandobunker der deutschen Besatzer und im Museum nebenan Mammutknochen aus der Altsteinzeit – kurz: La Hougue Bie ist ein Querschnitt durch 5000 Jahre Inselgeschichte vom Wollnashorn bis ins 20. Jh.

Die Großsteinbauten der Megalithkultur (altgr. *mega* = groß, *lith* = Stein) geben auch heute noch viele Rätsel auf. Im 19. Jh. sah man in den Dolmen noch Druidentempel, der Aberglaube machte sie zu Feentanzplätzen. Heute versteht man sie als steinerne Relikte einer Zivilisation, deren Zentrum vor über 5000 Jahren im Westen Europas lag, zur gleichen Zeit wie die antiken Kulturen am Mittelmeer.

Jersey ein Zentrum des Sonnenkults?

Zwar fand man bei der Untersuchung des Erdhügels von La Hougue Bie auch Knochenreste; die Anlage diente also auch als Grab. Aber man ist sich sicher, dass der Bau vor 5000 Jahren vor allem bei Ritualen eine Rolle spielte. Nachdem der bis in die 1990er-Jahre verschüttete ursprüngliche Eingang des Monuments freigelegt worden war, stellte sich heraus, dass bei Tag- und Nachtgleiche das Licht genau bis ans Ende der Galerie reicht. Nur gebückt gelangen Besucher heute durch den Eingang ins Innere der Anlage, ein faszinierendes Erlebnis. Von der Hauptkammer zweigen mehrere Nebenkammern ab – etwa 70 Megalithe wurden in dem mit über 20 m längsten Steinzeitbau der Insel verbaut.

Christlicher »Überbau«

Vom Hügel über dem heidnischen Kultort reicht der Blick weit über die Insel – *la houge bie* bedeutet im Normannischen »der hohe Ort«. Ein guter Platz, fand man im 12. Jh., um die Kapelle Notre Dame de la Clarté zu errichten. 1520 wurde auf ihrer Ostseite die Jerusalem Chapel samt Krypta hinzugefügt, die den älteren Bau so »umkapselt«, dass man den Eindruck hat, es handele sich um ein Gebäude. Kaum erkennbar sind die Wandgemälde aus dem 16. Jh., Erzengel mit Schriftbändern in den Händen. In der Krypta soll ein Geistlicher im 16. Jh. Wunder vollführt haben. Ein nachgebautes Steinzeithaus am Fuß des Hügels dokumentiert, wie man im Neolithikum wohnte.

Noch mehr Steine

Ein Museum zur Geologie und zur Vorzeit von Jersey zeigt archäologische Funde, darunter den 250 000 Jahre alten Schädel eines Wollnashorns und Mammutknochen aus der Höhle La Cotte de St Brelade. Ein Film informiert über die wechselhafte Geschichte von La Hougue Bie.

Die deutschen Besatzer hinterließen einen unterirdischen Kommandobunker. Dort unten ist heute die unmenschliche Behandlung der Zwangsarbeiter auf den Inseln dokumentiert. Menschen aus Osteuropa, Spanien und Frankreich schufteten, litten und starben hier 1940–45.

Nur gebückt kommt man ins Innere der Grabkammer.

ÜBRIGENS

Unzählige Megalithbauten wurden im Lauf der Zeit zerstört, von Bauern, die die großen Steine von ihren Feldern räumten, von unwissenden Bauherren, die sie als Baumaterial verwendeten, und von christlichen Eiferern wider die heidnischen »Druidentempel«. In so mancher Kirche ist ein Hinkelstein verbaut. Auf Jersey sind von den ursprünglich über 60 noch 15 Großsteingräber erhalten.

Küstenwanderung zur Moulin Huet Bay

Aussichtsreiches Auf und Ab

2. TOUR

Auf dem Küstenpfad können Sie einen der schönsten Abschnitte der Küste von Guernsey erleben: Er führt rund um die Südostspitze der Insel durch blumenreiche Waldtäler und bietet Aussichten auf einladende Badebuchten wie die Moulin Huet Bay.

Von der im Süden aus St Peter Port bergauf führenden Fort Road zweigt links ein Pfad ab: »Cliff Path & South Coast«. Bald ist Fort George erreicht. Die 1780–1812 als Vorzeigeobjekt gegen die befürchtete französische Invasion angelegte Festung diente den Besatzern im Zweiten Weltkrieg als Radarstation. Durchquert man das Tor, kann man von der Clarence Battery (frühes 20. Jh.) mit Originalkanonen aus dem 18. und 19. Jh. die wunderbare Aussicht auf die Nachbarinseln Sark, Herm und manchmal Alderney (ganz links) genießen.

Militärgeschichte am Wege

Hinter den Ruinen wendet man sich an der Weggabelung links, weiter den Pfad entlang, Richtung Südküste. Ein Abzweig nach links führt auf Treppenstufen hinunter zur Soldier's Bay, deren Name »Soldatenbucht« sich von der nahe gelegenen Garnison Fort George ableitet. In der Soldier's Bay kommt bei Ebbe ein Kies- und winziger Sandstrand zum Vorschein. Danach steigt der Weg langsam an. Ein Stück weiter gelangt man auf die von rechts kommende Teerstraße La Corniche, eine Sackgasse. An ihrem Ende angelangt, nimmt man den Pfad geradeaus. Er folgt dem eckigen Grundriss einer Bastionsmauer.

Als Urlaubsgast mit Skizzenblock verbrachte Auguste Renoir im Sommer 1883 viel Zeit in der Moulin Huet Bay.

Bluebells, wilde blaue Hyazinthen in voller Pracht, sind zum Malen schön – aber ein Foto tut's auch.

Blumenreiche Waldwege

Hält man sich auf dem Klippenpfad Richtung Fermain Bay, gelangt man bald in einen Wald aus knorrigen, dunklen Steineichen. Im milden Klima der Inseln gedeihen diese immergrünen Bäume der mediterranen Zone sehr gut. Der Wald – auch Laubbäume stehen hier – ist bekannt als Bluebell Wood. Im April/Mai breitet sich ein blauer Teppich von Hasenglöckchen *(bluebells)* und anderen Frühjahrsblumen aus. Es geht treppauf und treppab durch hügeliges Gelände und streckenweise, wo es offener wird, zwischen hohen Fuchsienhecken hindurch, bis man über Stufen den (geteerten) Fußweg und dann die Teerstraße nach Fermain Bay erreicht. Die Bucht ist mit ihrem flachen Wasser gut für Kinder geeignet, und bei Ebbe kommt ein schöner Sandstrand zum Vorschein. Man kann Liegestühle mieten und ein Sonnenbad nehmen. In der Fermain Bay steht ein besonders schönes Exemplar eines inseltypischen, zierlichen runden Martello-Turms.

Eine wildromantische Etappe

Weiter auf dem Küstenpfad hinter der Fermain Bay wird es wildromantisch. Nach Überqueren des gleichnamigen Baches steigt der Weg an den Klippen über Stufen aufwärts. Nun weist der Wegstein Richtung St Martin's Point oder auf einen küstennäheren Weg nach Bec du Nez/ Marble Bay. Dieser Weg durch offenes, von Farnkraut, Geißblatt und Stechginster überwuchertes Gelände erlaubt einen Abstecher zur Felsnase Bec du Nez mit einem kleinen Fischerhafen. Nachdem sich die beiden Wege – Inland- und Küstenpfad – wieder vereint haben, ist bald der Abzweig zur Marble Bay (Le Pied du Mur) erreicht. Die »Marmorbucht« erhielt ihren Namen nach dem hier zutage tretenden, von Quarzadern durchzogenen Gestein. Oberhalb der Marble Bay beginnt der Pine Forest aus mächtigen Seekiefern. Hinter den Bäumen schimmert das Meer im Sonnenlicht türkisgrün.

Umbrandete Südostspitze

Folgt man beim steinernen Wegweiser »National Trust of Guernsey« den Stufen hinauf, erreicht man die Jerbourg Road (Bushaltestelle) nahe der weithin sichtbaren Säule Doyle Column. Wer mag, kann auf der Jerbourg-Halbinsel aber auch noch ein paar hundert Meter weiter bis zum äußersten südöstlichen Punkt von Guernsey, St Martin's Point, gehen. Zurück bei der Doyle Column, führt der *cliff path* weiter nach Westen und verläuft nun oberhalb der Moulin Huet Bay. Unterhalb liegt die bei Ebbe sandige Bucht Petit Port, steile Treppen führen hinab. Am Westende der Bucht kommen die Dog and Lion Rocks ins Blickfeld, deren bizarre Form an Hund und Löwe erinnert.

Wo Auguste Renoir malte

Der Weg stößt auf eine kleine Asphaltstraße, die Zufahrt zur Vier Port Bay auf der Westseite der Moulin Huet Bay. Der schmale Teerweg führt abwärts zu jener Stelle, wo Auguste Renoir 1883 eines seiner berühmten Gemälde der Bucht gemalt haben soll. Im alten Mühltal der Wassermühle Moulin Huet, die hier früher stand und der gesamten Bucht den Namen gab, führt die Straße hoch zum Parkplatz.

»WAS FÜR EIN HÜBSCHES KLEINES LAND! WAS FÜR HÜBSCHE PFADE! HERRLICHE FELSEN, STRÄNDE, WIE SIE ROBINSON AUF SEINER INSEL GEHABT HABEN MUSS, AUSSERDEM RUMPSTEAK UND ALE ZU ERSCHWINGLICHEN PREISEN.«

Auguste Renoir, 1883

La Seigneurie Gardens

Gartenparadies hinter hohen Mauern

Sark ist zwar die ›jüngste Demokratie Westeuropas‹, doch am Sitz des Seigneur of Sark scheint die Zeit stillzustehen. In dem von hohen Mauern geschützten Garten gedeihen Blumen und Gemüse, im Turm gurren die Tauben.

Turm und Mittelteil der Anlage von La Seigneurie, die auf das Jahr 1675 zurückgeht, wurden erst im 19. Jh. errichtet. 2016 hat Christopher Beaumont als 23. Seigneur sein Erbe angetreten, der Urenkel der Dame of Sark, Sibyl Hathaway.

Feudalprivilegien bis 1957

Vom Eingangstor gelangt man, vorbei an Wirtschaftsgebäuden, zum hübschen Taubenturm mit Spitzdach, Colombier – der Seigneur durfte als einziger Tauben und Hündinnen halten. Ein noch bis 1957 benutzter Holzkarren (*dîme cart* oder *tithe cart*) in der Mitte des Karrees bei der Battery erinnert an die Feudalzeiten, als die Bauern ein Zehntel (*dime*) der Ernte beim Seigneur abliefern mussten. Ein Museumsstück ist auch die grüne Telefonzelle mit dem letzten handkurbelbetriebenen, magnetgesteuerten Fernsprecher der Britischen Inseln.

Wer möchte hier nicht gerne gärtnern?

La Seigneurie war bis 2008 Regierungs-
sitz und Domizil des Feudalherrn
(Seigneur) von Sark. Umgeben wird das
trutzige Herrenhaus von einem wunderschönen Garten.

Ü
ÜBRIGENS

Im Garten der Seigneurie steht eine
Bronzekanone, die Königin Elizabeth I. 1572 dem ersten Seigneur
Hélier de Carteret schenkte. Dieser
und seine 39 Getreuen sollen in
dem Piratennest Sark für Ordnung
gesorgt haben – der eigentliche Hintergrund für die Kolonisierungsakti-
on durch die Krone war der Wunsch,
die von Piraten heimgesuchten
Wasserstraßen unter Kontrolle zu
bekommen.

Karpfenteich für die Mönche

Hinter der Batterie, vorbei an der Rückseite des Herrenhauses hügelab,
gelangt man zu den Ponds, den Karpfenteichen, und zum Brunnen
Monks' Well – Relikte des Klosters, das sich im Mittelalter auf dem
Gelände der Seigneurie befand. Der bretonisch-walisische Heilige Mag-
loire soll es im 6. Jh. gegründet haben, nachdem ihm auf Sark Land
geschenkt worden war.

Spalierobst und Kletterrosen

Der Garten, den man durch ein Rundbogenportal betritt, ist das eigentliche Schmuckstück des Anwesens. Entlang der meterhohen
Granitsteinmauern wächst Spalierobst, Feigen gedeihen hier und
zwei Sorten Tafeltrauben im Victorian Glasshouse, dem an die Mauer angebauten Gewächshaus. In dem windgeschützten Viereck hat
man im 19. Jh. nach viktorianischer Manier einen Zier- und Kräuter-
garten angelegt, den Wege und niedrige Buchsbaumhecken in ein
symmetrisches Muster unterteilen. Die Komposition aus Stauden,
Sträuchern und einjährigen Blumen ergibt einen Farbzusammen-
klang, der zu jeder Jahreszeit eine Augenweide ist.

Bohnenstangen und Rhabarbertöpfe

In dem altmodischen Küchengarten (Vegetable Garden) wird Rhabar-
ber unter Tontöpfen vorgetrieben, Stangenbohnen ranken in Reih und
Glied. Gleich neben dem Obstgarten (Orchard) befindet sich ein Bie-
nenstock für den Inselhonig. Die dekorativ aufgestellten Kübelpflan-
zen im Pot Garden und leise plätschernde Brunnen sorgen vollends für
eine idyllische Atmosphäre. Zu den ältesten Elementen der Seigneurie
Gardens gehören die mit Buchsbaumhecken unterteilten formalen
Rosenbeete aus viktorianischer Zeit, während der kreisförmige Millen-
nium Rose Garden mit den üppigen Kletterrosen zur letzten Jahrtau-
sendwende gepflanzt wurde.

Leibesübungen zu Wasser und Land

Baden

Von Ende Juni bis Mitte September sind Wassertemperaturen von max. 17 bis 19 °C zu erwarten. Wegen des hohen Gezeitenunterschieds sind viele Buchten nicht zu jeder Zeit zum Schwimmen geeignet, also Tidenplan beachten (www.gov.je/weather, Stichwort »tides«).

Golf

Preiswert und unkompliziert golft man auf dem Sportgelände Jersey Recreation Ground. Guernsey bietet 18-Loch-Plätze in den Dünen von Ancresse (Royal Guernsey Golf Club und L'Ancresse Golf Club) und einen weiteren beim Hotel La Grande Mare. Am niedrigsten sind die Green Fees auf dem 9-Loch-Golfplatz von Alderney.

Radfahren

Die Kanalinseln sind sehr fahrradfreundlich: Dem oft dichten Autoverkehr auf Jersey und Guernsey entgeht, wer sich an die ausgewiesenen Cycle Routes hält. Fahrräder leihen kann man auf allen Inseln (außer Herm).

Wandern

Zum Wandern sind die Kanalinseln wie geschaffen. Küstenpfade erschließen die schönsten Naturlandschaften von Jersey und Guernsey. Daneben bieten sich im Landesinnern von Jersey die verkehrsberuhigten Straßen, *Green Lanes* bzw. auf Guernsey *Ruettes Tranquilles,* für Spaziergänge an. Sehr vielgestaltige Wanderwege bilden auf Guernsey die *Water Lanes:* Die grünen Wege verlaufen entlang des historischen Entwässerungssystems der Insel als schmale Pfade oder idyllische Steinplattenwege. Auch die kleineren Inseln kann man hervorragend erwandern. Allerdings sind nicht alle Wanderwege auf den Inseln bequeme Spazierwege – besonders entlang der Klippen. Der Abstieg in die schönsten Buchten ist meistens mit rund 100 m Treppensteigen verbunden. Deswegen sollte man sich vorher davon überzeugen, ob der Gezeitenstand den Weg überhaupt lohnt.

Wassersport

Auf Jersey sind besonders die St Ouen's Bay und St Brelade's Bay Treffpunkte für Brett- und Windsurfer. Gute Surfbedingungen herrschen je nach Windverhältnissen auch in Plémont und Grève de Lecq. Auf Guernsey rollen die schönsten Wellen im Westen an, in der Vazon Bay und der Cobo Bay, sowie an der Pembroke Bay im Norden. Angeboten werden auch Coasteering (Klettern an Brandungsfelsen) und Stand-up-Paddling (SUP) sowie Seekajaktouren. Die Kanalinseln sind außerdem ein Eldorado für Segler.

Ganz neue Perspektiven ergeben sich bei einer Kajaktour entlang der Südküste von Jersey.

Der beste Ausgangspunkt für eine Bootsfahrt zu den kleineren Inseln Herm, Sark und Alderney ist der Hafen von St Peter Port.

Ein besonderer Genuss zum Nach-
mittagstee nach einem kräftezehrenden
Spaziergang auf den Klippen: »Scones«
(Rosinenbrötchen) mit Sahne und
Zitronencreme.

So schmecken die Kanalinseln

Direkt aus der Fritteuse schmecken Fish'n'Chips am besten. Die Pommes zum Fisch sind ungesalzen und werden meist mit ein paar Spritzern Malzessig genossen – enjoy!

Frischer Fisch von Lachs bis Wolfsbarsch und Meeresfrüchte aus küstennahen Gewässern wie Hummer, Langusten, Austern und Jakobsmuscheln, gehören zu den größten kulinarischen Genüssen auf den Inseln – alles garantiert fangfrisch. Höchstpreise auf dem britischen Markt erzielen die »Jersey Royals«, eine sehr frühe Kartoffelsorte. Die kleinen Kartoffeln werden als Pellkartoffeln serviert und schmecken einfach köstlich.

Eine Foodie-Destination

Es hat sich herumgesprochen: Die englische Küche ist besser als ihr Ruf, vorausgesetzt man kennt die richtigen Adressen. Und die findet man besonders häufig auf den Kanalinseln. Bei der Vielfalt frischer Zutaten aus dem Meer ist das Essengehen hier ein wahrer Genuss. Zudem sorgt die junge finanzstarke Klientel aus den Büros in St Helier und St Peter Port dafür, dass die neusten Trends der Fusion-Küche, die ihre Inspiration aus den Küchen rund um den Globus bezieht, den Weg in die Inselrestaurants findet. Ein steter Einfluss ist der französischen Küche zu verdanken, aber

auch Köche aus Portugal (Madeira), Italien und Spanien verderben keineswegs den Brei.

Deftig-normannisch und würzig-süß

Auch die deftige normannische Tradition hat viele Spuren in der Inselküche hinterlassen: Zu den typischen Gerichten der bäuerlichen Küche gehört *bean jar*, Bohneneintopf mit Schweinefleisch.
Ein beliebter Brotaufstrich ist *black butter*, ein mit Gewürzen dick eingekochtes Apfelmus.
Wer auf Kuchen und Gebäck steht, genehmige sich einen *Jersey cream tea* am Nachmittag. Dazu kann man außer den klassisch-britischen *scones*, Rosinenbrötchen, mit Erdbeermarmelade die inseltypischen *Jersey wonders* (ein Fettgebäck) bzw. auf der Nachbarinsel *Guernsey gâche*, Kuchen aus Trockenfrüchten, probieren. Beim Afternoon Tea kommen zusätzlich Sandwiches auf den Tisch – eine sättigende Mahlzeit, nach der man kaum noch Appetit aufs Abendessen verspürt.
Sonntagabends sind viele Pubs und Restaurants geschlossen, als Ausgleich für den üppigen traditionellen *Sunday roast*, ein Mittagsbüfett mit Bratenfleisch.

Und was gibt's zu trinken?

Nach Feierabend erst mal ins Pub. Hier erholt man sich nach getaner Arbeit und am Wochenende. Brauereien auf Guernsey und Jersey produzieren u. a. handwerklich nach alter Art gebrautes, im Fass nachgegorenes und per Handpumpe gezapftes Real Ale. Bier wird im *pint* (0,57 l) oder *half pint* ausgeschenkt.
Cider (Apfelwein) hat eine lange Tradition auf den Inseln. Bei alten Farmhäusern kann man oft noch die steinerne Apfelpresse sehen. *Cider* auf althergebrachte Methode wird bis heute hergestellt.
Zu einem guten Essen wird meist ein guter Wein serviert, in der Regel aus Frankreich, Italien oder Übersee. Aber auch auf Jersey wächst ein guter Wein in La Mare Wine Estate im Norden der Insel, und auch auf Sark wurden einige Hektar Weinreben gepflanzt.

Lokal einkaufen ist Trumpf

»Genuine Jersey« zeichnet inseleigene Produkte in Jersey aus, auf Guernsey gibt es einen Farmers Market in Sausmarez Manor, und auf allen Inseln kann man sich am Straßenrand mit Eiern, Gemüse und Obst bedienen – das Kleingeld dafür kommt in die *honesty box*.

Warum Korfu?

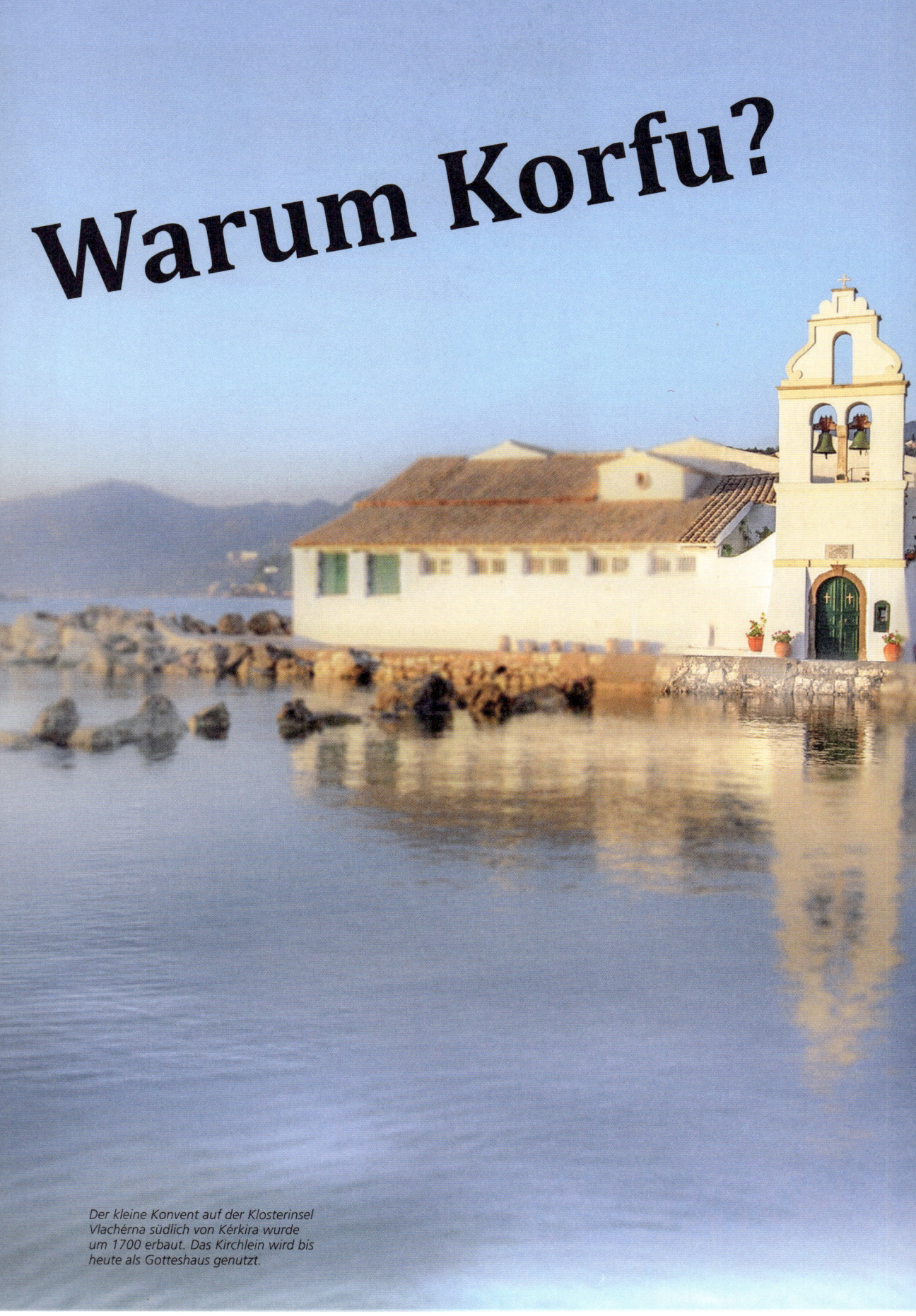

Der kleine Konvent auf der Klosterinsel Vlachérna südlich von Kérkira wurde um 1700 erbaut. Das Kirchlein wird bis heute als Gotteshaus genutzt.

Berg- und Talfahrt

Unverfälschtes griechisches Leben können Sie auf Korfu
entdecken. Zahlreiche schmale und nur wenige breite Straßen
winden sich in unendlich vielen Kurven durch die sattgrüne
Landschaft. Immer wieder erklimmen sie Panorama-Pässe und
senken sich wieder hinab in Täler oder bis zum Meer. Wie enge
Röhren wirken etliche Dorfdurchfahrten, bei denen man sich
in vergangene Jahrhunderte zurückversetzt fühlt. Cafés und
Tavernen sind an dieser Dauerachterbahn dicht gesät.

*Kérkira, Stadt
und Hafen in
einer historischen
Aufnahme aus den
1930er-Jahren*

Die Sonnenuntergänge von Pélekas haben schon Kaiser Wilhelm II. fasziniert.

Das ist Korfu ...

Schon beim Landeanflug wird eins ganz deutlich: Korfu ist schön! Die Insel wirkt aus der Luft wie ein dichter grüner Teppich, in den immer wieder kleine, alte Dörfer eingewoben sind. Die Bordüre der Insel bilden helle Sandsteinklippen und steil abfallende Felswände, kilometerlange Sandstrände und versteckte Buchten. Oft reichen Olivenhaine bis unmittelbar ans Wasser heran, zwischen deren silbrig-grün in der Sonne schimmernden Blättern zahllose schlanke Zypressen dunkelgrün und nadelgleich in den meist blauen Himmel ragen.

Insel voller Lebenskraft

Anders als die meisten griechischen Inseln fiel Korfu nie in osmanische Hände, wurde nie wie fast das gesamte übrige Hellas von Konstantinopel aus regiert. Architektur, Kultur und Natur der Insel können die starke Prägung Venedigs nicht verleugnen, das die Insel ein halbes Jahrtausend lang beherrschte.

Und im Unterschied zu vielen griechischen Inseln in der Ägäis lebt Korfu nicht fast ausschließlich vom Fremdenverkehr. Die Insel ist wasserreich und fruchtbar. Zwar erwecken die vielen Millionen Olivenbäume den Eindruck einer Monokultur. Später entdeckt man aber auch kleine Gemüsebeete und Obstgärten, Hartweizenfelder und Rebgärten. Landwirtschaft und Tourismus ergänzen sich gut. Zwischen Mai und September locken die zahlreichen guten Strände und Wassersportmöglichkeiten alljährlich viele Urlauber auf die Insel. Die Arbeit in den Olivenhainen beginnt dann im Oktober, wenn die letzten Touristen abgereist sind. Der Boden unter den Bäumen muss gesäubert, die schwarzen und knallroten Kunststoffnetze müssen ausgelegt werden. Wenn Äste über Straßen ragen, werden sogar Asphaltbänder mit Netzen überspannt. Da hinein fallen zwischen November und Februar die zunächst grünen, dann schwarz werdenden Oliven. Man sammelt sie auf und bringt sie in eine der zahlreichen privaten oder genossenschaftlichen Olivenölpressen.

Attraktive Stadt

Die Stadt Kérkira ist mit ihrem kulturellen Leben und erstaunlich großen Unterhaltungsangebot auch für die einheimische Jugend attraktiv. Es gibt

Leinen los! In Paleokastrítsa stechen Freizeitkapitäne in See, auf Expeditionstour zur ultimativen Strandbucht.

Das Hotel Cavalieri bietet die bisher einzige Dachgarten-Bar in der Inselhauptstadt. Erst taucht der Feuerball alles in Gold, dann legt sich sanftes Blau über Berge und Meer – und die Stadt funkelt zu Ihren Füßen.

seit 1984 sogar eine Universität. Daher bleiben die meisten jungen Korfioten auf ihrer Insel, wandern nicht aufs Festland oder gar ins Ausland ab. Korfus Einwohnerzahl kletterte in den letzten 25 Jahren sogar noch um 5 % nach oben, während sie auf vielen anderen griechischen Inseln rapide abnimmt. So haben Sie hier als Reisende viel mehr als auf manch weitaus berühmterer Insel in der Ägäis die Möglichkeit, unverfälschtes junges griechisches Leben kennenzulernen, das nicht am Saisonende wie eine große Seifenblase zerplatzt.

Dörfer in Pastell

Deutliche Spuren hat die venezianische Zeit (1386–1797) mit ihren Burgen und Campanili hinterlassen. In der Dorfarchitektur fallen die alten Landhäuser mit weit heruntergezogenen, ziegelgedeckten Vordächern sowie außen vorgebauten Treppenpodesten ins Auge. Typisch für die alten Dörfer sind auch die überwölbten Passagen und vor allem die zarten Pastellfarben vieler Häuser. Die weißen Kuben der Ägäis sucht man auf Korfu vergeblich.

Wann und wohin genau?

Die Inselmetropole Kérkira ist ein Reiseziel fürs ganze Jahr. Auf der übrigen Insel schließen fast alle Hotels und viele Tavernen den Winter über. Ein besonderes Bonbon für regenfreie Winterstunden sind die klare Luft und die grandiose Fernsicht hinüber aufs Festland, wo die Hochgebirge meist von November bis April mit Schnee bedeckt sind. Schon ab Februar wird's bunt. Dann sind die Felder und Wiesen mit Kyklamen übersät. Klatschmohn, Asfodelien, Glyzinien, Oleander und Bougainvilleen folgen auf dem Fuße. Selbst der Herbst bringt noch Farbe ins Spiel: Im September blühen die Yucca-Palmen, kurz darauf windet sich an verdörrten Hängen die Meerzwiebel himmelwärts. Im November trägt der Erdbeerbaum seine gelben und roten Früchte und Blüten zugleich.

Zwischen Mai und Anfang Oktober sind die Badehotels rund um die Insel geöffnet. Der Norden ist sicherlich die landschaftlich abwechslungsreichere und spannendere Inselhälfte, doch auch der Süden geizt nicht mit Reizen: sanftes Hügelland, sogar ein See und auch hier grün-silbrige Olivenwälder.

... und das sind seine Städte

Korfus Metropole Kérkira ist eine wahre Schönheit. Kleine und große Plätze laden immer wieder zum Bleiben ein, viele Läden unter schattigen Arkaden zum Schauen und Stöbern.

KÉRKIRA (KORFU-STADT)

Kérkiras Häuserfront am Ionischen Meer folgt jeder Krümmung der Uferlinie. Der Blick des Flanierenden verliert sich hier nie in der Weite des Meeres, sondern findet immer wieder Halt in den Hochgebirgen des gegenüberliegenden Festlands. Dazwischen kreuzen Jachten, Fähren, Fischerboote und Ozeanriesen, ziehen an den Beach Bars so dicht vorüber, dass das Wasser die Füße der Gäste kitzelt. Zwei venezianische Burgen wachen über die vielgeschossigen Häuser der Altstadt, in deren Gassen die Wäsche zwischen den Fenstern flattert. Innnerhalb der Mauern der Alten Festung (www.

corfuoldfortress.com) drängten sich bis zum 16. Jh. die Häuser der mittelalterlichen Stadt. Der dann angelegte Wassergraben Contrafossa macht das vorgelagerte Stück Land mit zwei Felsgipfeln zur Insel. Im Wasser sind heute die Boote von Freizeitfischern vertäut, die wie Kleingärtner schöne Stunden als Kulturflüchtlinge in ihren Schuppen am Ufer verbringen.
Vor der Alten Festung erstreckt sich die Esplanade, der größte Platz der Stadt, dessen nördliches Ende der Alte Palast dominiert. Von der Mitte des Platzes verläuft die marmorgepflasterte, von Arkaden gesäumte Haupteinkaufsgasse Odós N. Theotóki durch die Altstadt zum Neuen Fort im Westen. Manchmal finden

in der Festung aus dem 16. Jh. Kunstausstellungen statt, immer ist der Rundumblick gut. Und mit dem kleinen Café ganz oben beweisen die Korfioten wieder einmal, wovon sie besonders viel verstehen: von moderner Kaffeehauskultur!
Der ursprünglichste Teil der Altstadt ist das Cambiéllo-Viertel im Norden. In den alten venezianischen Häusern stapeln sich meist fünf oder sechs Stockwerke übereinander, bewohnt sind sie nur noch zu kleinen Teilen. Am Rand des Viertels steht nahe der Uferstraße die ehemalige Kirche Panagía Antivounióitissa mit ihrem Ikonenmuseum – einem der schönsten ganz Griechenlands (www.antivouniotissamuseum.gr). Nach Süden erstreckt sich die Halbinsel Análipsi. Ihr vorgelagert ist die berühmte Mäuseinsel Pontikoníssi. Dort saß die unglückliche österreichische Kaiserin Sisi und schrieb zarte Zeilen. Eine Plakette erinnert an ihre Besuche. Vom ehemaligen klösterlichen Leben auf der Insel zeugt eine kleine Kreuzkuppelkirche aus dem 11. Jh., in der noch bis vor 100 Jahren Mönche beteten. Boote zur Insel fahren vom kurzen, steinernen Damm ab, der hinüberführt zu einer weiteren Klosterinsel, Vlachérna, deren kleiner Konvent um 1700 erbaut wurde.

PALEOKASTRÍTSA

Vielen Korfioten gilt Paleokastrítsa als schönster Ort der Insel, auch wenn er als solcher nicht unbedingt

Romantisch wirkt oft, was aus Armut entsteht. Auch der abblätternde Verputz an Dorfhäusern wie hier in Pélekas ist kein Shabby-Chic.

»Neujahrswünsche« korfiotischer Anarchos

gleich zu erkennen ist. Die meisten seiner Häuser verstecken sich zwischen uralten Olivenbäumen, nur einige wenige große Hotels ragen aus den Hainen heraus. Der Ort, das ist eine 3 km lange Straße, an der in lockerer Bebauung Restaurants, Hotels, Pensionen und Geschäfte liegen. Anders als die meisten korfiotischen Küstensiedlungen besitzt Paleokastrítsa keinen langen, sich als helles Band vor dem Ort entlangziehenden Strand. Stattdessen zeigt sich die felsige Küste stark zerlappt, dazwischen sind kleine, teilweise nur von See aus erreichbare Buchten mit Stränden eingestreut. Sie machen den Reiz dieses Geotops aus, das sich herrlich per Boot entdecken lässt.

Wo die Häuser von Paleokastrítsa und die Hauptstraße Meeresniveau erreichen, verbindet eine schmale Landenge den »Körper« Korfus mit einer kleinen, felsigen Halbinsel, die das Männerkloster Panagía Theotókos krönt. Es wurde schon 1228 gegründet, seine heutigen Gebäude jedoch stammen aus dem 18. Jh. Stützbögen überspannen einen Laubengang, Blumentöpfe und Katzen sind überall, der kleine Innenhof wäre ohne Besucher ein ideales Refugium für Meditationen.

PÉLEKAS

Wer hier Ferien macht, tut gerne nichts. Die abendliche Atmosphäre am zentralen Platz und die kleinen, ländlich-urig gebliebenen Gassen machen den besonderen Reiz von Pélekas aus – und die Vielfalt der Strände in der näheren Umgebung. Wer sich den Ort nur auf einer Rundreise einmal anschauen will, fährt zunächst zu seinem höchsten Punkt hinauf, dem Sunset Point. Man nennt die Kuppe des Hügels, an dem der Ort erbaut ist, häufig auch »Kaizer's Throne«, denn niemand Geringeres als Wilhelm II. ließ sich dem Vernehmen nach gern in einem roten Mercedes-Benz hierher chauffieren, um von einem kleinen Fels auf der Kuppe aus die Sonne untergehen zu sehen. Nach der Stippvisite auf dem »Thron« lässt man sich heute meist auf den bequemeren Stühlen der Veranda des Gipfelhotels Levant nieder und genießt den Blick in die üppig-grüne Hügellandschaft. Zum *Iliovassílema*, dem Sonnenuntergang, wiederzukommen, lohnt vor allem im Juni. Da setzt der rote Sonnenball fast direkt auf einer der Hügelkuppen gegenüber auf und rollt dann den Hang hinunter.

LEFKÍMI

Korfus zweitgrößte Stadt ist völlig untouristisch. Nur entlang des 1,5 km landeinwärts liegenden Flusshafens warten ein paar Tavernen auf Fremde, ansonsten geht das Leben in der weitläufigen Siedlung seinen einheimischen, gemächlichen Gang. Eine viel zu breite, laternenbestückte Umgehungsstraße hält den Durchgangsverkehr zum Hafen fern, sodass Lefkími noch einsamer wirkt als ohnehin schon. Der Fluss Pótamos (was einfach nur »Fluss« heißt) bildete bis in die 1960er-Jahre hinein die Hauptverkehrsader des Städtchens. Dort, wo ihn im Ortskern heute die Straßenbrücke überquert, sind noch die Spuren alter Lagerhäuser zu entdecken: Früher wurden die landwirtschaftlichen Produkte und das Salz der Region von hier aus direkt hinüber aufs Festland verschickt, auch der Waren- und Personenverkehr in die Stadt spielte sich angesichts schlechter Straßen und mangelnder Fahrzeuge überwiegend übers Wasser ab. Alte Schwarz-Weiß-Fotos in Tavernen und Cafés nahe der Brücke illustrieren die frühere Bedeutung des Hafens. Am rechten Flussufer führt eine Straße entlang bis zur Mündung, an der weitere Boote am Schilfufer liegen – auch sie ein romantischer Anblick. Die Straße endet am guten Sandstrand Boúka Beach mit Snackbar, Sonnenschirmvermietung und Süßwasserduschen.

1.
TOUR

2.
TOUR

3.
TOUR

Korfu erleben

Sonnenstrahlen bringen Feenzauber in jeden alten Olivenwald.

1. *TOUR*

Auszeit in Paléo Períthia – **Wie auf der Alm**

Die Menschen aus der Epoche der venezianischen Herrschaft werden beim fantasievollen Schlendern durch dieses Geisterdorf in einem Hochtal unterm Pantokrátoras wieder lebendig, auch wenn man nicht über Nacht bleibt.

2. *TOUR*

Afiónas – **Ein Dorf für alle Fälle**

Im wohl schönstgelegenen Inseldorf hat fast jeder Bewohner eine traumhafte Aussicht. In jeder Taverne würde man gern Stunden verweilen – wäre da nicht auch noch ein einzigartiger Doppelstrand, der jede Mühe des Ab- und Aufstiegs lohnt.

3. *TOUR*

Abgeschiedenheit tanken in Alikés – **Salz und Flamingos**

Sie wollen die Natur ganz für sich allein und scheuen auch keine nassen Füße? Dann sind die aufgelassenen Salinen bei Lefkími im Inselsüden das perfekte Ziel für ein paar ruhige Stunden, in denen Sie wahrscheinlich weit mehr Vögel als Menschen sehen werden.

Auszeit in Paléo Períthia

Wie auf der Alm

Wie anders Leben früher war, können Sie in Paléo Períthia gut erspüren. Heute hat in dem Hochtal unterhalb des höchsten Inselgipfels Pantokrátoras kein Mensch mehr seinen ständigen Wohnsitz. Die meisten der 130 Häuser vergangener Generationen haben aber dem Zahn der Zeit getrotzt. Manche von ihnen werden als Tavernen, eins sogar als B&B genutzt.

Das Meer ist von Paléo Períthia aus nicht zu sehen. Heute ist das ein ökonomischer Nachteil, einst war diese Tatsache lebensrettend: Piraten konnten das Dorf nicht erspähen, plünderten es also auch nicht aus. Die Lage in 420–480 m Höhe fernab von Seen und Bächen hatte einen weiteren Vorteil: Hier gab es keine Moskitos; Malaria und Cholera waren kein Thema.

So zählte das alte Períthia in seiner Glanzzeit im 18. Jh. wohl über 1200 Bewohner. Man lebte überwiegend von der Viehzucht und vom Traubenanbau. Zudem besaßen fast alle Familien auch noch Olivenbäume in tieferen Lagen. Der Nordhang des Pantokrátoras war zu jener Zeit teilweise bewaldet und lieferte Holz für den Haus- und Schiffsbau, Gemüse zog jeder im eigenen Garten.

Immer noch ein verwunscher Ort, auch wenn Paléo Períthia inzwischen aus dem Dornröschenschlaf erwacht ist.

Ein Glücksfall

Der Niedergang begann nach dem Zweiten Weltkrieg. Seeräuber gab es auf Korfu nicht mehr, Malaria und Seuchengefahren waren gebannt. Man zog näher ans Meer, an die Straße und den Hafen von Kassiópi. Im Rückblick ein wahrer Glücksfall! Keiner der ehemaligen Bewohner investierte mehr ins alte Dorf, verschandelte es, von hirnlosem Zeitgeist getrieben, mit An- und Neubauten.

Erst in den 1990er-Jahren wurde Alt-Períthia dann von Ausflüglern entdeckt. Das letzte Stück der Straße blieb aber lange unasphaltiert, sodass keine Busse heraufkommen konnten. Ein erster Mann war so mutig, eine Taverne zu eröffnen, die sogar viele Korfioten ins verlassene Dorf lockte. Er hatte Erfolg, vier weitere Wirte machen ihm heute Konkurrenz. Dann kamen 2006 Mark und Saskia aus Lon-

Bis zum Meer reicht das weite Panorama über die Bergrücken vom Pantokrátoras.

don erstmals nach Paléo Períthia, verliebten sich in den Ort, kauften und restaurierten drei alte Häuser und verwandelten sie in eine auf Korfu einzigartige Frühstückspension. Busse aber kommen immer noch nicht herauf.

Eine Wiederbelebung

Mit etwas Glück finden Sie einen Parkplatz am Ende der Zufahrtsstraße vor der Kirche Agia Paraskeví. Gehen Sie links an der Pension Merchant's House vorbei und dann rechts, stehen Sie auf dem Dorfplatz mit der Taverne Fóros. Wieder nach links geht es an der Taverne Old Períthia vorbei zur schönstgelegenen Kirche im Dorf, Iakóvos Pérsis. Ein Rundweg führt von dort in etwa 45 Minuten in die Außenbereiche der Siedlung. Schlendern Sie ein wenig herum, entdecken Sie die Sonnenuhr an der Hausruine neben dem ehemaligen Rathaus, die Olivenpresse und das Archontikó Skordílis, den Wohnsitz der Familie Skordílis von 1699.

TAVERNE FÓROS

Wirt Thomás Siriótis war der Tavernenpionier. Noch immer wird hier täglich frisch gekocht, der Walnuss- und der Apfelkuchen sind ein Traum, nicht nur Vegetarier schwärmen vom *briám*, einer Art Ratatouille. Bitten Sie Thomás um eine Visitenkarte, zeichnet er Ihnen eine – jede einzelne ein Unikat.

Afiónas
Ein Dorf für alle Fälle

Kennen Sie die Korfu-Krimis? Deren Autor, Roberto Bardéz, war in Afiónas zu Hause. Aber das ist nicht der Grund, es ein »Dorf für alle Fälle« zu nennen. Als solches profiliert sich der 290-Seelen-Weiler auf einem Bergrücken vielmehr, weil er eigentlich jedem Besucher gefällt – auf alle Fälle.

Kein Museum, keine geöffnete Kirche und keine archäologische Stätte, und doch können Sie in Afiónas gut einen ganzen Tag verbringen, vorausgesetzt, Sie haben Ihr Badezeug nicht vergessen. Am besten kommen Sie am späten Vormittag, fahren zunächst die Dorfstraße aufwärts, bis es nicht mehr weiter geht, wenden und suchen sich eine Parkmöglichkeit. Dann kehren Sie zu Fuß wieder zum Straßenende zurück, wo an einer Art Dorfplatz die Dorfkirche und der kleine Laden »Oliven und mehr« liegen. Deren Inhaber, Heidi und Rainer Kalkmann, stammen aus Baden, leben aber schon lange auf Korfu. Sie füllen das Olivenöl von Bauern aus der Nachbarschaft in schön gestaltete Dosen und Kanister, verpacken die Olivenseife attraktiver als andere, bieten auch ausgewählte kunstgewerbliche Artikel aus Olivenholz an.

Sattsehen und Sattessen

Die Straße rechts am Laden vorbei windet sich hinauf in den ältesten Teil des Dorfes mit blumenreichen Winkeln und der modernen Taverne Ánemos ganz oben. Fürs Mittagessen ist es vielleicht noch zu früh, doch ein Dessert können Sie ja auch ohne Vorgeplänkel bestellen. Damit auf der Zunge wird Ihnen der ohnehin unvergessliche Ausblick übers Meer bis zu den Diapontischen Inseln noch weiter versüßt.

Anschließend geht es wieder zum Dorfplatz zurück und nun sogleich nach dem Laden rechts zu den Tavernen Pórto Timióni und Dionysios. Bis 2006 stand hier nur eine Taverne mit Gästezimmern. Der Komplex gehörte zwei Brüdern. Einer war fürs Lokal, der andere für die Pension zuständig. Doch diese Zeiten sind vorbei, sie waren zu oft verschiedener Meinung und trennten sich; der eine Bruder macht jetzt dem anderen Konkurrenz.

Zu schön, um einsam zu sein

Von den Tavernen führt ein ausgeschilderter Trampelpfad in 30–40 Minuten bergab nach Pórto Timióni. Dort können Sie wechselweise in den Buchten von Ágios Geórgios und Aríllas baden. Zwei Strände säumen hier nämlich zu beiden Seiten einen schmalen Isthmus hinüber zu einem niedrigen Kap. Die Schönheit von Pórto Timióni hat sich herumgesprochen, im Hochsommer wird es sehr voll. Bequeme kommen dann nicht zu Fuß, sondern mit Booten von Aríllas und Ágios Geórgios.

Sie freilich müssen wieder zum Auto hinauf. Doch bitte noch nicht weiterfahren! Sechs Tavernen lohnen den Besuch. Sie werden sich für eine entscheiden müssen. Mein Tipp: die unprätentiöse Taverne Panórama oder das Efdémon mit kreativer Spitzenküche. Der Sonnenuntergang ist von beiden aus ein Erlebnis.

»DIE GEWÖHNLICHEN PREISE DER WAGEN SIND NACHFOLGEND (...) ANGEGEBEN, DOCH KÖNNEN HERREN, DIE MIT DEN KUTSCHERN DIRECT ZU UNTERHANDELN VERSTEHEN, AUCH BILLIGER FAHREN.«

Aus dem Baedeker Griechenland von 1898

Links oder lieber doch rechts? Wer
sich nicht entscheiden kann, wechselt
am herrlichen Doppelstrand von Pórto
Timióni einfach hin und her.

Abgeschiedenheit tanken in Alikés

Salz und Flamingos

Steht Ihnen der Sinn nach Natur und Ruhe, dann fahren Sie nach Alikés, einem abgelegenen Ortsteil von Lefkími. Mit etwas Glück erblicken Sie zwischen Oktober und Juni Hunderte Rosaflamingos. Anspruchslose Romantiker bleiben sogar über Nacht – denn weltabgeschiedener kann man auf Korfu kaum wohnen.

Fast 200 Vogelarten haben Ornithologen in den ehemaligen Salinen von Alikés gezählt. Am spektakulärsten sind die Flamingos. An einem Tag im Mai 2011 wurden hier über 3000 der rosa Vögel gezählt. Doch bleiben wir bescheiden: Wenn Sie 100 bis 300 sehen, können Sie zufrieden sein. Manche bleiben neuerdings auch im Sommer, doch darauf ist kein Verlass. Vogelkundler notierten außerdem noch anderes Vogelvieh wie Stelzenläufer, Steinwälzer, Seidenreiher, Sichelstrandläufer, Stieglitze, Sand- und Seeregenpfeifer.

Gold des Meeres

Die aufgelassenen Salinen legten die Venezianer schon im 15. Jh. an. Erst 1988 stellte man die Salzgewinnung ein – billige Importe machten sie unrentabel. Mit EU-Fördermitteln wurden zu Beginn dieses Jahrtausends zwei venezianische Salzlagerhäuser aufwendig restauriert, ein Besucherzentrum samt exzellenter Toiletten eingerichtet. Leider ist es meist geschlossen. Vom Zentrum aus können Sie auf eigene Faust durch das 4 ha große Areal wandern. Ausgewiesene Wege fehlen, doch auf Dämmen, Pfaden oder auch am Ufer entlang geht's vorbei an flachen Wasserbecken, kleinen Wasserläufen, salzigem Schlick und Salzwiesen. Kaum jemand wird Ihnen begegnen.

Ein Heer von Glühwürmchen

Der Weiler Alikés in unmittelbarer Nachbarschaft zu den alten Salinen ist auch nicht sehr viel belebter. Ein paar Korfioten haben dort ihre Sommerhäuser, ein unendlich scheinender, etwas baufälliger Holzsteg führt weit hinaus in die seichte Bucht. An seinem Ansatz ist die Taverne Petrakis Beach samt Zimmervermietung das ganze Jahr über geöffnet – ideal für Hobby-Ornithologen und alle, die sich an der eigenwilligen Atmosphäre und Möblierung nicht stören, weil sie ein Korfu abseits aller Touristenstandards erleben möchten. Zur Taverne gehören auch Sonnenliegen, die die Gäste ebenso nach Lust und Laune umstellen dürfen wie Tische und Stühle.

Das unmittelbare Hinterland bedecken Ölbäume, hier stehen auch vereinzelt Häuser – und etwa 1 km westlich vom Steg ein Großhotel mit 170 Zimmern und zwei Pools: das Attika Beach. Für alle, die die Atmosphäre dieses ungewöhnlichen Landstrichs mit mehr Komfort genießen wollen.

Abende an der Bucht sind unvergleichlich. Das Wasser ist meist spiegelglatt, reflektiert das Sternen- und Mondlicht. Im April und Mai schweben Hunderte von Glühwürmchen über dem Meer – und in der Ferne leuchtet Korfu-Stadt.

Wie lange steht ein Flamingo auf einem Bein? Suchen Sie die Antwort in Alikés!

Auf Wellen und Bergen auf und ab

Baden

Alle korfiotischen Strände sind öffentlich zugänglich. Eine »Baywatch« gibt es nur an besonders gut besuchten Stränden. Sonnenliegen und -schirme werden vor vielen Hotels, Tavernen und Beach Bars vermietet. Quallen sind selten, mit Seeigeln muss auf steinigem Untergrund gerechnet werden.

Motor- und Segelboote

Motorboote können Sie in nahezu jedem Ort an Korfus Küsten mieten. Zum Führen von Motorbooten bis zu 30 PS genügt ein Pkw-Führerschein, Vorerfahrung ist nicht notwendig. Nach kurzer Einweisung ist man Kapitän.

Möglichkeiten zum Jollen- und Katamaransegeln bieten vor allem Wassersportstationen in Ágios Geórgios Págon und in Dassía. Gouviá besitzt einen der größten Jachthäfen Griechenlands. Hier haben auch mehrere Jachtvermieter ihre Basis, bei denen Sie Segeljachten mit und ohne Skipper wochenweise chartern können. Einzelne Jachtbesitzer bieten auch Tagestörns für Nichtsegler an.

Radfahren

Das Radfahren auf Korfu erfordert gute Kondition, denn es geht fast ständig auf und ab. Zahlreiche schmale, kaum befahrene Landstraßen und gute Feldwege sind ein ideales Terrain für anspruchsvolle Mountainbiker. Auch geführte Touren werden angeboten. Die besten MTB-Stationen finden Sie in Dassía und Acharávi.

Surfen und Kiten

Surfstationen gibt es in allen größeren Badeorten. Für Anfänger sind die Buchten an der Ostküste bestens geeignet. Könner haben eher an der Nord- und Westküste Spaß. Kite-Surfing wird bisher nur in Ágios Geórgios Argirádon angeboten.

Tauchen

Anders als in der Ägäis gibt es im Ionischen Meer nur wenige Sperrgebiete, in denen aus Gründen des Antikenschutzes das Gerätetauchen untersagt ist. Als beste Tauchreviere gelten ein etwa 10 km langer Küstenstreifen an der Westküste zwischen Liapádes und Érmones sowie ein etwa 5 km langes Gebiet im Nordosten zwischen Barbáti und Agní.

Wandern

Gut organisiert und gepflegt ist der etwa 250 km lange Corfu Trail, der die Insel der Länge nach durchquert. Start- bzw. Endpunkte liegen in Arkoudíla an der Südspitze der Insel und am Kap Agía Ekateríni zwischen Kassiópi und Acharávi ganz im Norden. Einzeln buchbare, geführte Halbtageswanderungen finden Sie auf www.servos-korfu.de.

Die alten Olivenhaine auf Korfu bekommen heute vermutlich mehr Drahtesel als deren langohrige Namensvetter zu sehen.

Spätestens nach geglückter Landung freut sich jeder Parasailer über seinen Rundflug im Schlepp eines Motorboots.

So schmeckt Korfu

*Jeder nimmt,
wovon er mag.*

Am besten schmeckt der griechische Kaffee, wenn er frisch aufgebrüht aus der »brika« eingeschenkt wird. Und dann noch Schaumbläschen – perfekt!

Ein Urlaub auf Korfu kann zur kulinarischen Entdeckungsreise werden, wenn Sie sich von der Vorstellung lösen, dass die griechische Küche nur aus Moussaká, Souvláki, Gyros und Bauernsalat besteht. Gerade die ungewöhnlichen Gerichte, deren Übersetzung Wirten oft schwerfällt, sind meist die eigentlichen Spezialitäten. Ordern Sie »chórta« statt Tomaten, Gurken und Oliven als Salat und lassen Sie sich einmal ein Schweinekotelett kommen. Das ist nicht spießig deutsch, sondern ein korfiotischer Hochgenuss, wenn man den Fettrand zu schätzen weiß!

Zweierlei Frühstück

Den meisten Korfioten genügen ein Tässchen Mokka, einige Zwiebacke, ein Glas Wasser und eine Zigarette als erstes Morgenmahl. Im Laufe des Vormittags holt man sich dann noch eine mit Spinat, Käse oder Wiener Würstchen gefüllte Blätterteigtasche. In allen Hotels freilich wird ein Frühstücksbuffet aufgebaut. Wo viele Briten Urlaub machen – und das ist auf Korfu fast überall –, wird in Cafés und Bars auch ein ordentliches englisches Frühstück serviert.

Die Paréa zählt

Für Korfioten ist das Essengehen vor allem ein soziales Ereignis. Traute Zweisamkeit wird selten gesucht, man verabredet sich mit Freunden und Bekannten. Diese *paréa* wird dann zur echten Tischgemeinschaft. Keiner bestellt für sich allein. Aus der Gruppe kommen Vorschläge, die Bedienung stellt alles Gewünschte in die Mitte des Tisches. Eine bestimmte Reihenfolge wird dabei nicht eingehalten. Was in der Küche fertig ist, wird gebracht. Jeder nimmt, wovon und wie viel er mag. Traditionell bezahlte immer einer für alle, denn man sieht sich ja bald schon wieder. In diesen Krisenzeiten wird die Rechnung aber auch häufig geteilt. Wollen Sie getrennt bezahlen, geben Sie das bitte schon bei der Bestellung an.

Mezedákia bestellen

Mezedákia nennt der Korfiote die Vielzahl von verschiedenen Gerichten, die in der Tischmitte stehen. Meist sind die Portionen relativ klein. Gut so, dann kann man viel Verschiedenes probieren. Typische *mezedákia* sind z. B. Tzazíki, Dolmádes, gebratene Landwurst, kleine gebratene Fische, frittierte Zucchini- und Auberginenscheiben und ein paar Lammkoteletts oder Schnecken. Einige Teller Pommes frites und ein Salat gehören auf jeden Fall auf den Tisch.

Gegen den Durst

Tzizimbíra ist eine nur auf Korfu produzierte Limonade mit Zitronensaft, einem Hauch Ingwer und garantiert keinen Konservierungsstoffen. Traditionell ist dieses »Ginger Beer« alkoholfrei; neuerdings wird es in der Brauerei Korfus aber auch mit 2 % Alkoholgehalt hergestellt. Die Brauerei braut insgesamt sechs verschiedene Biersorten, darunter auch ein Weizen. Für seine Weine wird Korfu noch nicht gerühmt. Außer für Tischwein stimmt auch das Preis-Leistungs-Verhältnis nicht. Besser trinkt man einen Robola von der großen Schwesterinsel Kefalloniá oder einen der vielen guten Flaschenweine vom griechischen Festland oder von der Kykladeninsel Santorin. Wer ihn nicht kennt, sollte auch einmal den berühmt-berüchtigten Retsína bestellen, einen mit dem Harz der Aleppokiefer versetzten Weißwein. Den tranken schon große alte griechische Philosophen wie Platon und Aristoteles gern.

Warum Luxemburg?

Die Mosel macht's möglich: Auch in Luxemburg wird Wein angebaut.

Kompakt, aber alles drin!

So ziemlich jedenfalls. Vom verträumten 390-Seelen-Nest »im Loch« bis zur Weltstadt »D'Stad«, wie man Luxembourg-Ville hier schlicht nennt. Prächtig grün ist es im Norden, wo man beim Wandern gerne mal vom Weg abkommt, um sich genüsslich Gaumenfreuden hinzugeben. Überflüssige Kalorien kann man dann auf dem Bike abstrampeln, etwa an der Mosel, wo die Römer ihre Sandalenabdrücke hinterlassen haben, oder im Tal der Eisch, wo hinter jeder Kurve eine Burg lauert.

Es darf gestaunt werden im MUDAM, dem Musée d'Art Moderne Grand-Duc Jean in Luxembourg-Ville.

Beim Bummel über die Montée de Clausen liegt Ihnen Luxemburgs Altstadt zu Füßen.

Das ist Luxemburg ...

Stellen Sie sich vor, Sie schlagen die Speisekarte auf und entdecken das Menü »Luxemburg«. Als Aperitif und Entree gibt es das hügelige Ösling mit seinen gewundenen Tälern in Luxemburgs Norden und die Kleine Luxemburger Schweiz mit Gesteinsformen und Grotten, die so bizarr sind wie ihre Namen Piteschkummer, Geyerslay oder Hohllay. Hier lässt es sich prima wandern. Das Hauptgericht: Luxemburg-Stadt, Herz des Landes, weltstädtisch und doch auch einen Hauch provinziell. Zum Dessert dann die Mosel mit ihren gemütlichen Winzerdörfern. Und zum Abschluss, als Espresso, das Gutland und die Minett, das herbe Land der roten Erde. Bei diesem Menü brauchen Sie nicht lange zu überlegen, damit treffen Sie eine gute Wahl – *voilà, bon appétit!*

Das Letzte seiner Art

Luxemburg ist das letzte von einst zwölf europäischen Großherzogtümern. Die Großherzogs, wie die Luxemburger liebevoll ihre Herrscherfamilie nennen, sind Großherzog Henri, Großherzogin Maria Teresa und ihre fünf Kinder, Prinzessin Alexandra, Prinz Louis, Prinz Félix, Erbgroßherzog Guillaume und Prinz Sébastien. Großherzog Henri ist der neunte im Amt, wobei die ersten drei, die Könige der Niederlande, Wilhelm I.–III., gewissermaßen nur nebenher Großherzöge waren. Ihre Residenz ist das Palais Grand-Ducal, dessen Lage im Herzen der Stadt Luxemburg die Nähe zur Bevölkerung ausdrückt. Ist dort die Flagge gehisst, ist der Großherzog zugegen.

Goldrausch in Luxemburg

Einst eines der ärmsten Länder, setzte im 20. Jh. ein Wirtschaftswunder ein, das den Zwergstaat zu einem der reichsten Länder der Welt machte. Der Reichtum beruhte auf der Entdeckung eisenhaltiger Erzvorkommen im Süden des Landes. Das »rote Gold« zog Tausende Gastarbeiter aus ganz Europa an. Viele blieben, auch als in den 1970er-Jahren die Schwerindustrie zum Erliegen kam. Angesichts des drohenden Ausbleibens von Steuereinnahmen hatte der luxemburgische Staat jedoch schon frühzeitig auf ein anderes Zugpferd gesetzt und besonders günstige Bedingungen für Banken geschaffen. Worauf sich in kurzer Zeit über 200 Banken und Tausende Holdings in der Kapitale niederließen.

Warum nicht erst die Kunst im Musée d'Art Moderne Grand-Duc Jean (MUDAM) genießen und dann an Ort und Stelle ein leckeres Gericht?

Die hiesigen Anbieter von Fleisch, Gemüse und Zutaten halten die Qualitätsmesslatte hoch.

Lëtzebuergesch

Wenn Sie gar nichts mehr verstehen, dann spricht Ihr Gegenüber Lëtzebuergesch, erst seit 1984 offizielle Landessprache. Man ist stolz, über eine eigene Sprache zu verfügen, und sieht sich gegenüber den Belgiern im Vorteil, die so was ja nicht haben. Heißt nicht, sie könnten nichts anderes. Denn dem Luxemburger wird eine beneidenswerte Mehrsprachigkeit gleichsam in die Wiege gelegt. Bereits in der Grundschule lernen die Dreikäsehochs Deutsch und Französisch, später kommen Englisch und oft eine weitere Fremdsprache hinzu.

À la française, ja, aber à la portugaise?

Mittags geht in Luxemburg ähnlich wie in Frankreich bei Banken, Post, Behörden und in Büros gar nichts mehr. Dann wird es in den Cafés, Bistros und Restaurants ganz eng, und nur wer den Mittagspäuslern ein paar Minuten zuvorkommt oder reserviert hat, kriegt dort noch einen Platz. Wundern Sie sich nicht, wenn die Speisekarte auf Französisch ist und der Ober nur Französisch spricht. Denn viele, die in Restaurants bedienen, kommen aus dem südlichen Nachbarland. Oder sie sprechen eine noch südländischere Sprache, etwa in den portugiesischen Restaurants in Bonneweg, einem Stadtteil von Luxemburg-Stadt, und in Larochette, wo fast die Hälfte der Einwohner aus Portugiesen besteht.

Von Grün bis Rot

Klar doch, die gibt es hier auch, die politischen Schattierungen. Doch spannender sind die Farben, wenn es ums Land geht. Grün – das ist der Norden. Mit großen Wäldern, Flüssen, Seen, Schluchten, Felsen. Das ist Natur pur, wie in den Naturparks Öewersauer und Our und im Müllerthal, Paradiese für naturnahe Freizeit. Rot – das ist der Südwesten des Landes, ist die Minett. Rot von Eisenerz, das hier lange abgebaut wurde. Hochöfen und alte Erzbahnen sind längst als industrielles Erbe zu Besucherattraktionen geworden. Und schon vermischen sich Rot und Grün, die Natur greift mit langen Fingern in das einst nackte, entblößte Land der roten Erde und überzieht die alte Industriebrache mit grünem Samt.

... und das sind seine Städte

Luxemburgs Altstadt und die Unterstadt Grund spiegeln sich im Wasser der Pétrusse fast schon märchenhaft.

Municipal (Stadtpalais) finden sich häufig Straßenkünstler ein, und im Musikpavillon, auf der anderen Seite des Platzes, ertönt sommertags Jazz, Kammer- oder Blasmusik. Ein paar Schritte weiter steht das Palais Grand-Ducal, der Großherzogliche Palast, 1575 als Rathaus erbaut. Rechts davon schließt sich mit großem Tor die einstige Stadtwaage an, in der Fuhrwerke gewogen wurden, um Zölle zu ermitteln. Jetzt paradiert hier die Palastwache auf und ab. Ganz außen befindet sich das neugotische Parlamentsgebäude.

Auf dem Kirchberg außerhalb der Altstadt sind neben nationalen und internationalen Banken europäische Behörden und Organisationen angesiedelt, außerdem die Philharmonie, ein Museum und zahlreiche Skulpturen – open air.

LUXEMBOURG-VILLE

»D'Stad«, wie Luxemburger ihre Hauptstadt nennen, ist das Herz des Landes. Tiefe Schluchten, von den Flüssen Alzette und Pétrusse in das Felsenplateau gekerbt, durchziehen die Stadt und bieten Besuchern packende Aussichten. Als Graf Siegfried 963 auf dem Bockfels seine Lützelburg baute, wird er gewiss kaum gedacht haben, dass drum herum einmal eine stattliche Stadt entstehen würde. Strategisch äußerst begehrt, streckten immer wieder Herrscher Europas ihre Hand nach der Festung aus. Unzählige Male verwüstet, neu erbaut und erweitert, war sie einst die größte Europas –

bis sie endgültig geschleift wurde. Heute laden alte Wehrgänge ein zum Promenieren, einstige Exerzierplätze zum Müßiggang. Die Altstadt mit ihren verwinkelten Gassen gehört zum Unesco-Welterbe. Spitztürmig prägt die Cathédrale Notre-Dame die Silhouette der Stadt. Ihr Ursprung liegt in einer Jesuitenkirche aus dem 17. Jh. Das lichte Kircheninnere ist, abgesehen von der Empore mit ihrem überreichen Renaissancedekor, weitgehend spätgotisch. Auf dem früheren Paradeplatz Place d'Armes, dem »Plëssdarem«, pulsiert das urbane Leben. Cafés und Restaurants mit Terrassen unter grünen Linden verlocken zu einem Päuschen. Vor dem Cercle

ESCH-SUR-ALZETTE

Früher qualmten hier die Schlote der Hochöfen, jetzt präsentiert sich die einstige Eisenhütten-Metropole und zweitgrößte Stadt Luxemburgs in ihrem Zentrum hell, farbig, vor Vitalität sprühend und kosmopolitisch. Wer in der Stadt nach der Alzette sucht, tut das vergeblich: In Betonröhren versteckt fließt sie unter der Rue de l'Alzette entlang. In der Fußgängerzone dieser Einkaufsstraße lässt es sich herrlich flanieren. Jugendstil- und Art-déco-Fassaden an den Häusern erzeugen einen interessanten Mix von Alt und Neu.

In die Mitte genommen: der Dënzelt auf dem Echternacher Marktplatz

Hütte war gestern: Belval in Esch-sur-Alzette ist schon heute gut aufgestellt für morgen.

Rund um zwei ausgediente Hochöfen aus dem Boden gewachsen ist das faszinierende neue Stadtviertel Belval mit der Cité des Sciences: Wohnhäuser, Bürobauten, der Uni-Campus sowie das Einkaufs- und Freizeitcenter Belval Plaza – alles präsentiert sich in architektonischer Frische. Auf den Hochofen A führen 180 Stufen hinauf auf 40 m Höhe bis zur Einfüllöffnung des Hochofens – der Gicht –, wo eine fesselnde Aussicht belohnt.

ECHTERNACH

Malerisches Zentrum der Stadt an der Grenze zu Deutschland ist die kopfsteingepflasterte Place du Marché, der Marktplatz, eingerahmt vom gotischen Rathaus, stattlichen Bürger- und Adelshäusern, einladenden Straßencafés und kleinen Geschäften. Das Rathaus (14./15. Jh.) war früher das Dënzelt oder Dingstuhl genannte Gerichtshaus. In der offenen Bogenhalle im Erdgeschoss fanden die »Jahrgedinge« (öffentliche Urteilsberatungen) statt, zu denen alle Bürger der Stadt erscheinen mussten. Urteile wurden sodann am Urtsel, dem mittelalterlichen Gerichtskreuz – eine Nachbildung steht mitten auf dem Platz –, verkündet und mitunter direkt vollstreckt. Hinter dem Marktplatz ragt die markante Willibrord-Basilika empor, in der die Gebeine des hl. Willibrord, eines angelsächsischen Missionars des 7./8. Jh., aufbewahrt werden. Die ehemalige, im Jahr 698

von Willibrord gegründete Benediktinerabtei neben der Basilika spiegelt den einstigen Wohlstand des Klosters wider. Berühmt ist auch ihre Schreibschule. Einen guten Eindruck von der Schreib- und Druckkunst der Mönche vermittelt das Abteimuseum (www.museedelabbaye.lu).

VIANDEN

Das Burgstädtchen mit seinen schönen sandfarbenen Häusern, schmalen Gassen, Resten der alten Ringmauer mit ihren Türmen und der stolzen mittelalterlichen Hofburg liegt wie ein Schmuckstück im dicht bewaldeten Tal der Our. Victor Hugo lebte 1871 eine Zeit lang in einem Haus an der Our-Brücke. Hier schrieb er Gedichte und fertigte Zeichnungen von Luxemburger Burgen und Landschaften an, die jetzt neben dem Tagebuch und Briefen des Dichters im Musée littéraire Victor Hugo (37, rue de la Gare) zu sehen sind. Jenseits der Our-Brücke führt die von Bürger- und Adelshäusern gesäumte Grand-Rue in weitem Bogen zur Burg hinauf, vorbei am Renaissance-Stadhous (Rathaus) und an der frühgotischen Kirche des einstigen Trinitarierklosters. Burg und Stadt wurden früher von mehr als zwei Dutzend Türmen gesichert: dem weißen und dem schwarzen Rundturm in der Burg, dem viereckigen Hockelsturm auf einem Felsen vor der Burg und 24 weiteren Türmen, die Teil einer gewaltigen Ringmauer waren.

SCHENGEN

Mit dem Namen Schengen verbindet man die Schengener Verträge von 1985 zur Abschaffung der Grenzkontrollen an den europäischen Binnengrenzen und natürlich die Europäische Union. Kein Wunder daher, dass im Ort auf vielerlei Weise daran erinnert wird, unten am Fluss, wenige Meter von den Grenzen Luxemburgs, Frankreichs und Deutschlands, die in der Mosel aufeinandertreffen. Das Musée Européen im Centre Européen (Rue Robert Goebbels) zeigt eine Dauerausstellung über das Schengener Abkommen und Europa und unterhält eine Informationsstelle über die EU. Und im Uferbereich stehen Stücke der Berliner Mauer, die drei Sternensäulen Colonnes des Nations und das Monument de l'Accord. Hübsch sind die Pavillons an der Uferpromenade, monumental der alte Schlossturm aus dem 13. Jh.

1.
TOUR

2.
TOUR

3.
TOUR

Luxemburg erleben

Mildes Klima, idyllische Winzerdörfer und schöne Uferpromenaden laden ein ins Moseltal.

1. *TOUR*

Das »Tal der sieben Schlösser« –
Hinter jeder Biegung eine Burg

»Vallée mystérieuse« nannte Victor Hugo das Tal. Vielleicht war er ja in der Burgruine von Koerich dem Geist der Frau begegnet, die sich in eine Katze verwandeln konnte, oder hat nachts das legendäre Irrlicht am Ufer der Eisch gesehen.

2. *TOUR*

Spaziergang durch Esch-sur-Sûre –
Das »Dorf im Loch«

In den luxemburgischen Ardennen, im Ösling, erwartet Sie dieses edle Präsent: oben die stattlichen Reste einer einst wuchtigen Burg, unten das gemütliche Dorf, mit einer Schleife aus Flusswasser verpackt.

3. *TOUR*

Radtour »Velo Romanum« –
Auf dem Stahlross in die Antike

Radeln konnten die Römer damals nicht, aber süffigen Wein herstellen, das hatten sie drauf. Sie jedoch können per Rad ihre antiken Hinterbleibsel erkunden und exzellenten Wein genießen, denn den gibt es hier überall – dank der Römer.

Das »Tal der sieben Schlösser«

Hinter jeder Biegung eine Burg

Im schönen Tal der Eisch, nur einen Steinwurf von der Landeshauptstadt entfernt, erheben sich sieben Burgen und Schlösser zwischen Wiesen und Wäldern – auch Graf Siegfried, der Erbauer der Lützelburg und Begründer Luxemburgs, soll hier einst residiert haben.

Die erste Station im Westen, die Grevenburg in Koerich, ist zwar nur noch eine Ruine, aber ihre Reste lassen erkennen: Sie war einst eine mächtige Festung, deren Gräben, bei Gefahr geflutet, dem Feind nasse Füße besorgten. Wirich I. baute die Wasserburg im 13. Jh. vermutlich auf der Ruine des Schlosses, in dem Graf Siegfried gewohnt haben soll.

Steinköpfe zeigen Asylrecht an

Sieben Quellen speisen den Dorfbrunnen von Septfontaines. Die Burg oben auf dem Fels ist nicht zugänglich, wohl aber die mittelalterliche Dorfkirche: Steinköpfe im Außengemäuer deuten das seinerzeit bestehende Asylrecht der Kirche an. Im Innern sind die Schlusssteine der Gewölbe mit farbigen Wappen geschmückt. Eine mit lebensgroßen Figuren gestaltete Grablegung Christi bildet den Abschluss einer Reihe

Warum sollte Wandern nur etwas für Ältere sein?

Auf einer Fläche von 17 x 13 m ragt der einstige Wehr- und Wohnturm der Burg Schoenfels 21 m in die Höhe.

von sieben verwitterten Fußfallstationen, die sich einst bei einer Ein-siedlerkapelle befanden und jetzt die Kirche umstehen. Ein Streifzug durch den Ort führt zur Gessebréck, einer malerischen, 1760 errichte-ten Steinbogenbrücke über die Eisch.

Die Burg, die zu klein war

Über Ansembourg thront die gleichnamige Burg (12. Jh.). Sie war dem Burgherrn im 17. Jh., dem Eisenschmelzer Thomas Bidart II., schlicht-weg zu eng. Also ließ er unten im Tal ein geräumiges Schloss bauen. Später verfiel die Burg, doch selbst ihre Ruine war so beeindruckend, dass Victor Hugo eine Zeichnung von ihr anfertigte. Die restaurierte Burg und das Schloss sind nicht zugänglich, wohl aber der Ehrenhof und der prächtige Barockgarten mit Labyrinth.

Pechnasen und Pfefferbüchsen

Mit ihrem wuchtigen Burgfried wachte die mittelalterliche Burg Hol-lenfels einst über das Tal. Der Donjon von 1380 und ein Rundturm sind alles, was von ihr blieb. Oben umgibt ein steinerner Wehrgang den Turm, mit Pechnasen, aus denen heißes Pech auf Angreifer ge-gossen werden konnte. Ein weiterer imposanter Burgfried ein wenig abseits des Eischtals in Mamer, mit vier runden Eckwachtürmchen, auch Pfefferbüchsen genannt, und markanten Treppengiebeln, ist der einzig verbliebene Rest der Burg Schoenfels.

Kirchturm mit Zwiebel

Schloss Mersch (12. Jh.), umgeben von einem breiten Burggraben, mehrfach zerstört und wieder erbaut, beherbergt jetzt die Stadtver-waltung. Gegenüber mit auffälligem Zwiebelturm der Kirchturm der abgetragenen St. Michaelskirche. Es heißt, er existiere nur noch, weil die Zwiebelkuppe in Anna Pawlowna, russische Gemahlin von König Wilhelm II., bei der Durchfahrt durch den Ort heftige Erinnerungen an die Kirchen ihrer Heimat wachgerufen und sie um den Erhalt dieses Kirchturms gebeten habe.

»DER MOND, VERDUNKELT. DIE TÄLER, MELANCHOLISCH VON EINER NEBELSCHLANGE UMSCHLUNGEN. INMITTEN DIESES SCHATTENS RAGT DAS GESPENST DER RUINE EMPOR. WALDKÄUZE SCHREIEN HU! HU! HU!«

Victor Hugo,
Tagebucheintrag 25.9.1863

Spaziergang durch Esch-sur-Sûre

Das »Dorf im Loch«

Eingeschnürt in einer engen Schleife der Sûre drängen sich weiß getünchte Häuser um ein Pfarrkirchlein, das dem Schatten der Burg trotzend sein Türmchen in die Höhe streckt. Das 390-Seelen-Nest »im Loch« hat sich seit Langem kaum verändert, es ist denkmalgeschützt.

Den Ort entdecken Sie mühelos zu Fuß. Etwas Puste braucht es jedoch, wenn Sie das »Loch« auch von oben betrachten wollen, und das sollten Sie unbedingt tun. Ein schmaler Pfad führt von der Rue de Kaundorf den steilen Hang jenseits der Sûre hinauf. Umwerfende Ausblicke von dort oben!

Dann aber über die alte Brücke ins Dorf. Sie wurde erst 1787 erbaut, nachdem ortsansässige Wollweber so lange gequengelt hatten, bis es ein Einsehen gab. Damals lebten hier, mangels Ackerland, die meisten vom Wollweben. Der Verkauf der Ware war mühsam, mangels Brücke waren riesige Umwege zu den Märkten zu machen. In einer ehemaligen Tuchfabrik (am Naturparkzentrum) können Sie beim Weben mit den alten Webmaschinen zuschauen und dort hergestellte Decken kaufen.

Erinnerung an schreckliche Zeiten

Jenseits der Brücke erinnert das Pestkreuz an die 1636 durch den Schwarzen Tod umgekommenen Escher Menschen. Damals hatten

Die Burgruinen in Esch-sur-Sûre: Die ersten Bauten gehen auf romanische Zeit zurück, in der Gotik wurde die Burg erweitert.

nur fünf Familien des Dorfs überlebt. Im Restaurant Comte Godefroy zu Füßen der Burgruine können Sie einheimische Speisen wie Maultaschen genießen. Die Speisen aus hochwertigen regionalen Zutaten bereitet ein früheres Mitglied der Luxemburger Koch-Nationalmannschaft. Nach wenigen Schritten kommen Sie zur Pfarrkirche. Schauen Sie sich mal den Altar aus dem 17. Jh. an: erstaunlich, wie kämpferisch Maria und das Jesuskind sich hier zeigen.

Heimstatt tapferer Recken

Neben der Kirche führt eine Felsentreppe hinauf zur Burgruine. Hinter dem Eingangstor (17. Jh.) liegt der Burghof mit der romanischen Burgkapelle und dem wuchtigen Burgfried, dem Wohnturm, der ab 927 zum Schutz gegen einfallende Ungarn erbauten Burg. Später hausten die Brüder Heinrich I. und Godfried I. in der Burg, tapfere Recken, die sich schließlich auf den Kreuzzug begaben. Im 16. Jh. verfiel die Burg, blieb aber bewohnt. Als Victor Hugo 1871 den Ort besuchte, notierte er, dass noch mehrere Familien in ihr lebten.

Im 14. Jh. erhielt das komplette Dorf eine Ringmauer mit zwei Wachtürmen, die heute noch stehen. Als dann im 17. Jh. die Truppen Ludwigs XIV. Luxemburg einnahmen und das Land unter französischer Herrschaft stand, wurde die Mauer geschleift. Einige Reste blieben jedoch verschont, weil diese, wie in der Rue des Remparts zu sehen ist, bis heute als Rückwand von Häusern dienen.

Eine 3 m hohe Nachbildung der Marienstatue von Lourdes finden Sie oben auf dem Fels beim Lochturm, wenn Sie eine ziemlich steile Felsentreppe hinaufsteigen. Wer sie einst gestiftet hat, bleibt ein Rätsel. Es heißt, es sei eine ortsfremde Frau gewesen, die in Lourdes durch ein Wunder von ihrem Krebsleiden geheilt wurde.

Am Loch (Im Loch) – so nennt der Volksmund Esch-sur-Sûre. Weil es von Berghängen umringt wie in einem Loch in einer engen Flussschleife der Sauer liegt.

Radtour »Velo Romanum«

Auf dem Stahlross in die Antike

Römer in Luxemburg? Ja, richtig! Die waren hier, 500 Jahre lang, und haben Grabtempel, Villen, Thermen und Theater erbaut. Sogar den Weinbau eingeführt und ordentlich Wein fabriziert. Auf der »Velo Romanum« ▼ fahren wir dorthin, wo die Sandalenträger waren – mit dem Fahrrad.

Zweieinhalb Tonnen wiegt der Steinbrocken. Man hat ihn in Bech-Kleinmacher gefunden, in 2 m Tiefe. Kein gewöhnlicher Brocken, dieser Stein, denn Experten erkannten sogleich: Es handelt sich um den Kelterstein einer römischen Traubenpresse, und zwar einer recht großen. Das dazugehörige Kelterhaus gehörte zu einer römischen Villa, die offenbar Mitte des 4. Jh. abgebrannt war. Sie finden diesen Stein in der Parkanlage neben dem Gemeindehaus, erreichbar über den Parkplatz, wo die Fahrradtour begonnen werden kann.

In den Weinbergen über dem Winzerdorf entdeckte man eine um 300 n. Chr. errichtete Grabkammer, über der ein römischer Grabtempel vermutet wurde – als Ausdruck des Prestiges des Toten. Den römischen Grabtempel hat man rekonstruiert (von der Kirche aus entlang der Route du vin, an der Kreuzung Rue du Caves rechts ab hangaufwärts).

Radeln Sie nun auf dem Radweg »Velo Romanum« entlang der Mosel zum Friedhof von Schwebsange, an dessen Eingang ein massiver spätrömischer Steinsarg steht. In der Leichenhalle finden Sie ein Relief des zu dem Grab gehörenden Grabsteins.

Im Haff Réimech bei Remerschen taucht ein monumentales römisches Grabmal auf. Nur römische Großwinzer oder vermögende Weinhändler konnten sich damals ein imposantes Grabmonument wie das des römischen Weingutes »op Mecheren« errichten lassen, dessen Reste man hier entdeckt hat.

Den Kräizbierg hinauf

Sowie Sie durch Remerschen hindurch sind, wird es ziemlich anstrengend: Einen halben Kilometer geht es teuflisch bergauf! Dafür werden Sie oben mit einem wunderbaren Fernblick belohnt.

Nun aber weiter nach Dalheim. Am Südrand des Orts liegt an der N13 das über 30 ha große Ruinenfeld des römischen Vicus Ricciacus. Im 2./3. Jh. hatte die Siedlung Ähnlichkeit mit einer römischen Stadt des Mittelmeerraums: im Schachbrettmuster angelegte Straßenzüge, Theater, Thermen, Läden, Werkstätten und ein Tempelbezirk mit Kultbauten. Bei Ausgrabungen fand man hier 24000 römische Münzen und Statuen der Götter Jupiter und Minerva. Heute befinden sich diese »Dalheimer Götter« im Pariser Louvre. Von der einst bedeutenden römischen Anlage sind noch die Reste einiger Häuser zu sehen. Imposant ist das mit steinernen Sitzreihen ausgestattete gallorömische Theater im Ort, zu dem man über den Neie Wee (Neuen Weg) gelangt.

Auf einem Radwanderweg mit einigen schönen Ausblicken geht es über die Trasse der ehemaligen »Jangelis Bunn« über Elangen (Ellange) und den Scheierbierg nach Bech-Kleinmacher zurück.

Im Naturschutzgebiet Haff Réimech bei Remerschen. Im Hintergrund das futuristisch gestaltete Naturschutzzentrum »Biodiversum«

Paradies für Wanderer und Radler

Ballonfahren

Fahrten mit Heißluftballons finden das ganze Jahr über morgens und abends statt, im Herbst und Winter sogar den ganzen Tag. Infos unter www.cla.lu und www.ballooning-50-nord.lu.

Klettern und Bouldern

Die schroffen Felswände der Wanterbaach bei Berdorf (Müllerthal) kann man prima erklettern – sofern man Mitglied einer Klettervereinigung ist (www.mullerthal.lu). Klettern in Hallen und Bouldern (Klettern in geringer Höhe) wird an zahlreichen Orten angeboten (www.iclimb.lu).

Mountainbiken und Radfahren

In den Ardennen, im Müllerthal, in den Weinbergen an der Mosel – im ganzen Land finden Sie ausgewiesene MTB-Routen verschiedener Längen und Schwierigkeitsgrade.

Auf rund 600 km abseits des Straßenverkehrs angelegten Radwegen und verkehrsarmen Landstraßen lässt sich das Großherzogtum vortrefflich »erfahren«. Manche Radwanderwege, wie der von Aachen nach Troisvierges führende Vennbahnradweg (130 km), verlaufen auf einstigen Bahntrassen (www.guide.naturpark.lu, www.visitluxembourg.com, www.ardennes-lux.lu, www.mullerthal.lu, www.visitmoselle.lu, www.naturpark-our.lu).

Skaten

Luxemburg ist ein Eldorado für Skater: Wo wann was abgeht, erfahren Sie hier: www.skatepark.lu.

Wandern

Luxemburg ist ein Wanderparadies: Die wild-romantische Kleine Luxemburger Schweiz, das Müllerthal, die Ardennen mit ihren tief eingekerbten Flussläufen und welligen Hügeln, aber auch das Moseltal und der Süden des Landes laden zu ausgedehnten Touren ein. Eine Vielzahl von ausgeschilderten Wegen erleichtert die Orientierung (allgemeine Infos: www.visitluxembourg.com).

Gelb markiert sind die 24 Nationalwanderwege *(sentiers nationaux)* – 15–68 km lange nationale Wanderpfade, die nach Themen oder Landschaften benannt sind. Die Wanderpfade sind keine Rundwege, sondern eignen sich für Etappenwandertouren von mehreren Tagen.

Viele Fremdenverkehrsvereine haben lokale Wander- und Spazierwege angelegt und geben hierzu Wanderkarten und Infos heraus.

Wellness

Der luxemburgische Hotspot für Entspannungssuchende und Fitnessbewusste befindet sich im Kurort Mondorf-les-Bains mit dem Thermalzentrum Domaine Thermal de Mondorf (www.mondorf.lu).

Wände hoch im Müllerthal! Die Felswände in der Kleinen Luxemburger Schweiz bieten reichlich Gelegenheit.

Man könnte sich fast verlieren in diesem Wander- und Kletterparadies …

Szenetreff: das ehemalige Gelände der
Brauerei Mousel & Clausen

So schmeckt Luxemburg

An der Obersauer fühlt man sich der Natur verpflichtet. So werden im Naturpark Obersauer Getreide, Kräuter und Tee umweltschonend angebaut.

Zahlreiche kreative Spitzenköche sorgen dafür, dass sich die luxemburgische Grande Cuisine nicht zu verstecken braucht. Deutschland, Frankreich und die Wallonie liegen direkt vor der Tür – kein Wunder also, dass es zum Segen der luxemburgischen Küche zu einer Symbiose aus preußisch handfesten Portionen und französischem Raffinement kommt.

Dabei besinnt man sich auch auf die ursprünglichen, einheimischen Gerichte, die kulinarisch verfeinert heute selbst in Gourmetrestaurants auftauchen. Das verdanken die Feinschmecker wesentlich der luxemburgischen Kochikone Léa Linster. Nehmen wir nur ein deftiges Leibgericht der Luxemburger: *Judd mat Gaardebounen,* gepökelter und geräucherter Schweinenacken, Saubohnen und Kartoffeln. »Da haben Sie eine erste Ahnung, wie Luxemburg schmeckt«, so die Starköchin.

Zusammen stark
Bohnen, Kartoffeln, Porree, Sellerie, Zwiebeln, Gemüse- und Hühnerbrühe – kommt alles rein in die *Bouneschlupp.* »Das wird gut gekocht, erst mal ohne Speck und Fleisch, damit später auch Vegetarier diese Suppe essen können. Und dann kommt das Fleisch da zusätzlich dazu, Mettwurst und Speck«, so Léa Linster. Und dann ist da noch ihr begeisterter Kommentar zu Tom Hillenbrands kulinarischem Krimi »Teufelsfrucht«: Er lese sich, »wie man eine gute Bouneschlupp isst – am liebsten alles auf einmal!«

Hier gibt's Prozente
Luxemburgs Moselwinzer keltern vorzügliche Weine. Der Elbling, leicht und erfrischend, passt zu *Friture* und Muscheln, der Auxerrois, zart und fruchtig, zu Wild und Geflügel. Der trockene, milde Rivaner ist ein viel getrunkener Tafelwein. Der Pinot Blanc, ein trockener, frischer Weißburgunder, wird gerne zu Fischgerichten serviert, der Pinot Gris mit seinem dezent-aromatischen Bukett zu Lamm oder Wild. Der fein-rassige Riesling, »König der Moselweine«, passt zu Fisch und Ardennerschinken. Gewürztraminer wird als Dessertwein geschätzt, der Chardonnay gerne zu Meeresfrüchten getrunken. Rot und fruchtig ist der Pinot Noir. Luxemburgische Schaumweine ergänzen mit dem Crémant de Luxembourg an der Spitze das Angebot.

Luxemburgische Biere? Gibt es nur wenige. Neben den großen Brauereien in Diekirch (Diekirch, Mousel) und Bascharage (Bofferding, Beierhaarscht) behaupten sich kleine lokale Brauereien, wie Simon in Wiltz und Ourdaller in Heinerscheid. Die luxemburgischen Obstwasser Kirsch, Mirabelle, Quetsch (Pflaume), Prunelle (Schlehe) und der aus Äpfeln destillierte Pommes sind von ausgezeichnet fruchtigem Geschmack. Der *Nëssdrëpp*, ein aus unreifen Walnüssen destillierter Schnaps, wird auf dem jährlich am zweiten Sonntag im Oktober stattfindenden Veiner Nëssmoort (Viandener Nussmarkt) verkauft.

Kulinarisch durch den Tag
Der Tag beginnt mit *Kaffidrénken,* wie frühstücken hier heißt, in einem Café, Bistro, *salon de consommation* oder *salon de thé* mit Croissant, Kaffee und einem Klecks Marmelade. Viele Einheimische lieben es morgens noch süßer und greifen zu croissantartigen *Schoklasrullen* (mit Schokolade in der Mitte) oder einem *Aachtchen.* Mittags reicht vielen ein *Kachkéis* (Kochkäse auf Brot, warm, mit Senf) oder *Croque Monsieur* im Café. Abends speist man dann schon mal mehrgängig im Restaurant.

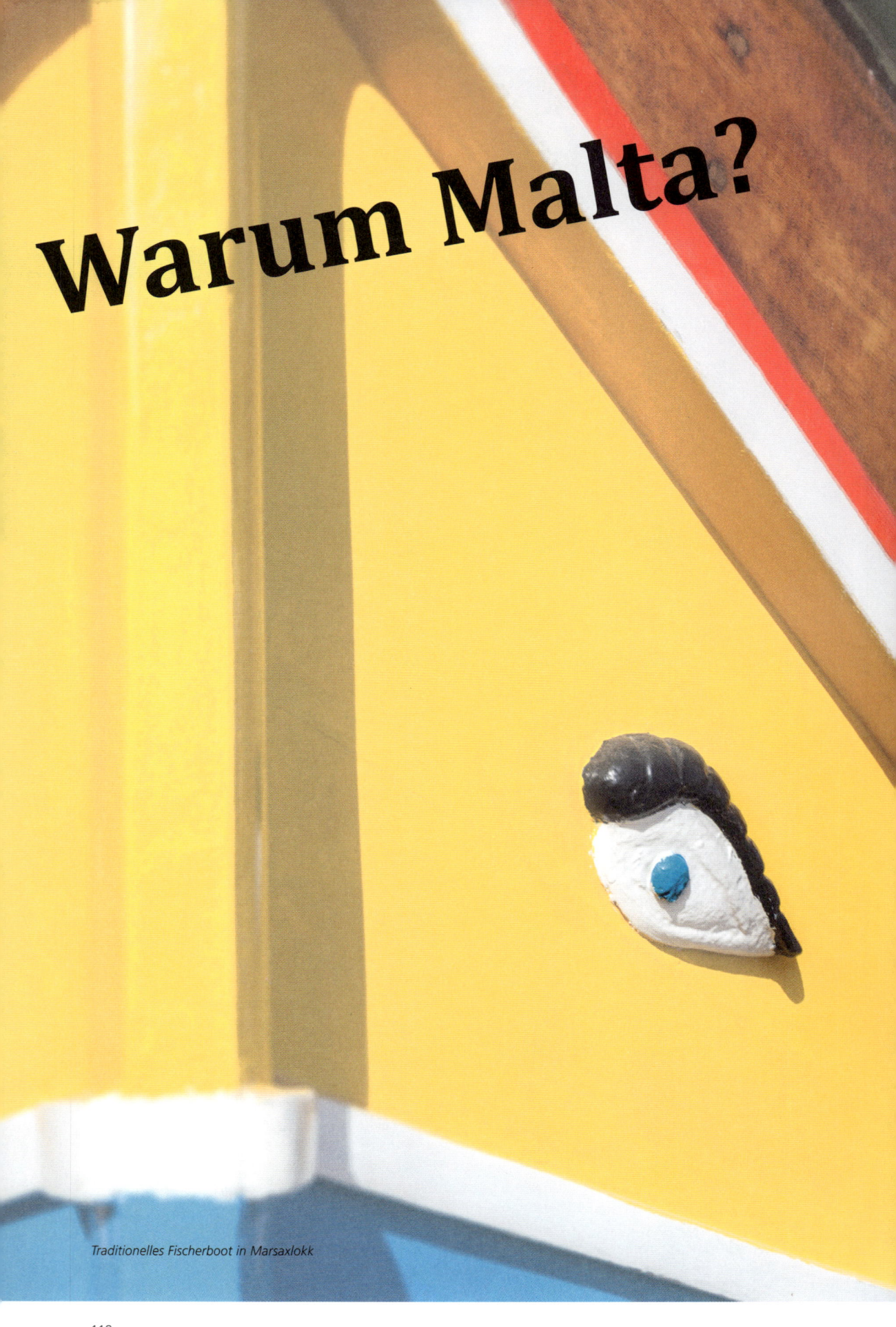

Warum Malta?

Traditionelles Fischerboot in Marsaxlokk

Festungsinsel im Mittelmeer

Auf Karten ist die Mini-Insel kaum zu finden, mit ihren 470 000 Menschen zählt sie zu den kleinsten Staaten der Welt. Aber vor 250 Jahren schrieb Voltaire noch: »Jeder kennt die Große Belagerung von Malta!« Der Zwergstaat ist ein Hotspot der Geschichte, und die Hauptstadt Valletta bietet entsprechend großartige historische Bauten. Im Süden erlebt man das volkstümliche Malta, im Norden quirlige Badeorte und zwei schöne Sandstrände, und Gozo ist sowieso eine ländliche Welt für sich.

Zwei Priester beobachten die Ankunft eines Passagierdampfers in Valletta, um 1950.

Sonnenuntergang von
Sliemas Küste aus

Das ist Malta ...

Beim ersten Mal wundern sich alle: So habe ich mir das nicht vorgestellt! So außergewöhnlich, so anders. Denn Malta ist keine hübsche kleine Insel im Mittelmeer, auf der nie wirklich etwas passiert ist. Malta galt schon bei den alten Griechen als »Nabel des Meeres«, im 16./17. Jh. wurde es unter dem Ritterorden der Johanniter zur stärksten Festung Europas ausgebaut, bis 1979 war es das Headquarter der britischen Mittelmeerflotte, von dem aus drei große seemilitärische Operationen gesteuert wurden, und jetzt ist Malta ein eigener Staat in der EU. Und dieser Mini-Staat steht wirtschaftlich sogar enorm gut da, mit rasanten Wachstumsraten und der niedrigsten Jugendarbeitslosigkeit ganz Europas. All das hinterließ natürlich Spuren: von den Tempeln der Megalithkultur vor 5000 Jahren über Festungen allerorten bis hin zu den Schnellstraßen, Fabrikhallen und Hochhäusern von heute.

Busy bis ländlich

Das alles verteilt sich auf kleinster Fläche, denn alles in allem sind die beiden Hauptinseln Malta und das kleinere Gozo nur so groß wie Bremen. Glücklicher-

weise verteilt es sich nicht gleichmäßig. In der Region rund um Valletta mit seinen beiden riesigen Häfen, Harbour Region sagen die Malteser, konzentriert sich das meiste, inklusive der beiden großen Ferienorte Sliema und San Giljan (St. Julians). Danach wird es schnell ruhiger, schließlich sogar geradezu ländlich. An der Nordwestküste liegen auch die Ferienorte Bugibba und Qawra sowie Mellieha, den Südosten prägt Steilküste ohne jede Ansiedlung. In der Mitte thront Mdina, die mittelalterliche Hauptstadt – »Silent City« wird sie genannt, weil sich dort seit 250 Jahren so gut wie nichts verändert hat. Und Gozo lag sowieso immer im Abseits und konnte sich seinen ländlichen Charme bewahren. Mag aber sein, dass sich das bald ändern wird, denn die Insel soll durch einen Tunnel unter dem Meer mit der Hauptinsel verbunden werden. EU-Gelder machen auch das jetzt möglich, das Projekt ist aber noch in der Planungsphase.

Schmelztiegel der Völker

Ziemlich klar, dass die vielen Heere und Herren auch Menschen mitbrachten. Von allen blieb etwas da.

Langsam gehen die Lichter an. Love fordert die Skulptur, auch sie auf dem Kopf stehend, wie alle hier ein bisschen upside down zu sein scheinen.

Es gibt einen fast geheimen Badeplatz an der Südküste, Ghar Lapsi: »Höhle der Himmelfahrt«. Ein toller Felspool, wohin es so gut wie keine Touristen verschlägt.

Von den Megalithikern, den Puniern, den Römern, von den Arabern seit dem Jahr 870, von den Franzosen im 14. Jh., von den Spaniern seit dem 15. Jh., von den Griechen, die der Ritterorden im 16. Jh. mitbrachte, und auch von den Briten, die Malta seit dem 19. Jh. als Kolonie regierten. Sie alle verschmolzen zu einem Volk, geeint durch eine Religion und eine Sprache. Noch heute ist Malta das Land Europas, in dem die katholische Kirche den größten Einfluss hat … Man sieht es an den riesigen Barockkirchen in jedem Dorf, erlebt es auf den grandiosen Heiligenfesten. Ebenso einzigartig und nicht minder grandios ist die Sprache: arabisch in der Struktur, geschrieben aber in lateinischen Buchstaben und gespickt mit Lehnwörtern aus dem Spanischen, Französischen und Englischen. Aber keine Sorge: alle Malteser sprechen auch fließend Englisch, was in den Sommerferien Tausende Sprachschüler aus ganz Europa dorthin zieht.

Für Badeferien zu schade

Nein … ich will nicht sagen, dass man auf Malta nicht baden kann oder nicht baden sollte. Es gibt schöne Sandstrände wie die Golden Bay oder die Ramla Bay auf Gozo. Es gibt noch mehr großartige Felsküste, wo man wunderbar schnorcheln kann. Von dem kleinen Comino mit seiner zauberhaften Blue Lagoon ganz zu schweigen. Aber … nur Baden, dazu ist Malta zu interessant. Selbst wer sich gar nicht für Barockkunst interessiert, sollte die St. John's Cathedral in Valletta nicht verpassen – die ist einfach unglaublich! Wer mit Archäologie nichts am Hut hat, braucht auch nicht alle Megalith-Tempel abzuklappern, auch wenn die weltweit einzigartig sind und Hagar Qim eine Art Stonehenge des Südens darstellt. Was man aber unbedingt erleben sollte, sind die Shows in historischen Kostümen wie die In-Guardia in Valletta aus der Ritterzeit oder die Kanonenschüsse auf der Saluting Battery mit Soldaten in viktorianischen Uniformen. Überhaupt ist das Kulturangebot Spitzenklasse: vom Baroque Festival im Januar bis zum Arts Festival im Juli, die Stadtfeste in Birgu und Mdina nicht zu vergessen. Und seit Valletta 2018 Kulturhauptstadt Europas war, bilden das City Gate und das neue Parlament ein großartiges Ensemble, die Festungsmauern, viele Paläste und Museen sind so schön wie nie zuvor.

... und das sind seine Städte

Grell strahlt die Sonne durch die Arkaden der Upper Barracca Gardens in Valletta, bringt alles ans Licht. Die Überdachung wurde abgerissen, so sagt man, weil sich hier die Priester trafen, die einen Aufstand gegen den Großmeister Ximenes planten.

abgefeuert (www.salutingbattery. com). In der Nähe verstecken sich in tiefen Felsstollen die Lascaris War Rooms, im Zweiten Weltkrieg der Befehlsstand des britischen Oberkommandos für das Mittelmeer. Am Ende der Halbinsel stehen die 1566 errichtete Sacra Infermeria, ein für die damalige Zeit ungemein fortschrittliches Krankenhaus, das moderne National War Museum und das Fort St. Elmo, quasi die Speerspitze der Festung Valletta. Während der Großen Belagerung von 1565 hielt das Fort über einen Monat lang den türkischen Angriffen stand. Von St. Elmo geht es am schönsten an der Meerseite beim Marsamxetto zurück: in der Ferne das Häusermeer von Sliema, landseitig die anglikanische St. Paul's Cathedral.

VALLETTA

Valletta ist mit seinen 5500 Einwohnern die kleinste europäische Hauptstadt. Eigentlich ist es eine Festung, nach der Großen Belagerung 1565 durch die Türken am Reißbrett geplant und innerhalb weniger Jahre erbaut. Als Hauptstadt des Ordens der Ritter des hl. Johannes (des heutigen Malteserordens) entwickelte sich Valletta zu einem einzigartigen Gesamtkunstwerk des Barock. Durch das von Renzo Piano umgestaltete City Gate geht man am neuen Parliament Building vorbei: alles modern, glatt und stolz. Und dann ... dieser Blick: Lang streckt sich die Republic Street über den

Höhenrücken der Halbinsel. Paläste, Boutiquen, Lokale, Kirchen säumen den Weg, auch das National Museum of Archaeology mit den bedeutendsten Funden aus den Tempeln der maltesischen Megalithkultur, die frühbarocke St. John's Co-Cathedral mit Caravaggios Meisterwerk »Die Enthauptung Johannes des Täufers«, der Großmeisterpalast und die Casa Rocca Piccola, die einen Einblick in die Wohnkultur des maltesischen Adels bietet. Und dann die Upper Barracca Gardens: der schönste Blick! Eine Kaskade aus Häusern und Festungsmauern, Schiffen und Werften umschließt den Grand Harbour. Etwas unterhalb der Aussichtsterrasse wird von der Saluting Battery zweimal täglich eine Kanone

BIRGU (VITTORIOSA)

Überall Mauern und Geschichte! An der östlichen Seite des Grand Harbour, rund um die Festung St. Angelo, hatte der Ritterorden seine erste Residenzstadt; hier verteidigte er Malta gegen den osmanischen Angriff 1565. Birgu erhielt danach den Ehrennamen Vittoriosa, »die Siegreiche«. Innerhalb der später gebauten Festungswerke der Cottonera Lines, der gewaltigsten Maltas, entstanden die Orte L-Isla (Senglea) und Bormla (Cospicua), zusammen bilden sie die historischen »Three Cities« aus der Johanniterzeit. Seit britischer Zeit lebten hier vor allem Hafenarbeiter.

Die Malteser feiern gern und das oft – dafür gibt es die Kirchweihfeste, allein 36 im August. Großartig!

Was für ein Blick … über den gesamten Grand Harbour!

Der einzigartige Inquisitor's Palace von 1574, der letzte erhaltene Inquisitorenpalast Europas, und die Kirche San Lawrenz, gegründet im 11. Jh., sind die bedeutendsten historischen Bauten. Am Kai zum Dockyard Creek, Xatt il-Forn oder Birgu Waterfront genannt, reihen sich rechts die Paläste aus der Zeit der Johanniter, links liegen die Pontons der Marina im Wasser. Die alte Bäckerei der britischen Marine aus den 1840er-Jahren zeigt als Maritime Museum eine absolut interessante Ausstellung zur Seefahrtsgeschichte Maltas, von den Römern bis zum Zweiten Weltkrieg.

Das mächtige Fort St. Angelo ließ der Johanniterorden seit dem 16. Jh. anstelle einer römisch-mittelalterlichen Burg errichten. Von hier aus verteidigten sich die Ritter 1565 gegen den Angriff der Osmanen.

MDINA UND RABAT

Hoch über der Insel am Rande des Dingli-Plateaus thront die stolze alte Hauptstadt Mdina. Die Römer begannen mit dem Bau einer ersten Stadtmauer. Als die Araber im 9. Jh. die Insel eroberten, teilten sie die antike Stadt in Mdina, »von Mauern umgeben«, und Rabat, »vor den Toren der Stadt«.

Das Wappen am Haupttor Vilhena Gate erinnert an Großmeister Vilhena, der im 18. Jh. einen Stadtumbau stiftete. Im prachtvollen Palazzo Vilhena residierte der Großmeister ab 1693. Gegenüber steht der Torre

dello Standardo, früher ein Wach- und Signalturm. Die Triq Villegaignon, die Hauptstraße Mdinas, säumen Kirchen und Paläste, darunter die Casa Inguanez, Stammsitz der ältesten Adelsfamilie, und die prächtige St. Paul's Cathedral, entworfen von Maltas führendem Architekt des 17. Jh., Lorenzo Gafà. Vorbei am Palazzo Falson geht es zur Bastion, von der aus man einen wunderbaren Ausblick genießt.

Die Domus Romana vor den Toren Mdinas ist die Rekonstruktion eines römischen Stadthauses, dessen Fundamente im 19. Jh. freigelegt wurden. Hinter der unscheinbaren Fassade der Casa Bernard in Rabat verbirgt sich ein liebevoll restaurierter Palazzo aus dem 16. Jh. Der Hausherr selbst führt Besucher durch den Palast. Die St. Paul's Church verwahrt eine Reliquie des Apostels Paulus, im Untergeschoss ist die Grotte zu sehen, in der einst Paulus eingekerkert gewesen sein soll.

MELLIEHA

Der nördlichste Ort der Insel Malta thront imposant über einem der schönsten Strände, der Ghadira Bay. Die Pfarrkirche Santa Marija sieht barock aus, wurde aber erst vor rund 50 Jahren fertiggestellt. Sie entstand über dem bedeutendsten Wallfahrtsziel Maltas: einer kleinen Höhlenkirche, in der ein auf den Fels gemaltes Madonnenbild aus dem Mittelalter verehrt wird – das die Malteser aber dem Apostel Lukas zuschreiben.

VICTORIA (RABAT)

Unangefochtenes Zentrum Gozos ist Victoria. Hoch über den Dächern der Stadt ragt stolz die Zitadelle auf, deren mächtige Mauern rund um die Kathedrale Santa Marija einst Schutz vor Piratenüberfällen boten. Beliebter Treffpunkt ist der It-Tokk-Platz (Independence Square) im Zentrum, wo man zwischen Marktständen in Cafés sitzt. Aber nicht verpassen: die bezaubernden stillen Gassen der Altstadt rund um die prachtvoll ausgestattete Kirche San Gorg.

Das Gozo Museum in der Casa Bondi, dem Haus einer wohlhabenden Familie aus dem 17. Jh., zeigt Funde aus der unterirdischen Grabanlage des Xaghra Circle aus der Megalithepoche. Links neben dem Gerichtsgebäude am Kathedralplatz war vom 16. Jh. bis zum Ersten Weltkrieg das Inselgefängnis Old Prison eingerichtet, wo die Insassen zahlreiche Graffiti hinterließen.

Dwejra Bay ist die große Attraktion der kleinen Insel Gozo.

1. TOUR

2. TOUR

3. TOUR

Malta erleben

1. *TOUR*

Eine Hafenrundfahrt – **Maltas Mauern**

Eine 90-minütige Rundfahrt durch Marsamxett und Grand Harbour beginnt an der Uferstraße in Sliema. Besonders reizvoll ist die Harbour Cruise mit einem Luzzu, einem der traditionellen bunten Fischerboote.

2. *TOUR*

Steinzeittempel Hagar Qim und Mnajdra – **Immer der Sonne nach**

Die großartigsten Megalith-Tempel der Insel, die Sonnen-tempel von Hagar Qim und Mnajdra aus der maltesischen Tempelbauerkultur, muss man einfach gesehen haben.

3. *TOUR*

Die Felsenbucht von Dwejra – **Hinein ins tiefe Blau**

Bei Wind sucht man hier auf der Steilküste automatisch das Geländer zum Festhalten – Dwejra Bay ist die große Attrak-tion der kleinen Insel Gozo. Maltas Schwesterinsel ist leicht erreichbar, aber doch (fast) eine andere Welt.

Eine Hafenrundfahrt

Maltas Mauern

So macht Besichtigung auch bei Hitze Spaß: Auf dem Schiff in der Sonne sitzen und den Fahrtwind genießen. Die Fahrt durch die zwei Naturhäfen von Valletta, die zu den größten weltweit zählen, erschließen ihre gewaltigen Ausmaße. Den besten Blick auf die mächtigen Befestigungen genießt man ohnehin vom Wasser aus.

Nördlich von Valletta, Richtung Sliema, liegt der Marsamxett-Hafen, südlich, Richtung Birgu der Grand Harbour. Von beiden Häfen zweigen insgesamt zehn *creeks* ab, enge fjordähnliche Seitenbuchten. Früher waren sie vollgepackt mit Werften, den Docks, heute mit Jacht-Marinas.

Der Pesthafen – Marsamxetto

Die Fahrt beginnt im Sliema Creek, der größten Bucht des Marsamxett-Hafens. Erst wird Fort Manoel umrundet, das Großmeister Manoel de Vilhena 1726 finanzierte. Die Festung wurde bis zum Zweiten Weltkrieg genutzt, zuletzt um die im Lazzaretto Creek versteckten U-Boote der Briten zu schützen. Das leer stehende Fort wird nun restauriert, dort sollen auch Luxusapartments und Hotels entstehen. Links neben dem Fort erkennt man die verfallene Ruine des Lazzaretto, des alten Quarantänehospitals aus dem 18. Jh. Wegen dieser ge-

Leinen los zur Rundfahrt durch einen der größten Naturhäfen der Welt. Aber nicht alle Schiffe sind so schön wie dieses Segelboot.

fährlichen Nachbarschaft begann die Besiedlung am Marsamxett auch erst im 19. Jh. – vollzog sich dann aber sehr rasant, wie das Häusermeer rings um die Bucht ziemlich klar beweist.

Dann geht es in den Msida Creek, vorbei am stolzen Dreimastschoner »Black Pearl« (heute an Land »geparkt« und als romantisches Restaurant und Pub genutzt) und dem Villenviertel Ta' Xbiex. Am Ende, hinter dem Jachthafen, grüßt die große Pfarrkirche von Msida mit ihrer schönen Barockfassade, erbaut aber erst Ende des 19. Jh. Nun rücken die mächtigen Mauern Vallettas immer mehr in den Blickpunkt, überragt von der hohen Kuppel der Karmeliterkirche und dem Spitzturm der anglikanischen St. Paul's Cathedral.

Die äußerste Spitze der Halbinsel dominiert das Fort St. Elmo in Form eines fünfzackigen Sterns, benannt nach dem Schutzheiligen der Seefahrer. Die Festung spielte noch im Zweiten Weltkrieg eine große Rolle bei der Abwehr italienischer Angriffe.

Im Grand Harbour überragen die Werftkräne die Kirchtürme – manchmal wird sogar eine Bohrplattform überholt.

Werften und Engel – Grand Harbour

Vorbei an Sacra Infermeria, dem großen Krankenhaus des Ritterordens, erreicht man das Siege Bell Memorial auf einem Felsvorsprung, das der Opfer Maltas im Zweiten Weltkrieg gedenkt. Unmittelbar dahinter erinnern die Lower Barracca Gardens mit einem Denkmal an Sir Alexander Ball, den ersten britischen Gouverneur der Insel.

Etwas weiter ragen die steilen Mauern der Lascaris Bastion auf. Hier war während des Zweiten Weltkriegs der Befehlsstand der Alliierten für die Invasion Italiens untergebracht. Bekrönt wird das Bollwerk von den Arkaden der Upper Barracca Gardens.

Renoviert präsentiert sich der Pinto Wharf als Vallettas neue Waterfront mit dem Terminal der Kreuzfahrtschiffe. In den historischen Lagerhäusern sind heute schicke Restaurants einquartiert. Malteser und Urlauber haben hier eine beliebte Ausgehmeile gefunden.

Ein mächtiges Trockendock, das in den 1970er-Jahren mit Unterstützung aus China erbaut wurde, markiert den Eingang zum French Creek. Der Name der Bucht geht zurück auf Napoleon, der dort 1798 seine Schiffe vor Anker gehen ließ. Hinter dem Ort L'Isla (Senglea), über dessen Mauern der Aussichtsposten der Vedette thront, öffnet sich der Dockyard Creek zwischen L'Isla und Birgu (Vittoriosa). Diese schönste Bucht des Hafens wird beherrscht durch die größte Festung der beiden Häfen, das Fort St. Angelo. Die grandiose Festung war bis zum Bau von Valletta der Hauptsitz der Johanniter und bis 1979 der Sitz des Admirals der britischen Mittelmeerflotte.

Die letzte Bucht des Hafens ist der Kalkara Creek. Überragt wird sie vom Bighi Hospital, dem einstigen Militärkrankenhaus der britischen Marine, das Malta im Krimkrieg, vor allem aber im Ersten Weltkrieg während der Dardanellenschlacht, den Beinamen »Nurse of the Mediterranean« eingebracht hat. Zu sehen ist noch der Aufzug, mit dem die Verwundeten ins Hospital gebracht wurden.

Den Abschluss der Fahrt markiert die Festung auf der äußersten östlichen Landzunge des Grand Harbour. Das Fort Ricazoli aus dem 17. Jh. steht am Gallows Point, wo einst der Galgen für die Hinrichtung von Piraten stand, und wird heute gern als Drehort für Hollywoodfilme genutzt; auch Szenen für »Game of Thrones« entstanden dort. Von hier geht es zurück in den Marsamxett-Hafen, wo man von den modernen Apartmenthäusern am Tigné Point begrüßt wird.

Ü
ÜBRIGENS

Große Containerschiffe machen im Grand Harbour nicht mehr fest, seit zu Beginn der 1980er-Jahre der Malta Free Port bei Kalafrana gebaut wurde. Dennoch ist die Fahrt durch den Industriehafen interessant: Lagerhallen, Getreidesilos, Industriegebäude und alte Werften prägen das Bild. All das bildete einst das Rückgrat der maltesischen Wirtschaft. Auch wenn heute noch Schiffe und Jachten auf den Werften überholt werden, geht es hier im Vergleich zu früher deutlich ruhiger zu – die meisten Docks stehen leer.

Steinzeittempel Hagar Qim und Mnajdra

Immer der Sonne nach

Die spektakulärsten Tempel Maltas! Hagar Qim und Mnajdra liegen inmitten karger Felslandschaft, in der es im Frühjahr herrlich blüht, einsam hoch über dem Meer, windumfächelt. Und: Die Tempel sind, wie Stonehenge, ein Sonnenkalendarium – Tempel der Sonne.

Mit dem großen Tempel von Hagar Qim (sprich *adschar-'im*) erreichte die Megalithkultur Maltas zwischen 3000 und 2500 v. Chr. ihren kulturellen Höhepunkt. Die Mnajdra-Tempel sind etwas älter, entsprechen von der Bauform her auch dem üblichen Schema aus zwei hintereinander gesetzten ovalen Steinkreisen. Doch sind beide Anlagen erstaunlich perfekt zur Sonne ausgerichtet.

Geniale Baumeister

Das passt exakt. Die Mauern von Hagar Qim sind die eindrucksvollsten aller maltesischen Tempel, lückenlos aus Globigerinen-Kalkstein zusammengefügt. Vieles davon ist allerdings rekonstruiert. Die verwitterten Riesenblöcke rechts vom Tor sind aber original, sie gaben der Anlage den heutigen Namen. Er bedeutet: Stehende Steine.

Beide Tempelanlagen blieben durch ihre abgelegene Position ungestört durch Steinraub und Überbauung, beide zeigen die typischen Formen: Wände und Tore aus riesigen Steinen (Megalithen); ein Mittelgang, an dem beidseitig halbrunde Kulträume liegen; sogenannte Fenstersteine als Eingänge, die einst mit Tierfellen verhängt werden konnten; Altäre mit einem sehr aufwendigen Dekor aus zahllosen Bohrlöchern. Oft ist auch noch ein Gewölbeansatz aus Steinen erkennbar, sodass die Innen-

Die Tempel der Sonne, tagsüber grell, gleißend und in brutaler Hitze, werden bei Sonnenuntergang am schönsten. Dann umweht sie ein geheimnisvolles Flair steinzeitlicher Mythen.

räume wohl überdacht waren, vermutlich mit Holzplanken. In beiden Tempeln sind auch die Orakelnischen gut erhalten – dort konnten die Steinzeitmenschen der im Tempel vermuteten Gottheit ihre Wünsche und Bitten vortragen, die Priester antworteten mit verzerrter Stimme: Religiösen Zirkuszauber gab es also damals schon!

Feste der Sonne

Zur Interpretation der Tempel gab es seit den 1980er-Jahren viele Spekulationen. Erstaunlicherweise bestätigte sich die esoterische Interpretation der Tempel als Kalendarium des Sonnenstandes. Beim (linken) Südtempel von Mnajdra erleuchten die ersten Sonnenstrahlen zur Tag- und Nachtgleiche im Frühling und Herbst das Allerheiligste, während zur Sommer- und Wintersonnenwende die mit Bohrpunkten verzierten Seitenaltäre angestrahlt werden.
Vermutlich wurden diese Tage mit großen Festen begangen. Zwar wurden ähnliche Effekte

AUF ANDEREN WEGEN

Nach Hagar Qim/Mnajdra kann man auch wandern: von Siggiewi über eine Landstraße (ca. 1 Std.), von Ghar Lapsi über einen etwas abenteuerlichen Küstenpfad (ca. 45 Min.) und von Blue Grotto/Wied iz-Zurrieq über eine Straße (ca. 30 Min.).

inzwischen auch bei anderen Tempeln entdeckt, doch Mnajdra, frei stehend über der Sonnenseite der Südostküste, war wohl am besten geeignet. Betrachtet man den Tempel von Hagar Qim mit seinen vier linken Erweiterungskapellen sowie dem Nordtempel und den beiden Priesterhäusern, könnte es sich um eine Kultstätte der verschiedenen »Stämme« Maltas gehandelt haben, die dort zu den großen Sonnenfesten zusammenkamen.

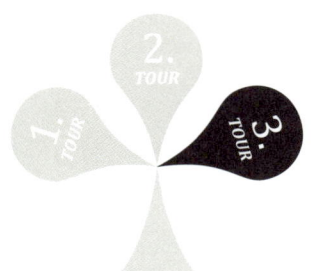

Die Felsenbucht von Dwejra

Hinein ins tiefe Blau

Hier wollen sie alle hin: Die bizarre Felsenbucht von Dwejra mit der Inland Sea, dem Pilz-Felsen und dem Azure Window. Aber halt: Der berühmte Felsbogen fehlt. Ein Sturm fegte ihn 2017 ins Meer. Aber schön ist es in Dwejra immer noch.

Hinter dem Dorf San Lawrenz öffnet sich ein Wied, ein tief in die Karstlandschaft eingegrabenes Tal hinunter zu den Felsklippen von Dwejra: Eine Szenerie wie aus einem Filmsetting. Als das Felstor noch stand, wurde hier eine Folge von »Game of Thrones« gedreht.

Gozos tiefster Punkt

Inland Sea nennen die Malteser den kleinen Tümpel, mit dem das Meer durch eine Felsspalte ins Land einbricht. Gerahmt von alten Fischerhütten und steil aufragenden Felsen, wird er heute gern von Tauchern und von den zahlreichen Badegästen genutzt. Fischerboote fahren an windstillen Tagen durch die Spalte zu Erlebnistouren entlang der Felsküste hinaus aufs offene Meer, etliche Lokale servieren Snacks.

Fenster ins Blaue

Auf der anderen Seite vom Parkplatz kommt man auf ein Felsplateau, in dessen Korallenkalkstein viele Muschel- und Sepiareste stecken. Vor Jahrmillionen lagerten sich hier die Meerestiere ab, aus denen das Gestein entstand. Und dann steht man dort, wo nun das Azure Window fehlt. Aber die Felsküste ist immer noch großartig, sogar grandios an stürmischen Tagen, wenn das Meer an die Felsen peitscht.

Links der kleinen Kapelle steigen Sie auf die Felsbarriere vor dem Inland Sea. Auch hier stecken im Globigerinenkalk Muscheln und Seesterne, dazu gibt's eine tolle Aussicht auf die Inland Sea, die aus einer eingestürzten Höhle im Kalkstein entstand. Wer sucht, entdeckt sogar Schleifkarrenspuren aus der Bronzezeit.

Der Malteser Schwamm

Südlich liegt die Dwejra Bay bewacht von einem mächtigen, 65 m hohen Felsen, dem Fungus Rock. Dort gedeiht der Malteser Schwamm, eine pilzartige Pflanze *(Cynomorium coccineum)*, die als Heilextrakt gegen Blutungen und als Aphrodisiakum begehrt war. Das Wundermittel kam im Hospital des Ordens zum Einsatz und wurde für immense Summen an die von der Bluterkrankheit geplagten Fürstenhöfe in ganz Europa verkauft. Klar, dass die Ritter strikt über ihr Monopol wachten. Nur mit einer Seilgondel war der Felsen zu erreichen, und die wurde gut bewacht. Der Dwejra Tower, 1651 zum Schutz gegen Piraten errichtet, sollte zudem unliebsame Konkurrenz von dem Felsen abhalten. Auf den Diebstahl des Malteser Schwamms stand immerhin eine langjährige, oftmals tödliche Strafe als Galeerenruderer. In den 1980er-Jahren wurde die Pflanze wissenschaftlich untersucht – doch eine Heilwirkung konnte nicht nachgewiesen werden.

Die Taucher sind mutig. Gleich geht's durch den Tunnel Richtung Meer. Und dann hinunter ins tiefe Blau.

**Ü
ÜBRIGENS**

Unter Wasser … setzt sich die Felsenlandschaft von Dwejra fort, sie gehört zu den eindrucksvollsten Tauchrevieren Maltas. Anfänger starten an der Inland Sea, Pros am Blue Hole. Das »Blaue Loch« ist ein wellengeschützter Kamin, der tief hinunter in die aufregende Unterwasserwelt der Dwejra-Bucht führt.

Wandern und Meer

Baden, Strände, Wassersport

Die wenigen Sandstrände Maltas – Golden Bay, Ghajn Tuffieha Bay, Gnejna Bay, Armier Bay, Paradise Bay und Ghadira Bay sowie die Ramla Bay auf Gozo – sind im Sommer brechend voll. Für die Felsküsten Wasserschuhe nicht vergessen!

In San Giljan (St. Julians), Bugibba sowie an der Golden Bay und Ghadira Bay werden Parasailing (Fallschirmsegeln über dem Meer mit einem Motorboot), Banana Riding (Motorboot zieht ein bananenfömiges Schlauchboot), Jet-Skis und auch Pedalos (Tretboote) angeboten.

Reiten

Ausritte durch ländliche Regionen veranstaltet Golden Bay Horse Riding (www.goldenbayhorseriding.com) und Gozo Stables bei Qala auf Gozo (www.gozostables.com).

Tauchen

Unter Tauchern ist Malta eine beliebte Destination wegen seiner steil abfallenden Unterwasserklippen und vielen Wracks – mehr als 30 Tauchschulen gibt es auf den Inseln, einige auch deutschsprachig.

Anfänger beginnen mit einem Schnupperkurs, können dann mit dem Padi Open Water auch ihren international anerkannten Tauchschein machen. Tipps findet man unter www.taucher.net.

Wandern

Zu Frühlingsanfang, wenn es noch nicht allzu heiß ist und die Inseln mit Blumen übersät sind, ist Malta auch ein schönes Wanderziel – wenn auch ohne allzu spektakuläre Wege. Stets an ausreichend Trinkwasser und eine Kopfbedeckung denken!

In den Buchläden werden Wanderführer (in Englisch) angeboten, das Infobüro in Valletta hält Wanderbroschüren bereit (auch in Deutsch). Die Beschreibungen kann man auch auf www.visitmalta.com herunterladen; diese Wanderungen sind markiert. Geführte Wanderungen in deutscher Sprache bietet »Wandern auf Malta« (www.wandernaufmalta.com) an.

Weder auf Malta noch auf auf Gozo kann man wirklich verloren gehen. Die zahlreichen Steinhäuschen in der Landschaft dienen den Vogeljägern als Unterschlupf, also Vorsicht dort – die Vogeljagd ist auf Malta inzwischen größtenteils illegal. Generell sind die Jäger, sofern man sie nicht behindert oder beschimpft, nur misstrauisch gegenüber störenden Wanderern.

Bei den Bauernhäusern ist mit Wachhunden zu rechnen. Die Buchstaben RTO (Reserved to Owner) weisen auf Privatbesitz hin, den man nicht betreten sollte. Gleiches gilt auch für bestellte Felder. Unerlaubtes Passieren (trespassing) steht in Malta unter Strafe.

Die Sonne brezelt, der Life Guard passt auf, und der Sand schimmert golden. Golden Bay ist der beste Strand Maltas.

Des Tauchers größtes Glück: Schwimmen im Thunfischschwarm. So etwas geht heute aber nur in einer Zuchtanlage.

Das beste Malta-Gebäck: Die Imqaret, mit Dattel-Anis-Mus gefüllte Teig-taschen, werden in heißem Öl ausgebacken und gern mit Vanilleeis serviert. Sehr populär sind auch die mit Feigenmus gefüllten Teigkringel »Ghaqaq ta'l-Ghasel«.

So schmeckt Malta

Was soll ich bloß nehmen? Bei Parruccan am Kirchplatz von Rabat ist die Auswahl groß … und alles echt Malta. Authentischer geht es kaum.

Die Fusion-Küche mit ihren Kombinationen von Elementen aus aller Welt könnte auf Malta erfunden worden sein. Schon die traditionelle Küche mit dem »Fenek stuffat« (Schmorkaninchen) als Standardgericht lässt europäische Einflüsse erkennen: Das ist nichts anderes als eine Variante des französischen Coq au vin. Heute ist die »internationale Küche« bei der Jugend beliebt. Und klar: Italien ist nah – Pizza und Pasta stehen überall auf der Karte und in hochpreisigen Restaurants speist man meist italienisch.

Die maltesische Küche ist bodenständig-deftig, man musste immer davon leben, was Land und Meer gerade hergaben. Schnecken im Februar, Zugvögel im März/April, im Sommer kam der Thunfisch, im Frühherbst die Lampuki-Schwärme. Im Herbst jagte man Kaninchen, im Winter gab es nur noch den getrockneten Käse der Ziegen, die als einzige Nutztiere auf den Inseln für die Milch sorgten. In der Zubereitung fühlt man sich oft an Gerichte aus dem nahen Italien, Griechenland oder Frankreich erinnert, während aus Spanien die Sitte der maltesischen Tapas kam. Bei den Nachspeisen machen sich auch Einflüsse aus dem arabischen Raum bemerkbar.

Sparsam am Morgen
Das maltesische Frühstück fällt eher bescheiden aus. Auf dem Weg zur Schule oder Arbeit kauft man sich Snacks wie *pastizzi,* Blätterteigtaschen, gefüllt mit Frischkäse oder Erbsenpüree.

Vor der Siesta
Mittags trifft man sich gern zu einem Glas Wein oder auf ein Cisk-Bier, dazu gibt es ein *ftira,* ein belegtes Brötchen, oder einige meist kalte Häppchen. In Spanien heißen sie Tapas, hier *mizet malti.* Dazu zählen geschmortes Gemüse, Oliven, Pürees wie das *bigelli* aus Bohnen und Knoblauch, *gbejniet,* gepfefferter Ziegenkäse, heute auch gern ein paar Scheiben Salami oder Schinken aus Italien. Beliebt ist das *tuna ftira,* knuspriges Bauernbrot, bestrichen mit Tomatenpüree und Olivenöl und belegt mit Thunfisch, Tomate und Salat.

Abends wird es üppig
Abends isst der Malteser spät, nach Sonnenuntergang, dafür aber lang und üppig. Dann werden auch die Tische hübsch eingedeckt. Auf den Speisekarten stehen neben einigen maltesischen Traditionsgerichten zumeist italienische Speisen und Steaks, häufig auch einige asiatisch inspirierte Gerichte. Pasta ist fast immer dabei, häufig mit Meeresfrüchten wie Muscheln, Oktopus oder Seeigel-Sauce. Seltener bekommt man auch *ravjul,* maltesische Ravioli, oder *timpana,* einen Makkaroni-Auflauf wie das griechische Pastizio. Gern wird Fisch gegessen, doch da die maltesischen Gewässer nicht mehr sehr fischreich sind, handelt es sich oft um tiefgekühlte Importware. Thunfisch wird inzwischen sogar in Fischfarmen gezüchtet. Ansonsten sind Schwertfisch *(pixxispad),* Seebarsch *(cerna)* oder Zahnbrasse *(dentici)* auf der Speisekarte zu finden. Oktopus gibt es als Spaghetti-Sauce, gegrillt oder geschmort. Eine seltene Spezialität ist die Goldmakrele *(lampuki)* – nur im Spätsommer.

Süße Verführer
Als Dessert lieben die Malteser das süße *helwa tat-tork,* das aus fein gemahlenem Sesam, Mandeln und Honig gekocht wird. Auf den Speisekarten findet man aber eher die sizilianische Cassata oder das italienische Tiramisu.

Warum Menorca?

Der Leuchtturm am Cap de Cavalleria

Garantiert kein Ballermann

Es sind zwar nur 40 km bis nach Mallorca, dennoch ist der Massentourismus bisher nicht hinübergeschwappt auf die kleine Nachbarinsel, auf der sich noch die unverbaute Schönheit der Balearen entdecken lässt. Ob Sie nun zu einer der türkis schimmernden Badebuchten wandern, mit dem Boot durch den Hafen von Maó schippern, durch die Altstadt Ciutadellas schlendern oder eine der urzeitlichen Ruinenlandschaften erkunden – Sie werden staunen, was diese kleine Insel alles zu bieten hat!

Unterwegs auf dem Küstenwanderweg
Camí de Cavalls

S'Algar offenbart seine Reize erst auf den zweiten Blick, so etwa die versteckt gelegene Cala Rafalet.

Das ist Menorca ...

Es ist alles eine Nummer kleiner auf Menorca, ruhiger, langsamer und entspannter. Das merkt sofort, wer auf der Hauptverkehrsstraße unterwegs ist, die sich von Ost nach West quer über die Insel erstreckt und die beiden wichtigsten Städte, Maó und Ciutadella, verbindet. Die meist bloß zweispurige Straße, gegen deren Ausbau zur Autobahn sich die Inselbewohner seit vielen Jahren wehren, schlängelt sich kurvig durch die mediterrane Landschaft. Es geht hier zwar oft nur in gemächlichem Tempo voran, das aber scheint kaum jemanden zu stören. »A poc a poc« – »Stück für Stück«, nur keinen Stress! – sagt der Menorquiner, wenn er sich nicht hetzen lassen will. Es ist so etwas wie das Lebensmotto eines jeden echten Inselbewohners.

Grasende Kühe und offene Haustüren

Sobald man die Me-1, wie die nur etwas mehr als 40 km lange Landstraße offiziell heißt, nach rechts oder links verlässt, beginnt sogleich das Hinterland. Schlagartig. Zwischen Trockensteinmauern geht es dann durch liebliche Hügellandschaft – Kühe grasen, Schmetterlinge tanzen über Blumenwiesen,

hin und wieder schimmert in der Ferne ein geweißtes Landhaus in der strahlenden Sonne. In den Dörfern werden Sie Menschen begegnen, die stolz darauf sind, dass man hier die Haustüren auch heute noch offen stehen lassen kann; Großmütter, die abends ihre Stühle auf den Bürgersteig stellen, um einen Schwatz mit der Nachbarin zu halten; Menschen, die Durchreisende fast so freundlich grüßen, als wären es alte Bekannte. Wenn Sie sich dann der Küste nähern, stellen Sie am besten das Auto ab und spazieren die letzten Meter zu Fuß bis ans Meer. Nicht nur Menorquiner sagen, die schönsten Strände auf den Baleareninseln gebe es nicht auf Ibiza oder Mallorca, sondern hier.

Unesco-Titel statt Bettenburgen

Menorca ist anders. Weder gibt es hier den hippen Partytrubel wie auf Ibiza und Formentera noch den hektischen Massenandrang wie auf Mallorca. Erst viel später als auf den Nachbarinseln wurde hier die Urlaubsindustrie zum Wirtschaftsfaktor. Manche Fehlentwicklung konnte so vermieden werden. Strenge Gesetze etwa verhinderten die ganz gro-

Wenn diese Steine sprechen könnten, sie hätten so einiges zu erzählen: Wer durch Maó schlendert, bewegt sich auf geschichtsträchtigem Pflaster. Jahrhundertelang stritten Europas Seemächte um diese Hafenstadt, schier uneinnehmbare Festungsanlagen zeugen davon.

Die felsige Kulisse der Cala Pregonda beeindruckte den Musiker Mike Oldfield so sehr, dass sie sein Album »Incantations« aus dem Jahr 1978 ziert.

ßen Bausünden und bewahrten ein gutes Stück weit die Ursprünglichkeit der Insel. Zwar gibt es auch auf Menorca mit Bettenburgen zugebaute Küstenorte, aber selbst diese nehmen sich im Vergleich zu Mallorca und Ibiza geradezu harmlos aus. Nicht ohne Grund darf sich Menorca seit 1993 mit dem Titel »Unesco-Biosphärenreservat« schmücken. Die Natur ist zweifellos einer der großen Reize dieser Insel: Ob Sie sich auf die umtosten Steilklippen am Cap de Cavalleria wagen, vom Castell de Santa Àgueda in die Ferne blicken oder auf dem Küstenwanderweg Camí de Cavalls zu den schönsten Buchten spazieren – Möglichkeiten, Menorcas vielfältige Landschaft zu erleben, gibt es reichlich.

Eine historische Entdeckungsreise

Spannend ist die Insel auch wegen ihres kulturhistorischen Erbes. Noch auf dem Gelände des Flughafens werden Sie das erste Hinweisschild sehen, das den Abzweig zu einem Talayot markiert – einer Ruine eines prähistorischen Bauwerks, von denen es auf Menorca mehr als 1000 gibt. Römer, Araber, Katalanen, Franzosen, Briten, Spanier – wegen ihrer strategisch günstigen Lage im westlichen Mittelmeer war die Insel seit jeher heftig umkämpft. Die einen Eroberer blieben mehrere Jahrhunderte – die Römer (etwa von ca. 123 v. Chr. bis zum Jahr 454) oder die Araber (von 902 bis 1287) –, die anderen bloß ein paar Jahrzehnte (wie die Briten im 18. Jh.). Sie alle aber hinterließen Spuren. Und so ist ein Menorca-Urlaub auch eine historische Entdeckungsreise voller Überraschungen: Sei es der stillgelegte Steinbruch bei Ciutadella, der heute als riesengroße begehbare Skulptur dient, das Labyrinth aus prähistorischen Begräbnishöhlen in Cala Morell, seien es die Überreste einer frühchristlichen Basilika mitten im Wald, alte Festungsanlagen mit schauriger Vergangenheit bei Maó oder in den Fels gehauene Bunker aus dem Spanischen Bürgerkrieg. Dazu kommen Museen, die mehr sind als nur eine Alternative für Schlechtwettertage. Aber nicht nur deshalb lohnt sich ein Abstecher in die Dörfer und Städte, allen voran Maó und Ciutadella. Für ein paar Stunden sollten Sie sich in den engen Gassen dieser Orte verlieren, nur vergessen Sie dabei eines nicht: »A poc a poc« lautet Menorcas Rhythmus. Keinen Stress!

... und das sind seine Städte

Dicht an dicht klammern sich die Häuser in Maó an die Steilklippe. Unten am Hafen reihen sich derweil zwei Dutzend Restaurants auf gerade einmal einem Kilometer aneinander.

MAÓ (MAHÓN)

Eine Stadt und das Meer – enger als in Maó kann diese Verbindung kaum sein. Wo auch immer man abbiegt, früher oder später blickt man auf den Hafen, von einem der Aussichtspunkte weit oben oder nach dem Abstieg über eine der vielen Treppen von der Meerespromenade, wo die Fischer ihre Netze flicken. Nicht nur die ungewöhnliche Architektur der 28 000-Einwohner-Stadt mit ihren Erkerfenstern, Jugendstilbauten und Altstadtpalästen zeugt von den verschiedenen Einflüssen, die im Laufe der Jahrhunderte über das Meer die Insel erreichten: Weltoffenheit beweist auch die längste Gastro-

nomiemeile der Insel, die sich einen Kilometer weit am Hafen erstreckt. Die Altstadtpaläste, in denen die einst durch den Seehandel reich gewordenen Bürger der Inselhauptstadt lebten, sind meist nur von außen zu bewundern, einen Blick hineinzuwerfen ist in der Regel nicht möglich. Eine Ausnahme ist Ca n'Oliver (canoliver.menorca. es), heute ein wichtiges Museum der Stadt mit einer Ausstellung zur Geschichte Menorcas. Nur eine Straßenecke weiter verbirgt sich hinter unscheinbarer Fassade das innen imposante Teatre Principal (www.teatremao.com). Maós Opernhaus von 1829 ist das älteste seiner Art in ganz Spanien und bietet bei einer Führung einen Blick hinter die Kulis-

sen. Ein weiteres sinnliches Erlebnis ist der Besuch in der Markthalle im Claustre del Carme (www.mercatdesclaustre.com). Hier, im Kreuzgang des ehemaligen Karmeliterklosters aus dem 18. Jh., herrscht nicht nur geschäftiges Gedränge, es gibt auch viel zu sehen, zu riechen und zu schmecken. Abends wird es dann auch noch musikalisch: Im Innenhof finden regelmäßig Konzerte statt.

ALAIOR

Alaior hat den Ruf, die am wenigsten touristische Stadt Menorcas zu sein. Und tatsächlich gibt es hier nicht ein einziges Hotel. Wer sich aber ein wenig Zeit nimmt, entdeckt eine durchaus charmante kleine Stadt, am besten bei einem der angebotenen Rundgänge (www.rutaturisticaalaior.com). Zentraler Blickfang ist die wuchtige Kirche Santa Eulàlia (Carrer des Retxats 4) auf einer Anhöhe. Durch die Altstadtgassen geht es zum Rathaus (Carrer Major 11), wo ein Blick in die Eingangshalle mit ihrem imposanten Treppenaufgang lohnt. Nur zwei Querstraßen weiter befindet sich die Zweigstelle der Balearenuniversität (Carrer de Santa Rita 11). Hier, verteilt über zwei alte Stadthäuser, können junge Menorquiner Jura, Tourismus und Sozialwissenschaften studieren. Der zweite bedeutende Sakralbau der Stadt ist das ehemalige Franziskanerkloster Convent de Sant Diego (Carrer des Banyer), das heute als Kulturzentrum dient.

VINS · VERMUT · CAVA · TASTETS

Wer es eilig hat auf Menorca, der hat etwas falsch gemacht. »Immer mit der Ruhe«, lautet das Lebensmotto eines jeden echten Inselbewohners.

Nicht nur zum Fischkaufen geeignet: Maós Fischhalle Mercat des Peix.

ES MERCADAL

Es Mercadal ist berühmt für Märkte, Messen und Handwerkskunst und gilt als die heimliche kulinarische Hauptstadt Menorcas. Das trifft vor allem donnerstags zu, wenn sich beim Nachtmarkt im hell erleuchteten Zentrum ein Stand an den anderen reiht und die Bars und Restaurants voll besetzt sind.
Das ungewöhnlichste Bauwerk in Es Mercadal ist die öffentliche Zisterne mit einem Fassungsvermögen von unglaublichen 273 500 Litern. Gouverneur Richard Kane ließ den Aljub 1735 bauen, um die Wasserversorgung der britischen Truppen auf halbem Wege zwischen Maó und Ciutadella sicherzustellen.

FERRERIES

Besonders schön ist es in Ferreries im alten Ortskern rund um das Rathaus. Da Ferreries in einer Talmulde liegt, schlängeln sich die schmalen Gassen am Hang entlang und immer wieder geht es über viele Treppenstufen. Vor allem im Carrer de Sant Bartomeu stehen die weißen Häuser dicht an dicht. Hier befindet sich auch die Hauptkirche Parròquia Sant Bartomeu aus dem 17. Jh. Ein paar Schritte weiter befindet sich an der kopfsteingepflasterten Plaça de sa Peixateria die alte Fischhalle.
Mit dem Centre de Geologia de Menorca (www.geologiamenorca. org) besitzt Ferreries eines der

spannendsten Museen der Insel. Anschaulich wird hier die erdgeschichtliche Entwicklung Menorcas vorgestellt. Neben zahllosen Gesteinsproben gibt es u. a. in einem Schaukasten 110 verschiedene Arten Sand zu sehen, die allesamt an den Stränden der Insel vorkommen.

CIUTADELLA

Eine Altstadt, die auch nur annähernd so gut erhalten ist wie in Ciutadella, findet sich weit und breit nicht. Stundenlang kann man sich in dem kopfsteingepflasterten Labyrinth verlieren. Die ehemalige Hauptstadt Menorcas ist zwar nicht mehr das administrative, wohl aber bis heute das religiöse Zentrum der Insel. Nirgendwo anders gibt es eine solche Vielzahl sehenswerter Kirchen und Klöster auf so engem Raum, allen voran das wichtigste Gotteshaus der Insel, die Kathedrale aus dem 14. Jh. Eines der meistfotografierten Motive Ciutadellas wiederum ist die Barockfassade der Església del Roser mit ihren kunstvollen Verzierungen. Nur ein paar Ecken weiter befindet sich die kleine Església de Sant Crist, ein weiteres Beispiel für den katalanischen Barock des 17. Jh. Direkt am Rathausplatz, der Plaça des Born, steht die Església de Sant Francesc de Assís, das nach der Kathedrale zweitgrößte Gotteshaus der Stadt.
Ciutadella war jahrhundertelang die Stadt der menorquinischen Oberschicht. Von hier aus lenkten

die Mächtigen die Geschicke der Insel. Wie es hinter den kunstvoll ausgestalteten Fassaden zuging, kann man bei einem Besuch des Palau Olivar (Plaça de la Catedral 8) erfahren, dessen Geschichte bis ins 17. Jh. zurückreicht. Auch der Palau Salort (Carrer Major d'es Born 9) ist in der Saison zugänglich. Hier kann man u. a. eine der angeblich größten Küchen der Insel sehen.
Das Diözesanmuseum Museu Diocesà de Menorca (Carrer del Seminari 9) legt seinen Schwerpunkt auf die Kirchengeschichte, zeigt daneben aber auch einige kuriose Exponate. Es befindet sich im ehemaligen Augustinerkloster, dessen Bau vom 17. bis ins 18. Jh. mehrere Jahrzehnte dauerte. Der Innenhof des Klosters mit seinem wohlgestalteten Garten gehört zu den meistfotografierten Motiven der Stadt. Gleich nebenan liegt die Kirche Església del Socors, deren Türme neben dem der Kathedrale Ciutadellas Silhouette dominieren.

Mehr als 700 Schiffe sollen seit dem 14. Jh. an den Klippen Menorcas zerschellt sein.

1. TOUR

2. TOUR

3. TOUR

Menorca erleben

1. TOUR

Cova d'en Xoroi – **Wo alle chillen wollen**

Dass auch Partypeople auf Menorca nicht zu kurz kommen, liegt vor allem an der Höhlendisco Cova d'en Xoroi. Einen cooleren Platz, um den Sonnenuntergang zu betrachten und anschließend bis spät in die Nacht zu feiern, gibt es weit und breit nicht.

2. TOUR

Wanderung zu Traumstränden – **Dann eben zu Fuß**

Wer zum ersten Mal die Badebuchten im Inselsüden erblickt, kommt kaum noch heraus aus dem Staunen, so unwirklich türkis schimmert dort das Wasser. Man muss ihn sich aber mit einer klitzekleinen Anstrengung verdienen, diesen Anblick.

3. TOUR

Pedreres de S'Hostal – **Bizarre Formen aus Stein**

Jahrhundertelang holten hier die Menorquiner die Quader zum Bau ihrer Häuser aus dem Boden. Heute ist der alte Steinbruch eines der kuriosesten Ausflugsziele der Insel – eine riesengroße, begehbare Skulptur.

Cova d'en Xoroi

Wo alle chillen wollen

Wo gibt es das schon? Einen Ort, an dem sich Senioren, Familien und Partyleute gleichermaßen wohlfühlen? Ein Besuch in Menorcas Höhlendisco Cova d'en Xoroi gilt als absolutes Muss für jeden Inselurlauber. Zu Recht. Denn der Sonnenuntergang lässt sich kaum irgendwo entspannter genießen als bei einem kühlen Getränk hoch über dem rauschenden Meer.

Schon der Zugang zur Cova d'en Xoroi ist spektakulär: Eine schmale Treppe windet sich an der Steilwand in die Tiefe – links der Fels und rechts der Abgrund. Der atemberaubende Blick hinab lässt die Knie weich werden. Schon vor mehr als 50 Jahren erkannten einige findige Geschäftsleute das Potenzial der enormen Naturhöhle am Rande des Urlaubsortes Cala en Porter. 100 000 Besucher kommen heute Jahr für Jahr hierher, heißt es.

Wer romantische Zweisamkeit sucht, der ist hier dann auch fehl am Platz. Denn wenn die Sonne im Mittelmeer zu versinken scheint und die 30 m hohe Steilklippe ins samtig-goldene Abendlicht taucht, dann wird es ziemlich eng auf den in den Fels gehauenen Terrassen. Wer aber einen der Sitzplätze ergattert hat, einen Cocktail in der Hand, die laue Brise im Gesicht, der kann sich sicher sein: Noch cooler als hier, auf halber Höhe zwischen Meer und Himmel, kann man den Tag auf Menorca wohl nirgendwo ausklingen lassen. In der Hauptsaison treten obendrein täglich wechselnde Bands auf und sorgen für die passende musikalische Untermalung. Hungrig sollten Sie allerdings nicht herkommen, denn ein Speisenangebot gibt es in der Cova d'en Xoroi nicht.

Flimmernde Lichter, dröhnende Bässe

So richtig beginnt die Party in der Cova d'en Xoroi aber erst weit nach Sonnenuntergang, wenn Familien und Feiermuffel schon längst friedlich in den Betten schlummern. In der Disco, die sich verwinkelt in den Fels hineinzieht, flimmern dann die Lichter und die Bässe dröhnen bis in die frühen Morgenstunden.

Ihren Namen verdankt die Höhle übrigens einer Legende, die auf Tafeln an den Wänden nachzulesen ist. Demnach hauste einst ein Schiffbrüchiger in der Höhle, der nachts Raubzüge in die nahe gelegenen Dörfer unternahm. Sogar eine junge Frau soll er entführt haben. Lange Zeit wollte es nicht gelingen, dem Übeltäter auf die Schliche zu kommen. Bis eines Tages Schnee fiel – was auf Menorca praktisch nie vorkommt – und sich der Dieb durch seine Fußspuren verriet, die geradewegs zu der damals noch unbekannten Höhle führten. Einige Dorfbewohner folgten ihm und stellten ihn zur Rede. Xoroi, so hieß der Mann, umging seine gerechte Strafe, indem er sich in die Tiefe stürzte.

Wunderschön und ein klitzekleines bisschen kitschig, dieser Sonnenuntergang

JUST ON TIME

Gut zu wissen vor einem Besuch in der Cova d'en Xoroi: Ende März geht die Sonne auf Menorca um kurz nach 20 Uhr unter, Ende Juni dann um 21.20 Uhr.

Auf halbem Weg zwischen Meer und Himmel, mitten in der Steilwand, liegt die Cova d'en Xoroi.

2.
TOUR

1.
TOUR

3.
TOUR

Wanderung zu Traumstränden

Dann eben zu Fuß

Seit die Zufahrt zur Cala Macarella, Cala Macarelleta und Cala en Turqueta im Hochsommer reglementiert ist, sind diese Buchten mit dem Auto kaum noch zu erreichen. Umso besser für alle, die dem Trubel gerne aus dem Weg gehen wollen: Wandern Sie doch einfach von der benachbarten Cala Galdana aus über den Camí de Cavalls ans Ziel.

Wundert sich bei diesem Anblick noch jemand, dass die Cala Macarella zu den beliebtesten Buchten der Insel zählt?

Je schwieriger der Weg, desto schöner der Strand: Das gilt auch auf Menorca. Die Cala Macarella, die Platja Macarelleta und die Cala en Turqueta gehören zu den schönsten Badebuchten der Insel. Dorthin zu gelangen aber ist zumindest im Sommer nicht ganz einfach. Denn seit einigen Jahren beschränkt die Inselregierung die Besucherzahl.

Nun kann man an der Umgehungsstraße von Ciutadella einer Anzeigetafel entnehmen, ob auf den Küstenparkplätzen noch etwas frei ist. Wenn nicht, sparen Sie sich den Weg! Beim Kontrollposten an der Einsiedelei Sant Joan de Missa ist dann ohnehin Schluss. Zur Cala Macarella kommen Sie zwischen Mitte Mai und Mitte Oktober überhaupt nicht mit dem Auto, sondern nur mit dem Bus von Ciutadella aus.

Nur Mut!

Das alles schreckt viele Inselbesucher ab. Hoffentlich nicht Sie! Denn es gibt noch eine weitere Möglichkeit, um ans Ziel zu gelangen: zu Fuß über den Camí de Cavalls von der benachbarten Cala Galdana aus. In etwa einer halben Stunde ist der Weg zur Cala Macarella zu schaffen. Dort gibt es auch eine Strandbar. Nicht weit dahinter geht es an einem Abzweig direkt an der Küste entlang in etwa zehn Minuten bis zur benachbarten Platja Macarelleta. Dies ist der einzige Abschnitt, wo der Weg nicht über den Camí de Cavalls führt. Bis zur Cala en Turqueta sind es dann noch einmal ungefähr 30 Minuten.

Der Weg ist ausgeschildert und nicht besonders schwierig, aber nehmen Sie Sonnencreme und Wasser mit. Es geht leicht bergauf und bergab durch Kiefernwald und unberührte Küstenlandschaft, hin und wieder auch nah entlang der Steilklippe: ein aufregendes Erlebnis!

Pedreres de S'Hostal

Bizarre Formen aus Stein

3. TOUR

Gut, dass sich die riesigen, längst verrosteten Sägeblätter nicht mehr durch das Gestein arbeiten, sondern nur noch als Ausstellungsstücke dienen. So nämlich ist das Industriedenkmal Pedreres de S'Hostal heute ein geradezu idyllischer Ort mit atemberaubenden Felsformationen und schwindelerregenden Steilwänden.

Der alte Steinbruch vor den Toren Ciutadellas drohte als Müllkippe zu enden. Die ersten Lkws hatten bereits tonnenweise Bauschutt in die 40 m tiefe Grube gekippt, das 7 ha große Areal verkam zusehends. Zum Glück erkannte die auf der Insel ansässige französische Bildhauerin Laetitia Lara 1994 das Potenzial des Industriedenkmals und gründete die Stiftung Lithica, die den Steinbruch als Freilichtmuseum der Öffentlichkeit zugänglich machte.

Treppen ins Nirgendwo

Das ist gut so. Denn gleich hinterm Eingang, im alten Teil der Steinbrüche, haben, wenn man so will, viele, viele Bildhauer über Jahrhunderte hinweg eine riesige, begehbare Skulptur und damit einen wirklich einzigartigen Ort geschaffen. Stufe um Stufe klebt eine Treppe fast senkrecht am Fels und endet dann im Nirgendwo. Scharfe Fels-

Die Pedreres de S'Hostal sind heute eine riesige, begehbare Skulptur. Es gibt auch ein steinernes Labyrinth, in dem man sich ein bisschen wie Alice im Wunderland vorkommt und gut verlaufen kann.

kanten ragen bizarr in den blauen Sommerhimmel. In schattigen Ecken flattern Tauben, im verwinkelten Felsenhof wachsen Feigen- und Erdbeerbäume. Im mittelalterlichen Garten plätschert ein Brunnen. In einem steinernen Labyrinth spielen Kinder Verstecken. Mehrere ausgeschilderte Rundwege führen über das Gelände, das man aber auch gut auf eigene Faust erkunden kann. An einigen Stellen allerdings ist es ziemlich gefährlich: Achten Sie lieber auf die Warnschilder und klettern Sie nicht herum, wo es nicht erlaubt ist.

Im mittelalterlichen Garten plätschert sogar noch ein Brunnen – es gibt viel zu entdecken in dem alten Steinbruch.

Der Stoff, aus dem die Gebäude sind

Noch per Hand wurde hier im 19. und frühen 20. Jh. der Kalksandstein in mühsamer Schweißarbeit aus dem Boden gebrochen. Später dann, im modernen Teil der Anlage, fraßen sich die Sägen durch den brüchigen Stein. Marés wurde hier abgebaut, den die Balearen-Bewohner jahrhundertelang als Baustoff nutzten. Viele der emblematischen Gebäude der Insel, wie etwa die Kathedrale in Ciutadella, sind aus diesem Kalksandstein gefertigt, der den menorquinischen Städten und Dörfern ihre so charakteristische Farbe gibt. Auch zum Festland wurde Marés exportiert. Um die Verschiffung zu erleichtern, baute man ihn direkt an der Küste ab – daher die vielen Steinbrüche an den Klippen. Auch heute noch ist Kalksandstein auf der Insel ein gefragtes Baumaterial. Es gibt weiterhin aktive Steinbrüche. Gleich neben den Pedreres de S'Hostal liegt einer. So sehenswert wie diese aber ist kein anderer.

Ein Weg nicht nur für Pferde und nasser Kletterspaß

Küstenklettern

Eine noch recht junge Disziplin ist das sogenannte »Deep Water Soloing« oder »Psicobloc«, das ungesicherte Klettern an der Küste. Der Vorteil dabei: Wer an den senkrechten Felsen abstürzt, verletzt sich nicht, sondern wird nur nass. Die Balearen gehören zu den besten Kletterspots weltweit, was diese Variante anbetrifft. Auf Menorca sind besonders Cala en Porter und Cales Coves gut geeignet. Dort gibt es jeweils mehrere Dutzend Kletterrouten mit unterschiedlichem Schwierigkeitsgrad.

Tierwelt

Wegen seiner ausgedehnten Schutzgebiete ist Menorca ein beliebtes Ziel vieler Zugvögel – und zieht damit auch ornithologisch interessierte Touristen an. Es soll möglich sein – das richtige Equipment vorausgesetzt –, auf der Insel mehr als 200 Vogelarten zu beobachten. Besonders gut geeignet dafür ist der Naturpark S'Albufera des Grau, in dem es genau für diesen Zweck Aussichtsstellen gibt.

Wandern, Radfahren, Reiten

Der Camí de Cavalls, der 185 km weit an der Küste einmal rund um die Insel führt, bietet sowohl Freizeitsportlern als auch denjenigen, die größere Herausforderungen suchen, viele Möglichkeiten. Ob Wandern, Radfahren oder Reiten, ob Tagestour oder mehrtägige Unternehmung – alles geht, bedarf aber der Planung. Die wichtigsten Informationen rund um den »Pferdeweg« gibt es auf der offiziellen Internetseite des Inselrats: www.cami decavalls.com.

Verschiedene Anbieter haben sich auf Touren auf dieser Königsroute der Insel spezialisiert und kümmern sich zum Beispiel um den Transport vom und zum Hotel. Langjährige Erfahrung hat der von zwei Deutschen geführte Anbieter Rutas Menorca (www.rutasmenorca.com). Auch im Inselinneren gibt es zahlreiche lohnenswerte Strecken – vor allem für Wanderer und Radfahrer. Allerdings steht man hier immer wieder mal vor verschlossenen Toren, weil Grundstücksbesitzer keine Ausflügler dulden.

Wassersport

Am besten geeignet für sämtliche sportliche Aktivitäten sind die kühleren Monate Oktober bis März. Die Sommermonate sind dagegen wie geschaffen dafür, das breite Angebot an Wassersportarten auszuprobieren. Ob motorisiert oder mit Muskelkraft betrieben – in den touristischen Küstenorten verleihen unzählige Firmen die entsprechenden Gefährte und Gerätschaften. Auch das Kursangebot ist breit. Wer also Tauchen lernen, eine Jacht chartern oder einfach mit dem Kajak die Küste erkunden will, der wird schnell fündig.

Ab ins Kajak und los geht's: Die Küste erkunden geht am besten vom Wasser aus.

Abtauchen: Die felsige Küste von Cala Morell ist ein herrliches Schnorchelrevier.

So schmeckt Menorca

Wie der Insel-Käse zu sein hat, ist genau vorgeschrieben. Denn »Queso Mahón-Menorca« ist seit 1985 eine geschützte Herkunftsbezeichnung, auf die die Inselbewohner mächtig stolz sind.

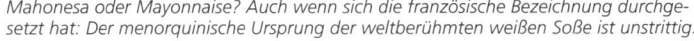

Mahonesa oder Mayonnaise? Auch wenn sich die französische Bezeichnung durchgesetzt hat: Der menorquinische Ursprung der weltberühmten weißen Soße ist unstrittig.

Von der deftigen Schweinswurst über bodenständige Hausmannskost bis hin zum sündhaft teuren Langusteneintopf reicht die kulinarische Bandbreite Menorcas. Schnecken gehören ebenso zu den Inselspezialitäten wie Miesmuscheln, Kaninchen ebenso wie Fisch, Auberginen ebenso wie wilder grüner Spargel. Und dann ist Menorca auch noch berühmt für seinen Käse, seine Spirituosen, seine Süßwaren!

Von Bar zu Bar

Essen gehen gehört für Menorquiner – wie eigentlich für alle Spanier – zum Alltag. Das zeigt schon allein die schiere Zahl der Lokale: In Städten wie Maó und Ciutadella muss man kaum einmal mehr als zwei Häuserblocks laufen, bis man zumindest eine Bar findet, in der es eine Erfrischung, dazu ein Schälchen Oliven und einen Plausch mit dem Kellner gibt. Die Kneipe an der Ecke, sie ist immer auch soziale Institution, Kontaktbörse und Gerüchteküche.

Zeit fürs zweite Frühstück

Gerade am Morgen gibt es keinen besseren Platz, um den Tag mit einem *cortado* (katalan. *tallat*, Espresso mit einem Schuss Milch), einer *ensaïmada* (Hefeteigschnecke) oder einer *tostada* (getoastetes Weißbrot), wahlweise mit Butter *(mantequilla)* oder Tomate *(tomate)*, zu beginnen. Ein üppiges Frühstück, wie es Nordeuropäer kennen, ist auf Menorca unüblich und meist nur im auf Urlauberwünsche eingestellten Hotel zu bekommen. Stattdessen nehmen sich viele Inselbewohner am späten Vormittag die Zeit für ein zweites Frühstück *(merienda)* mit Kaffee und vielleicht einem belegten Brötchen *(bocata)* – vermutlich mit menorquinischem Käse *(queso mahonés)*, luftgetrocknetem Schweineschinken *(jamón)*, der typischen Paprikastreichwurst *(sobrasada)*, Blutwurst *(botifarró* und *camot)* oder der salamiähnlichen *carn i xulla*.

Gute Wahl: Menü des Tages

Kein Wunder, dass es Mittagessen dann meist erst gegen 14 Uhr gibt. Wer nicht zu Hause isst, geht ins nächstgelegene Restaurant und fragt nach dem Menü des Tages *(menú del día)* – auch für Urlauber durchaus eine praktische und meist auch recht günstige Möglichkeit, die Inselküche kennenzulernen. Meist kann man zwischen zwei oder drei Vorspeisen und ebenso vielen Hauptgerichten wählen. In gehobeneren Restaurants zieht sich das Mittagessen gut und gerne zwei Stunden hin, mit Vorspeise, Hauptgericht, Dessert, Absacker, Kaffee – und natürlich reichlich Palaver, Späßen und Gelächter.

Nur mit den guten Klamotten!

Etwas gediegener geht es am Abend zu. Vor allem an den Ausgehmeilen in Maó und Es Castell sowie in der Altstadt von Ciutadella wimmelt es dann nur so von schick gekleideten Menschen, die es ganz offenbar genießen, sich zu zeigen. Vor allem an Freitagen und Samstagen sind die meisten Restaurants abends besonders gut besucht. Am besten, Sie reservieren vorher einen Tisch.

Ein Gedicht von Gericht

Für viele Inselbesucher steht ein Programmpunkt fest: ein *caldereta*-Essen. Der Langusteneintopf ist der Klassiker unter Menorcas Gerichten – und mit mindestens 60 Euro pro Person kein billiges Vergnügen. Etwas günstiger wird es, wenn man die Sparvariante mit Fisch oder Meeresfrüchten bestellt – das ist aber nur die zweitbeste Wahl: Es geht nichts über das Original.

Warum Nordportugal?

Ein Hauch von Magie mag über der Szenerie liegen, wenn die Wellen gegen die Kapelle Senhor da Pedra nahe Porto branden.

Freundliche Vielfalt

Was halten Sie von einem Liegestuhl am Ufer des Douro,
bei einem Gläschen Portwein und dem Blick auf die bunten
Häuser von Porto? Eine Alternative wäre der feinsandige
Strand am blauen Atlantik. Im Norden Portugals haben Sie
die Qual der Wahl, könnten Sie doch auch in spektakuläre
Bergwelten aufbrechen, wo das Heulen der Wölfe die Stille
durchbricht. Oder in abgelegene Dörfer, in denen uralte Bräu-
che gepflegt werden. Das Schönste? Wo auch immer Sie sind,
werden Sie von einer Gastfreundschaft empfangen, auf die
die Nordportugiesen stolz sein können.

*Die gewagte Eisenkonstruktion der
Brücke Dom Luís I. zeigt unverkennbar
Anleihen an Gustave Eiffel, der selbst
in Porto lebte.*

Blau-weiße Kacheln, die Azulejos, begleiten Besucher auf Schritt und Tritt.

Das ist Nordportugal ...

Ganz klar, Porto ist weltberühmt, ebenso der süße Portwein. Beide sind immer eine Reise wert. Aber die restliche Region? Sie beginnt am wilden Atlantik, zieht sich entlang verträumter Flüsse, überwindet raue Gebirge, romantisiert in lieblichen Weinbergen, verliert sich in stillen Dörfern und feiert lebendige Städte. Kurzum: Ein unentdecktes Portugal hält Reiseabenteuer bereit, die im restlichen Europa kaum noch zu finden sind.

Die perfekten Wellen

Der raue Atlantik macht die nordportugiesische Küste zu einem Paradies für Surfer. Zum Schwimmen, Sonnen und Spazieren laden saubere Sandstrände ein, die immer wieder von felsigen Badebuchten unterbrochen werden. Aber Achtung! Das Wasser ist kühl. So bleibt die Badesaison auf den Hochsommer beschränkt. Gerade aus diesem Grund ist die Küste weniger überlaufen, weniger verbaut als etwa an der Algarve im Süden. Und wer's noch besinnlicher mag: Ausflugsschiffe zwängen sich zwischen den Weinhängen den Douro hinauf und hinab, während die Passagiere bei einem Portwein chillen. Das ist

ebenso romantisch wie die historischen Städte und weißen Dörfer über dem Fluss. Portugal zeigt im Douro-Tal seine lieblich-anmutige Seite. Und seine süffige. Die Trauben im weltweit ältesten ausgewiesenen Weinanbaugebiet liefern kraftvolle Qualitätsweine und den erstklassigen Port.

Geschützte Natur

Portugals einziger Nationalpark Peneda-Gerês bildet einen Dreiklang aus seenreichen Tälern, bewaldeten Hügeln und kargen Bergzügen. Atlantische, mediterrane und kontinentale Klimaeinflüsse arrangieren eine Pflanzen- und Tierwelt, die einzigartig ist in Europa. Über 1500 m Höhe erreichen die Berge. Majestätische Granitfelsen und eine niedrige Baumgrenze erinnern an die französischen Pyrenäen. Die jährlich 3000 mm Niederschlag bedeuten fast europäischen Rekord, immerhin mehr als in Hamburg. Saftig grün sind die Weidewiesen, fruchtbar die Felder, bewässert aus tiefblauen Seen, klaren Bergbächen, reinen Quellen. Zahlreiche Wanderwege durchziehen die abgelegene Gegend bis zur spanischen Grenze.

Laut der Legende wurde die mittelalterliche Brücke von Mizarela im Nationalpark Peneda-Gerês vom Teufel gebaut. So half er einem Verbrecher vor seinen Verfolgern über den Fluss, aber erst, als dieser ihm seine Seele verschrieben hatte.

Dank oft starker Winde von den Bergen finden sich viele Kitesurfer an den weiträumigen Sandstränden rund um Viana do Castelo ein, die sich von einem Drachensegel (Kite) tragen lassen.

Im fernen Osten

Trás-os-Montes, zu Deutsch »Hinter den Bergen« – der Name für den abgelegenen Nordosten passt. Zwischen unberührten Bergwelten verstecken sich Dörfer, in denen Tradition liebevoll gelebt wird. In den Wäldern werden Maronen gesammelt, das Olivenöl zählt zum Besten, was Portugal hervorbringt. Und doch handelt es sich um die ärmste Gegend des Landes. Einwohnerschwund belastet das Leben in den Dörfern. Zum Arbeiten geht es in die touristischen Zentren an der Küste oder ins Ausland. Im August tragen die Autos französische und Schweizer Kennzeichen. Dann bringen die Emigranten auf Urlaub einen Hauch von Kosmopolitismus und Lebensfreude mit, wie auch die Studenten aus aller Welt, die es in die Regionalhauptstadt Bragança verschlagen hat.

Neu passt zu Alt

Der Norden Portugals gewinnt dank eines behutsamen Faceliftings zusätzliche Attraktivität. Beispiele: In Porto zieht die angesagte Bar in eine alte Kapelle. Mit modernen Architekturelementen werden Klosterruinen im Nationalpark Peneda-Gerês in Schuss gebracht. Gegenüber mittelalterlichen Stadtpalästen erhebt sich in Viana do Castelo ein »kleines Centre Pompidou« aus 1200 t Stahl und Beton. Staudämme wandeln sich in Kunstwerke, und hippe Street-Art verschönert, zusammen mit den traditionellen Kachelbildern, selbst die Provinz.

Ausgelassene Feierlaune

Die Nordportugiesen sind ein geselliges und gläubiges Völkchen. Sie halten den Landesrekord an religiösen Festen, Wallfahrten und Heiligenkulten. Mit teils wunderlichen Bräuchen. Beliebtes Opfer ist der Bürgermeister, wenn sich in der Johannisnacht fröhliche Festgänger mit Gummihämmerchen oder Lauchstängeln gegenseitig eins auf die Rübe geben. Andernorts bestehen die Opfergaben für den Heiligen aus geklauten Dachziegeln und Salz für die Weidetiere. Hier werden Drachen bekämpft, dort Kinder ins Meer getaucht oder Pappköpfe durch die Straßen geführt. Dazu fließen Bier und Wein in Strömen.

... und das sind seine Städte

Wenn die Sonne langsam in den Wellen versinkt, sind die Bars am Flussufer von Porto perfekter Treff zum Chillen.

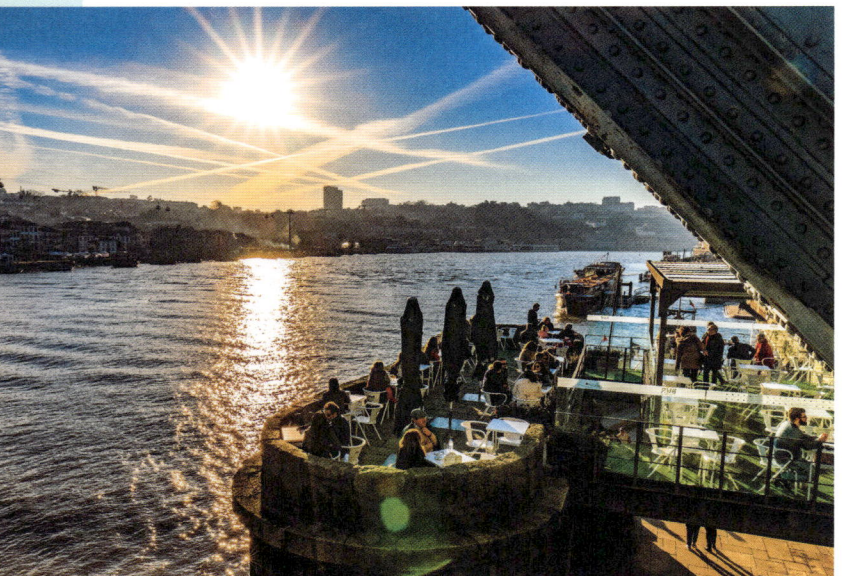

Kunst gehört in Porto einfach dazu, Street-Art blüht an fast jeder Ecke, eine zeitgenössische Antwort auf die historischen Kachelbilder.

BRAGA

Braga sieht sich als jüngste Stadt – ganz Europas! Grund sind die vielen Studenten und jungen Lehrkräfte, die die Universität zur Softwareschmiede entwickelt haben, was sogar internationale Technologiefirmen anlockt. Aber damit nicht genug: Braga mit 112 000 Einwohnern will zudem die katholischste Stadt Portugals sein. Und tatsächlich, der Bischof hat mächtig Einfluss. Doch Jugendkultur und Kirche kommen gut miteinander klar, selbst beim Crossover aus dem Glockenspiel der Kathedrale und dem Rap aus der benachbarten Bar. Den Durchgangsverkehr haben die Stadtplaner in einen langen Tunnel verlegt und somit viel Platz für lebendige Fußgängerzonen und begrünte Plätze gewonnen. Wer die vielen Kirchen und römischen Ausgrabungen drumherum besichtigt hat, geht zum Sehen und Gesehenwerden ins 1907 gegründete Kaffeehaus Brasileira. Zum 100. Geburtstag wurde restauriert, das Gold an den Wänden spiegelblank poliert, das historische Mobiliar aufgehübscht. Die Studentin sitzt hier neben dem alten Herrn, der Student Seite an Seite mit der Marktfrau. Ebenso wie im aufsehenerregenden Stadion des FC Braga in einem Steinbruch! 1,7 Mio. m³ Steinbrocken wurden aus dem Felsmassiv gebro-

PORTO

Am Ufer des Flusses Douro schmiegen sich die bunt zusammengewürfelten Häuser des Fischerviertels Ribeira eng aneinander und strahlen anmutig mediterrane Stimmung aus. Entlang verwinkelter Gassen ziehen sie sich zum gewaltigen Bischofspalast und zur Kathedrale hinauf. Hier, auf dem 78 m hohen Stadthügel, hüllt sich Porto in strenges Grau, die Farbe des Granits der Oberstadt. Geschäftig geben sich die Einkaufsviertel mit ihren Restaurants, Bars, Theatern, Ladenketten, Boutiquen. Dazu passt, dass sich Kirchen ein blaues Kleid aus Kacheln angelegt haben. Ihr Inneres erstrahlt in glänzendem Gold. Das verlangte die Mode vor drei Jahrhunderten. Doch das ist nur die historische Facette, denn Porto (214 000 Einw.) vibriert, scheint in einen Jungbrunnen gefallen. Da entstehen stylische Hotels und Ferienwohnungen, Zentren für Co-Working, für Alternativläden, für soziale Projekte. Konzertevents locken Zehntausende Fans. Und erst die zeitgenössische Architektur! Sein Konzerthaus charakterisiert Architekt Rem Koolhaas selbstironisch als verrückten Bau. Vodafone wählte für sein Headquarter einen weißen Betonmonolith, den spitz zulaufende Wellen auflösen. Weiß, das ist aktuell die bestimmende Farbe, auch auf den großflächigen kubischen Baukörpern des Museums für Gegenwartskunst.

Meisterhaft gestaltete Kacheln sind das i-Tüpfelchen urbaner Garderobe. Sie schmücken Geschäftseingänge, Treppenhäuser und ganze Hausfassaden.

Hinter den Mauern der Burg von Bragança verschanzten sich mittelalterliche Häuschen mit Erkern aus Kastanienholz.

chen, um die Fußballer wie in einem Amphitheater kicken zu lassen.

GUIMARÃES

Große Lettern an der Stadtmauer verkünden: »Aqui nasceu Portugal« – Hier wurde Portugal geboren. Guimarães, ca. 60 000 Einwohner, ist der stolze Gründungsort des Landes. 1139 war das. Doch die Stadt lebt in der Gegenwart und entwickelt sich zu einem der schönsten Kleinode Portugals. Hübsch verträmtes Beispiel: Der zentrale Platz Praça São Tiago. Vor die Fassaden der umliegenden dreigeschossigen Fachwerkhäuser schieben sich braun, grün oder rot bemalte Holzbalkone. Schief sind sie geworden unter der Last der Jahrhunderte. Ungerührt schauen sie hinab auf junge Terrassencafés und Bars.

Eine »Plattform der Kreativität« schuf der vielleicht wichtigste zeitgenössische portugiesische Künstler, José de Guimarães. Sie füllt das Centro Internacional das Artes, ein in Gold getauchtes Gebäude, den futuristischen Gegenpol zur Burg, zur Taufkapelle des ersten portugiesischen Königs und zum Herzogspalast aus dem 15. Jh. Aus dessen Spitzdächern ragen kurios 39 rot geziegelte Kamine, die Fabrikschloten gleichen. Die Erzählung dahinter, die so ähnlich in allen Zeiten spielen könnte: Der Bauherr, ein unehelicher Königssohn, war ein schlimmer Aufschneider. Die Schornsteine sollten adeligen Besuchern und dem Volk vor Augen führen, dass er in all seinen Gemächern heizen konnte.

BRAGANÇA

Oben residierte der König, unten herrschte der Klerus. Den 640 m hohen Stadthügel bekrönt die Burg, über die Unterstadt erhebt sich die Kathedrale, zu Stein gewordener Konservativismus. Ihre Majestät gibt es noch, in Gestalt von Dom Duarte Pio, der zu eigenem Missfallen allerdings offiziell nur den Titel »Herzog von Bragança« tragen darf. Immerhin ist Portugal seit 1910 eine Republik.

Mittlerweile erneuert auch die größte, wichtigste und wohl schönste Stadt des Nordostens ihr Erscheinungsbild. Studenten aus 69 Ländern, von Deutschland bis Nepal, beleben das historische Zentrum. Die Stadtverwaltung hat Bragança (33 000 Einw.) zu einer attraktiven Museumsstadt entwickelt. Moderne Kunst, sakrale Kostbarkeiten, jüdische Traditionen und furchterregende Masken werden ausgestellt, vor denen einst die bösen Geister des Winters Reißaus nahmen. Eine traditionelle, zeitgemäß interpretierte Küche zaubert wunderbare Gerichte auf den Tisch. Viele der Zutaten stammen aus dem umliegenden waldreichen Naturpark von Montesinho: Pilze, Kastanien, Wild.

LAMEGO

Das freundliche Städtchen im Dourotal mit knapp 10 000 Einwohnern wird geprägt von Weinbergen und

großer Geschichte. Ein paar Kilometer abseits vom Fluss, und somit weniger überlaufen, gibt es begrünte Plätze mit plätschernden Springbrunnen und eine von Gassen durchzogene Altstadt, die sanft den Burghügel hinanführt. Da sind die 700 Stufen, die einer der wichtigsten Wallfahrtskirchen Portugals zustreben, schon um einiges steiler. Die kunsthistorischen Highlights bilden die Kathedrale und das Stadtmuseum. Einige Eckdaten aus der Geschichte: Im 6. Jh. machten die Sueben und Westgoten den Ort zum Bischofssitz. 1143 traf sich die erste portugiesische Ständeversammlung in der Gemeinde und bestätigte Afonso Henriques als ersten portugiesischen König. So wird es zumindest behauptet, doch auch andere Städte reklamieren das Ereignis für sich. Daraufhin entwickelte sich Lamego zum Handelszentrum, auch dank einer aktiven jüdischen Gemeinde. Und kelterte *vinho cheirante de Lamego*, »wohlriechenden Wein aus Lamego«, heute weltweit bekannt als Portwein!

Nordportugal erleben

Die ältesten menschlichen Spuren im Geopark von Arouca sind 120 000 Jahre alt, die jüngsten dienen der körperlichen Ertüchtigung.

1. TOUR

Flussfahrt auf dem Douro –
Auf Genusstour ins Portweinland

Die Schiffsglocke läutet zur Abfahrt. Los geht die Fahrt auf dem Douro. Durius, der Gott des Meeres, gab ihm seinen Namen. Paradiesisch präsentiert sich das tief eingeschnittene Tal des Weines.

2. TOUR

Wandern im Geopark von Arouca –
Auf Holzstegen über dem Rio Paiva

Ist das die aufregendste Wanderung in Portugal? Den Atem raubt sie allemal, dank des Auf und Abs auf 1100 (!) Treppen über dem Fluss Paiva. Zugabe ist die längste transparente Hängebrücke Europas.

3. TOUR

Ausritt bei Miranda do Douro –
Auf Esels Rücken durch Wald und Flur

Die Aufregung der jüngsten Eselsfreunde steigt, wenn sie auf den Rücken der Langohren aus der einheimischen Rasse Miranda gesetzt werden. Diese zählen zu den ungewöhnlichen endemischen Tierarten.

Flussfahrt auf dem Douro

Auf Genusstour ins Portweinland

Es ist Punkt 8 Uhr. Schon läutet die Schiffsglocke am Cais do Gaia in Vila Nova de Gaia zur Abfahrt. Das Boot nimmt Kurs auf Pinhão am oberen Douro. Zurück wird's im Bummelzug gehen, immer am Fluss entlang. Durius war es, der Gott des Meeres, der ihm seinen Namen verlieh. Anfangs ist der Strom breit, plätschert sanft vorbei am bunten Fischerviertel von Porto.

Erstaunte Blicke fallen auf die Ponte Maria Pia I. Heute wie einst, denn eine solche Brücke hatte die Welt des Jahres 1877 noch nicht gesehen. Ganz aus Walzstahl. Getragen von einem einzigen, 640 t schweren Bogen, der eine 353 m lange Bahn hält. Derart beispiellos war das Ungetüm, dass es vor Eröffnung in einem Experiment satte 1500 t Gewicht aushalten musste. Erbauer Gustave Eiffel war mit einem Schlag berühmt und durfte zehn Jahre später seinen Pariser Turm bauen.

Erfolgsrezept Wein. Reichtum zeigen die Weingüter am sanft fließenden Douro.

Politik in der Krise

An Bord kommt nun das Frühstück auf den Tisch. Dann, nach etwa einer Stunde, wird bei Crestuma eine erste Schleuse durchfahren, 14 m an Fallhöhe. Vor Castelo de Paiva erinnert ein Denkmal an einen folgenreichen Brückeneinsturz. 2001 wurde ein voll besetzter Ausflugsbus in die Tiefe gerissen, 59 Menschen ertranken, und die Regierung musste zurücktreten. Wenn etwas später die Schleuse von Carrapatelo folgt, mit 35 m Höhenunterschied eine der größten Europas, steht auch schon das Mittagessen bereit.

Der Bahnhof ist die Hauptattraktion von Pinhão mit 24 Kachelbildern zum Weinanbau. Der gewann an Bedeutung, als vor gut 100 Jahren die besondere Qualität der Trauben erkannt wurde. Die Weinhäuser kauften sich Grund, pflanzten Reben, errichteten Kellereien und Lagerhallen.

»Es ist kein Panorama, das die Augen bestaunen: Es ist ein Übermaß an Natur«, sang Dichter Miguel Torga am Rio Douro.

Liebliche Landschaft

Das Flusstal verengt sich. Steile Weinberge links, steile Weinberge rechts, eine der spektakulärsten Regionen Portugals, Unesco-Welterbe. Weltbekannte Portweinfirmen weisen auf ihren Besitz hin: Niepoort, Sandeman, Taylor's und wie sie alle heißen. Schließlich öffnet sich ein Postkartenblick auf eine weiße Häuseransammlung hügelaufwärts, das Ziel der Fahrt heißt Pinhão. 1880 war es, als die Eisenbahn ankam und aus dem Ort mit heute kaum 700 Einwohnern einen Verkehrsknotenpunkt machte. Eines der Highlights: Am Bahnhofsgebäude zeigen 24 großformatige Kachelbilder lebendige Szenen des Weinanbaus.

Kleine Portweinkunde

Bevor hier der Zug für die Rückfahrt bereitsteht, bleibt vielleicht noch Muße für einen 45-minütigen Rundgang durch das Weingut Quinta do Bonfim am Ortsrand, das seit 1906 Portwein produziert. Der Gärungsprozess wird durch Beimischung von hochprozentigem Branntwein nach zwei oder drei Tagen gestoppt, wodurch der Alkoholgehalt auf etwa 20 % steigt. Der Restzucker im Most erzeugt die Süße. Grundsätzlich gibt es zwei Arten, den süßeren Ruby und den klassischen Tawny. Ruby reift durchschnittlich drei Jahre in riesigen Fässern, deren Größe den Wein kaum oxidieren lässt. Folglich bewahrt er seine rubinrote (engl. *ruby*) Farbe. Tawny lagert in kleinen Holzfässern und nimmt deren braunrote (engl. *tawny*) Färbung an. Eine Altersangabe wie »10 Years Old« auf dem Etikett gibt die durchschnittliche Lagerzeit an. Der Jahrgangsport »Vintage« ist durch eine Jahreszahl auf der Flasche gekennzeichnet. Nur ein

LATE BOTTLED VINTAGE

»Late Bottled Vintage« (L.B.V.) ist ebenfalls ein Spitzenjahrgang, der vier bis sechs Jahre im Fass lagert. Er reift nicht nach und kann sofort konsumiert werden.

Spitzenjahrgang wird verwendet. Er reift 24 bis 35 Monate im Fass, entwickelt sich anschließend in der Flasche weiter und kann frühestens nach 15 Jahren getrunken werden.

2. TOUR

Wandern im Geopark von Arouca

Auf Holzstegen über dem Rio Paiva

Hoch und runter geht's über 1100 Stufen aus rutschfestem Pinienholz und auf Stegen, die oberhalb des Tals des Rio Paiva inmitten waldreicher Bergwelten verlaufen. Und als wäre das noch nicht genug an Abenteuerlichem, schwebt auch noch die längste transparente Hängebrücke Europas über den Fluss und erwartet die wagemutigsten Wanderer zu einem Abstecher.

Steile Felsen aus Granit und Schiefer, bewaldete Hügelketten, wilde Bergbäche bieten Heimat für Biber, Wölfe, Raubvögel. Die Landschaft war schon vor 120 000 Jahren von unseren Urahnen besiedelt. Beachtliche archäologische Funde und die wilde Natur schützt der von der Unesco anerkannte Geopark rund um Arouca.

Die 8,7 km lange Wanderung beginnt am Flussstrand Aréinho unterhalb der Straße R326-1, 3 km hinter Vilarinho. Holzpflöcke dienen zunächst als Wegzeichen. Korkeichen sind mit Ziffern bemalt, sie zeigen das letzte Schäljahr an. Die nächste Bearbeitung ist zum Schutz des Baumes frühestens nach neun Jahren erlaubt. Übrigens ist Portugal der weltweit führende Produzent mit einem Anteil von 54 % an allen Naturkorken, 14 Mrd. Stück sind es pro Jahr.

Ob das gut gehen kann? Einen Versuch wär's wert, zumindest für tollkühne Urlauber. Auf der längsten transparenten Hängebrücke Europas, vor Ort wird sogar gemutmaßt: der ganzen Welt. Noch, denn etwas entfernt ist eine noch längere geplant.

Ruhiger zeigen sich die Blicke von zahlreichen Aussichtspunkten entlang der Wanderung – vielleicht gerade deswegen ein tieferer Genuss als von der Hängebrücke?

Rauf auf den Steg

Das lieben die Portugiesen – Wandern über Holzstege, *passadiços*. Im Geopark läuft's so gut, dass die mehrfache Verleihung des »World Travel Award« für Abenteuertourismus wirklich verdient ist. Der erste Steg beginnt nach gut zehn Minuten. Bald erklärt eine Tafel das Leben der Libellen in Flussnähe, im Weiteren folgen noch sieben Schilder: zu Schmetterlingen, Käfern, Farnen, Bäumen. Schwer und für sehr Schwindelanfällige ungeeignet wird's nach der Querung einer Straße. Über Dutzende Holzstufen wird schnell an Höhe gewonnen.

Nach etwa 40 Minuten sind bei Plakette Km 1 drei Viertel dieses ersten Aufstiegs geschafft. Der Blick voraus fällt auf eine schier endlose durchsichtige Hängebrücke hoch über dem Tal. Dort steht das Tickethäuschen auch für den Wanderweg, der nun kostenpflichtig wird (www.passadicosdopaiva.pt).

Brücke für Waghalsige

Als Zusatzangebot für furchtlose Ausflügler führt die transparente Brücke in 175 m Höhe über das Flusstal. 480 m misst die Entfernung zwischen den beiden Pfeilern. Da schwingt der schmale Übergang selbst bei Windstille. Und der Sinn des Ganzen? Ein wenig Kirmes für Tollkühne. Ob noch mehr Andrang der Natur guttut, ist eine sehr berechtigte Frage (www.ponte516arouca.com). Die Wanderung führt derweilen links vorbei und nach fünf Minuten erstmals abwärts. Am gegenüberliegenden Ufer stürzt ein Wasserfall ins Tal. Ab Km 2 dann wechseln sich Stufen und flache Abschnitte ab.

Füße waschen?

Langsam senkt sich der Pfad dem Fluss entgegen. Eine kurze Hängebrücke wird rechts liegen gelassen, es geht geradeaus weiter zu einer Bar, WCs und dem schmalen Strand Praia do Vau mit der durch ein Schild erteilten Erlaubnis zum Füßewaschen. Nach weiteren rund 25 Minuten zweigen Treppen bei schwarzen Quarzfelsen zum Ausgangspunkt für Raftingtouren ab. Erst bei Km 7 folgen die letzten genau 17 Stufen hinauf und nochmals 16 hinab, bevor unmittelbar nach dem Zeichen für den achten Kilometer das Ende erreicht ist. Taxis warten für die Rückfahrt zum Ausgangspunkt.

»WENN ICH VOM NORDEN REDE, REDE ICH VON EINEM GRÜNEN LAND, DAS VON BÄCHEN UND FLÜSSEN DURCHZOGEN WIRD, DIE DIE BERGE HINABSTÜRZEN UND SICH IHREN WEG ZUM MEER BAHNEN.«

Manuel Brito, Arouca

1. TOUR
2. TOUR
3. TOUR

Ausritt bei Miranda do Douro

Auf Esels Rücken durch Wald und Flur

Süß sind die Eselchen der endemischen Rasse Miranda. Nur noch rund 600 werden gezählt. Und vielleicht wäre das dicht behaarte, dunkelbraune Tier mit hellen Flecken an Maul und Unterseite schon ausgestorben, wenn nicht die Tierfreunde der Aufzuchtstation in Atenor nahe Miranda do Douro in Trás-os-Montes den Fortbestand zu ihrer Lebensaufgabe gemacht hätten. Und sie bieten Ausritte an.

Die jüngsten Eselsfreunde nähern sich den gutmütigen Langohren. Einige in schüchterner Ehrfurcht, andere tapfer und mutig. Die Aufregung steigt, sobald sie auf den Rücken gesetzt werden. Die Schulterhöhe erreicht immerhin 135 cm. Einst wurden die Esel auf Pferdemessen feilgeboten, waren sie doch dank ihrer Trittfestigkeit wichtige Arbeitstiere. Inzwischen freuen sich die Kinder auf den Start. Schritt für Schritt geht es hinab ins Tal des Ribeiro do Palheiros. Ginster, Zistrosen, Steineichen, Olivenbäume säumen den Weg.

Gut aufgepasst

In den feuchten Auen legte die Dorfbevölkerung einst Gärten an. Einige werden noch immer gepflegt, etwa hinter einer Wegbiegung nach rechts, eingefasst von niedrigen Steinmauern, die zugleich als Eingrenzung und Schutz vor Winden dienen.

Doch plötzlich – Vorurteil hin, Vorurteil her – bleibt eines der bisher so braven Tiere stehen. Wie angewurzelt. Nicht aus Sturheit, sondern aus Vorsicht. Gutes Zureden hilft da nicht weiter. Auch kein freund-

Herbstliche Flussauen bei Miranda do Douro an der Grenze zu Spanien, wo eine eigene Sprache gesprochen wird: Mirandês. Sogar ein Asterixband ist übersetzt.

licher Klaps. Erst nach genauer Prüfung des Bodens scheint alles in Ordnung, und das geduldige Geschöpf setzt sich auf einem schmalen, von Eschen beschatteten Waldweg erneut in Bewegung. Eine von Felsbrocken eingefasste Quelle war einst dörflicher Waschplatz, schließlich friert sie auch im Winter nicht ein. Danach folgt noch ein kleiner Hang, es wird das Dorf Atenor durchquert, und nun ist wirklich Schluss. Wer möchte, kann für jährlich 30 Euro die Patenschaft für ein Tier übernehmen (www.aepga.pt).

Der Esel von Miranda hat sich wohl für den Ausritt das Fell gestylt. Besonders den jungen Tierfreunden macht's Spaß.

Hungriger Braunbär

Neben Eseln sind viele ungewöhnliche Tiere in den einsamen Landschaften heimisch. Dazu zählen Iberische Wölfe, Garrano-Pferde, Barrosã-Rinder. Genüsslich klaute 2019 sogar ein Braunbär den Honig aus Bienenstöcken. Aus Spanien kam er. Nachdem er sich gesättigt hatte, verschwand er dorthin zurück. Versetzt in einen Gruselthriller fühlt sich so mancher Urlauber, wenn des Nachts furchterregendes Heulen bis in die Hotelzimmer dringt. Rund 300 Iberische Wölfe durchstreifen die Berge. Mit einer Schulterhöhe von 60 bis 70 cm und maximal 120 cm Länge sind sie kleiner als ihre nördlichen Nachbarn, das Fell changiert ins Gelbbraune.

Welche Hörner die Cachena-Rinder doch vorweisen: ausladend, lyraförmig geschwungen, beeindruckende 75 cm lang! Trotzdem werden sie Opfer der Raubtiere, da ihre Kreuzbeinhöhe kaum mehr als 1 m misst. Aus der Milch wird würziger Käse hergestellt. Die verwandte, aber deutlich größere Rasse Barrosã liefert schmackhaftes Fleisch.

K
KLEINES PFERD

Wenn es im Unterholz kracht, nähern sich meist Garranos dem Wanderweg. Der Ahnenstamm dieser bis zu 1,35 m hohen, halbwilden Pferde reicht ebenso wie der Gattungsname (übersetzt: »kleines Pferd«) in keltische Zeiten zurück. Kräftig sind sie, wurden früh domestiziert und als Lastpferde eingesetzt. Derzeit leben etwa 1500 Tiere frei in Wäldern und auf Weiden.

So schmeckt Nordportugal

Vielfalt siegt! Zu einheimischen Traditionskneipen haben sich mittlerweile modern designte Restaurants gesellt.

Exportschlager: Portugal führt mehr als 54 000 t Dosenfisch pro Jahr aus. Sardinen und Thunfisch liegen mit je rund 25 % an der Spitze. Spitze ist auch die Qualität.

Ein Klischee trifft voll zu – glücklicherweise: Nordportugiesen lieben frischen Fisch, zumindest an der Küste. Meist im Ganzen auf Holzkohle gegrillt, oft auch in Eintöpfen mit Reis oder Kartoffeln. Im Landesinneren wird Deftiges bevorzugt, wie Fleisch von einheimischen Rinder- und Schweinerassen. Und überall gibt's Stockfisch und deftige Kuttelgerichte.

Grüne Brühe

Suppenkasper sind sie in Nordportugal beileibe nicht. Eine ihrer Suppen hat es gar bis nach Brasilien geschafft. Sie heißt *caldo verde,* wörtlich: »grüne Brühe«, und wurde 2011 von Hunderttausenden portugiesischen Fernsehzuschauern zum »gastronomischen Wunder« gewählt. Grundlage bildet eine mit Olivenöl verfeinerte Kartoffelsuppe, in der dünne Streifen des grünblättrigen galicischen Kohls mitgekocht werden. Das Gemüse erinnert im Aussehen an aufgeschossenen Kopfsalat und wächst in Vorgärten oder auf kleinen Äckern. Meist wird zum Ende eine geräucherte Wurstscheibe für einen kräftigeren Geschmack in den Teller gegeben. Knoblauch gehört sowieso dazu.

Trockener Fisch

Keine Angst vor Stockfisch, dem *bacalhau!* All die Nordportugiesen können sich nicht täuschen: Rund 6 kg des gepökelten Kabeljaus genießen sie durchschnittlich im Jahr. 365 Rezepte soll es geben. Einige der wichtigsten wurden in der Region erfunden. In Porto war es *bacalhau à Gomes de Sá:* in Stücke geschnittener Stockfisch mit Kartoffeln, Zwiebeln, Oliven und gekochten Eiern. Aus Viana do Castelo stammt *bacalhau à Margarida da Praça:* im Ofen gebackenes Filetstück mit Salzkartoffeln, Zwiebeln und ordentlich Olivenöl.

Kräftige Kutteln

Im Norden Portugals sind Kutteln *(tripas)* Kult. Bei *tripas à moda do Porto* handelt es sich um eine Art Eintopf aus Kalbskutteln, verschiedenen Fleischsorten, Bohnen und allerlei Gewürzen. Befremdlich? Sogar Tourismusverantwortliche fragten sich, ob ihr Lieblingsessen die Urlauber vertreiben könnte. Die Vereinigung der Kuttelköche fand die lakonische Antwort: Die Spanier mögen *tripas,* Brasilianer lieben sie, aber klar, wenn wir Engländern oder Deutschen jene großen Portionen vorsetzen würden, wäre das ihr Ende auf Erden. Und wer hat den

Einwohnern die Suppe eingebrockt? Heinrich der Seefahrer war es! 1415 brach er von Porto zur Eroberung Nordafrikas auf. Zur Versorgung der 20 000 Mann Schiffsbesatzung benötigte er Proviant. Den forderte er den Einwohnern ab, nur die verderblichen Innereien ließ er ihnen. Und so waren sie gezwungen, neue Gerichte zu erfinden. Und machten aus der Not ihre Leibspeise. Apropos neu erfinden: Vegan funktioniert das Gericht mit Seitlingen, Tofu und Soja.

Süßer Wein

Schuld war der französische König Ludwig XIV. Er hatte Schutzzölle auf englische Waren erhoben, die britische Krone reagierte mit einem Einfuhrstopp für französischen Wein. Neue alkoholische Quellen mussten her und wurden von englischen Handelsreisenden aufgespürt, und zwar in den Klöstern von Lamego im Tal des Flusses Douro. Doch bei der Verschiffung nach England verlor der gute portugiesische Tropfen an Qualität. Der Ausweg lag in der Beimischung von hochprozentigem Branntwein, um den Gärungsprozess zu stoppen. Der Alkoholgehalt stieg dadurch auf etwa 20 %, und der Restzucker im Most ergab den süßen Geschmack. Geboren war der Portwein.

Warum Normandie?

Küstenblick vom Zöllnerweg bei Étretat
auf der Falaise d'Amont

Wild und romantisch

Im saftig grünen Gras liegen glückliche Kühe der Rasse Pie Normande, nur einen Steinwurf weiter brechen Kalkklippen dramatisch zum Ärmelkanal ab. Kieselsteine klickern im Rhythmus der Gezeiten. Am Cap de la Hague läuft der Atlantik Amok. An endlosen Stränden nehmen die Badefreuden kein Ende. An der Seine-Mündung wetteifern Belle-Époque-Pracht und kühner Beton um die Aufmerksamkeit. Dazu im Hinterland die trägen Wonnen der »campagne«. Museal? Ist trotz zauberhafter Fachwerkdörfer und trutziger Herrenhäuser woanders! Das zeigt nicht zuletzt die mit viel Hightech gelungene Rettung des Weltwunders Mont St-Michel.

Herbstspaziergang im Regen an der Côte d'Albâtre

In Giverny malte Claude Monet in seinem Garten die Seerosen.

Das ist die Normandie ...

Über der Küste bauscht sich der Himmel auf. Mal ist er bleigrau und schwer, mal babyblau und zart, und dies in rascher Folge. Dem Himmel entsprechend färbt sich das Meer mal tintenblau, mal graugrün, mal tahititürkis. Die Normannen nehmen es mit Humor: Hier sei täglich gutes Wetter – wenigstens für ein paar Minuten.

Und wurde nicht in der Normandie das Baden im Meer erfunden, und zwar 1824? So schlimm kann es also mit dem Wetter nicht sein. Was am Golfstrom liegt. Die warme Meeresströmung schützt vor hartem Frost und bringt ganzjährig reichlich Regen mit. So kommt die Normandie zum satten Grün von Feld und Wiesen, zu Parks und üppig blühenden Gärten.

Belle Époque statt Beton

Am Strand sieht es noch immer so aus, wie von den Impressionisten im 19. Jh. auf der Leinwand verewigt. In den Badeorten verzaubert die Bäderarchitektur der Belle Époque. Eindeutig glückliche Kühe der Rasse Pie Normande liegen auf fetten Wiesen. Rassige Rennpferde und klobige Percheron-Kaltblüter trollen sich auf mit weißen Gattern eingefassten Koppeln. Apfelbäume betupfen im Frühjahr das sattgrüne Land mit rosa Blüten. Eine bucklige Kirche hier, ein stolzes Herrenhaus dort – Betonexzesse bleiben der normannischen Küste erspart. Von museal jedoch keine Spur. In Trouville oder Étretat brummt's in angesagten Bars und coolen Bistros. In Deauville ist alles très chic und die Wahrscheinlichkeit, einen Promi zu erspähen, nicht nur zum Filmfestival groß.

Mittendurch: Die Seine

Die Seine teilt die Normandie in die Haute-Normandie im Osten und die Basse-Normandie im Westen. Rouen ist dank der Lage am Fluss sogar einer der größten Häfen Frankreichs. Die Hauptstadt der Normandie überrascht als mittelalterliches Fachwerkjuwel, umtriebige Universitätsstadt und flotte Shoppingmeile zugleich. An der Mündung folgt Le Havre mit monumentalen Achsen und dem Schwung der Fifties. Das Wiederaufbauensemble der im Zweiten Weltkrieg zerstörten Hafenstadt gehört zum Weltkulturerbe der Unesco.

Abends, wenn die Sonnenschirme zugeklappt sind, geht's vorm Horizont weiter. Zu Fuß und per Rad.

Vorsicht an der Hafenkante, bitte zurücktreten! Das Meer kann lieb und nett sein in St-Valéry-en-Caux, aber manchmal tobt es auch.

Schwindelerregende Klippen, endlose Sandstrände

Im Osten beginnt die Côte d'Albâtre. Auf 120 km trotzen die alabasterbleichen Kreideklippen dem Ärmelkanal. Ein Fernwanderweg lockt an die Felskante. Unten brandet die See. Im Hinterland rollen sanft gewellte Äcker bis zum Horizont davon.

Die Côte Fleurie und Côte de Nacre setzen im Westen einen Gegenpunkt. Von Honfleur bis Grandcamp-Maisy folgt ein hübscher Badeort auf den nächsten. Hinter den flachen Sandstränden beginnt das Pays d'Auge, ein normannisches Bilderbuchland mit Calvadosbrennereien und herausgeputztem Fachwerk.

Kultur und Outdoor

Caen, die zweitgrößte Stadt der Normandie, steht im Zeichen seiner Burg. Hinzu kommen mittelalterliche Abteien und eine lebendige Kulturszene. Folgt man der Orne von Caen nach Süden, gräbt sich der Fluss bald tief in den Fels der Suisse Normande ein. Kanus tänzeln auf dem Wasser. Die Uferfelsen sind ein Paradies für Freeclimber und Paraglider. Die »Normannische Schweiz« ist zudem ein Tipp für Wanderer und Mountainbiker. Im Cotentin macht sich die Nähe zur Bretagne bemerkbar. Hecken und Heidekraut überziehen die menschenleere Halbinsel. Im Nordwesten ragt das Cap de la Hague dramatisch über dem tosenden Wasser auf. Am Mont St-Michel ändert sich das Bild. Zum Klosterberg wollen alle.

Normannische Identität

Drei Schlüsseldaten prägen die Identität der Normannen. Alles beginnt mit den Wikingern. Die

Männer aus dem Norden, genannt Normannen, tauchten im 9. Jh. vor der Küste auf. Sie brandschatzten, plünderten und blieben schließlich im Land am Ärmelkanal, das nach ihnen benannt wurde: die Normandie. Weiter geht es mit Wilhelm dem Eroberer. Der Herzog der Normandie zog 1066 über den Ärmelkanal, eroberte England und ließ sich zum König krönen. Bliebe der D-Day. Die Landung der Alliierten im Juni 1944, die zur Vertreibung der deutschen Besatzer führte, ist Thema von Besichtigungsrouten, Museen, Events.

... und das sind ihre Städte

Das haben wir ja schon immer gewusst: Das Leben ist am schönsten, wenn es als Caféterrasse daherkommt. Etwas Fachwerk kann dabei nicht schaden.

d'Arc, ihren Scheiterhaufen. Leben und Werk der Nationalheiligen präsentiert das Historial Jeanne d'Arc (www.historial-jeannedarc.fr) in der Rue St-Romain mit modernster Multimedia-Technologie.

Weit über die Grenzen der Normandie hinaus reicht die Strahlkraft des Musée des Beaux-Arts (www.mbarouen.fr) mit Gemälden u. a. von Caravaggio, Velázquez, Monet und Renoir. Die Top-Sehenswürdigkeit aber, zumindest was Postkartenverkäufe betrifft, ist der Uhrturm Le Gros Horloge. Auf seiner Ostseite zeigt er ein Renaissance-Uhrwerk mit von Figuren und Symbolen besetztem Schaublatt, auf der Westseite das Haus des Verwalters samt Rokokobrunnen. Die Schafe im Bogen symbolisieren den Reichtum der einstigen Wollweberstadt Rouen.

ROUEN

Alle Gassen in der Hauptstadt der Normandie führen irgendwann vor das imposante Westwerk der Kathedrale Notre-Dame. Links springt die frühgotische Tour St-Romain ins Auge. Die Mitte markieren drei Portale, darüber ein kostbarer Tympanon, eine Fensterrosette und Statuen. Rechts findet sich die Tour de Beurre – angeblich aus Geldern bezahlt, die die Bürger für das Privileg des Butterkonsums während der Fastenzeit zahlten. Im Chorumgang verblüffen die lebensechten Liegefiguren von Richard Löwenherz und Rollo, erster Herzog der Normandie, sowie die mittelalterlichen Glasfens-

ter und die romanische Krypta. Einen schönen Blick auf den Turm mit seiner 151 m hohen Spitze von 1884 hat man von der Cour d'Albane auf der Nordseite. Ein weiteres Wahrzeichen ist St-Maclou an der Place Barthélemy. Die gotische Pfarrkirche zeigt Portale mit reichem Renaissance-Schnitzwerk. An der Place du Général de Gaulle folgt eine dritte Kirche, die Abbatiale St-Ouen. In der 750 gegründeten Benediktinerabtei mit Kirche aus dem 14.–16. Jh. und Resten des barocken Klosters ist heute das Rathaus untergebracht. Auf der von Fachwerkhäusern gesäumten Place du Vieux-Marché, wo Jeanne d'Arc am 30. Mai 1431 den Feuertod starb, markiert ein Monument, Le Bûcher de Jeanne

LE HAVRE

Für die einen ist die Hafenstadt an der Seine-Mündung ein Amoklauf in Beton, für die Unesco zählt die nach dem Zweiten Weltkrieg modern wiederaufgebaute Stadt seit 2005 zum Welterbe. Wie Fremdkörper in der modernen Stadtlandschaft wirken heute die Kathedrale Notre-Dame (Rue de Paris) aus der Zeit von Spätgotik und Renaissance und die Maison-Musée de l'Armateur (Quai de l'Île), ein imposantes Reederpalais des 18. Jh.

Die Avenue Foch ist die Magistrale des Wiederaufbaus. Die 80 m breite Straße öffnet sich nach Westen mit

»Schwerter zu Pflugscharen« modern variiert. Das Mémorial in Caen hat ein Thema: Nie wieder Krieg!

Das passt zu Le Havre: Die Bains des Docks folgen dem Muster »Gerade & Glatt«.

einem monumentalen Platz. Zwei Turmbauten von Auguste Perret (1874–1954), dem federführenden Architekten des Wiederaufbaus, bilden an den Ecken die Porte Océane, das Tor zum Ozean. Ein Wahrzeichen von Le Havre ist das Hôtel de Ville mit dem 74 m hohen Rathausturm von Jacques Tournant, der an stalinistische Zuckerbäckerbauten erinnert. Von der Aussichtsplattform im 17. Stock überschaut man das gesamte Weltkulturerbe. Im alten Hafen wächst derweil ein neues Le Havre: Nach dem Ende der Werften entstehen in den Docks neue Ausgehmeilen und Einkaufsviertel.

DIEPPE

Das Herz der Altstadt schlägt um die Kirche St-Jacques, ein gewaltiges Gotteshaus (12.–16. Jh.) mit reichem Interieur aus der Hochgotik (Chorgewölbe) und Renaissance, darunter ein Fries, der die Abenteuer der Seefahrer aus Dieppe erzählt. Die barocken, aus gelben Ziegeln gebauten Reederpaläste am Hafen zeugen vom einstigen Reichtum der Stadt als Metropole des Elfenbeinhandels. Le Pollet, das alte Fischerviertel, ist an drei Seiten von Wasser umgeben. Über die Drehbrücke Pont Colbert aus dem 19. Jh. geht es zum Quai de la Marne und von dort weiter auf die östlichen Klippen. Oben bewacht die gotische Fischerkapelle Notre-Dame-de-Bon-Secours die Hafeneinfahrt. Auf den westlichen Klippen wiederum thront Dieppes

mittelalterliche Zwingburg, das imposante Château aus dem 15. und 16. Jh., das heute ein Museum ist.

CAEN

Caen war die Lieblingsresidenz von Wilhelm dem Eroberer. 1060 ließ er sich am höchsten Punkt der Stadt eine Burg bauen. Ein netter Fußweg führt von der Rue Montoir Poissonnerie hinauf. Auf dem Gelände befindet sich im ehemaligen Sitz des Stadtgouverneurs das Musée de Normandie (www.musee-de-normandie.caen.fr) zur Geschichte der Normandie. Ein moderner Bau auf dem Burgberg ist das Musée des Beaux-Arts (www.mba.caen.fr), eins der bedeutendsten Kunstmuseen Frankreichs mit Gemälden und Stichen vom 15. bis ins 20. Jh. Quirliges Herz der östlichen Altstadt ist das Quartier Vaugueux mit malerischen Gassen, Stiegen und Fachwerkfassaden des 16.–18. Jh., während die Kirche St-Pierre, ein Meisterwerk im Übergang von Spätgotik zu Renaissance, das Zentrum des gleichnamigen Viertels im Südwesten der Burg ist. Dieser Teil der Altstadt blieb von den Bomben des Zweiten Weltkriegs halbwegs verschont. Caens bedeutendstes Baudenkmal, die Abbaye aux Hommes, wurde 1066 von Wilhelm dem Eroberer als Männerabtei gegründet. Die romanisch-gotische Kirche St-Étienne hütet Wilhelms Grab, die im 18. Jh. errichteten Klostergebäude dienen als Rathaus.

Etwas außerhalb liegt Le Mémorial, das wichtigste Museum der Normandie über den Zweiten Weltkrieg.

CHERBOURG

Auf den ersten Blick wirkt die Stadt hoch im Norden etwas ruppig. In den Einkaufs- und Ausgehstraßen Rue au Blé und Grande Rue sowie deren Nebenstraßen ändert sich das Bild. Mittelalterliche und barocke Fassaden sind hübsch herausgeputzt. In der Rue de la Marine folgen noble Reederpalais. Im alten Terminal des Überseehafens (1924) bietet die Cité de la Mer (www.citedelamer.com) eine multimediale Ausstellung über das Abenteuer Tiefsee, einen interaktiven Parcours zum legendären Ozeanriesen »Titanic« sowie – vor dem Eingang im Wasserbecken – Gelegenheit für einen Besuch des größten zu besichtigenden U-Boots der Welt, »Le Redoutable«.

Majestätisch erhebt sich der vom Atlantik umspülte Klosterberg Mont St-Michel über Polder und Salzwiesen.

1.
TOUR

2.
TOUR

3.
TOUR

Die Normandie erleben

1. *TOUR*

An der Côte de Nacre –
Schauplätze des D-Day

An den breiten, endlos langen Sandstränden der seidig schimmernden Côte de Nacre (Perlmuttküste) spielten sich im Juni 1944 die dramatischsten Episoden der alliierten Landung ab. Die Schauplätze sind heute Touristenattraktion.

2. *TOUR*

Kanutour auf der Orne –
Im Herz der Suisse Normande

Ein langer, ruhiger Fluss ist die Orne in der Suisse Normande schon auf den ersten Blick nicht. Ungehalten windet sie sich in ihrem Felsbett. Paddler, aufgepasst: Die schönste Perspektive auf das Naturspektakel ist die aus dem Kanu.

3. *TOUR*

Mont St-Michel – **Klosterberg im Meer**

900 m Schlick, Priele und Sandbänke trennen das Festland wieder vom Mont St-Michel. Wohlgemerkt: wieder. Denn die Bucht um den Klosterberg drohte zu versanden. Dank ganz viel Hightech steht das Wunder des Abendlands bei Flut jetzt erneut komplett im Wasser.

1. TOUR

2. TOUR

3. TOUR

An der Côte de Nacre

Schauplätze des D-Day

6. Juni 1944, 0:05 Uhr, D-Day: Im Schutz der stockdunklen Nacht landen britische Fallschirmspringer zwischen der Orne-Mündung und Arromanches. An der Côte de Nacre hat »Overlord«, eine der größten Militäroperationen der Menschheitsgeschichte, begonnen.

Nachts springen amerikanische Soldaten bei Ste-Marie-du-Mont auf dem Utah Beach ab. Bei Tageseinbruch bombardieren 6000 Flugzeuge und eine Armada von ebenso vielen Schiffen die deutschen Küstenstellungen des Atlantikwalls. Kurz darauf rollen amerikanische Fahrzeuge und Mannschaften von ihren Schiffen auf die flachen Sandstrände zwischen Port-en-Bessin-Huppain und St-Martin-de-Varreville. Westlich von Arromanches nehmen Kanadier und Briten Gold Beach, Juno Beach und Sword Beach ein.

Am Ende des D-Day stehen 154 000 alliierte Soldaten in der Normandie. Um 20 Uhr ist die Straße von Bayeux nach Caen in ihrer Hand – anders gesagt, der Weg der Alliierten von Westen nach Paris ist frei. Am 21. August endet die blutige Schlacht um die Normandie in Tournai-sur-Dives.

Vor Arromanches versenkten die Alliierten 115 bis zu 6000 t schwere Stahlbetonteile im Meer. Nach zwölf Tagen war der Hafen fertig, rund 400 000 Fahrzeuge und 3 Mio. t Material konnten angelandet werden. Heute nutzt manch ein Badegast die Pontons als Schattenspender.

Die Routes du Débarquement

Knapp 80 Jahre später sind die Schauplätze des D-Day touristische Magnete. Allein die 30 Museen ziehen jährlich rund 3 Mio. Besucher an. Bei den Ausstellungen, Filmen, Tafeln überwiegt ein sachlicher Ton und der Wunsch nach historisch korrekter Darstellung. Die Befreiung von faschistischer Gewaltherrschaft und deutscher Besetzung sowie der Wunsch nach Frieden für Europa stehen im Vordergrund. Acht »Routes du Débarquement« folgen den Orten der Landungsoffensive. Von Arromanches bis Quinéville vereinen sich die Routen »Overlord-l'Assaut«, »D-Day Le Choc« und »Objectif Un Port« zu einer Tour längs der Plages du Débarquement – der für die Landung günstigen, weil breiten Sandstrände der Départements Calvados und Manche.

Ein Hafen im Meer

In Arromanches tauchen bei Ebbe die Reste des von den Alliierten unter schwerem Beschuss angelegten künstlichen Hafens aus dem Meer auf. Im 360-Grad-Kino über dem Ort vermittelt der Film »Le Prix de la liberté« eine Einführung in das Thema – ohne falsches Pathos, ohne blutrünstige Untertöne (www.arromanches360.com). Das Musée du Débarquement erklärt mit Modellen den Bau des künstlichen Hafens (www.musee-arromanches.fr).

Etwas weiter westlich, bei Port-en-Bessin, überragt das Omaha Beach Memorial den breiten Sandstrand. Bei Longues-sur-Mer blieb ein deutscher Bunker erhalten, dessen Scharfschützen über 2000 US-Soldaten in den Tod rissen.

Jetzt lachen sie noch, dann sterben sie. Niemand hat das Grauen am Omaha Beach so in Szene gesetzt wie Steven Spielberg in »Saving Private Ryan«. Muss man sehen, um zu verstehen. Ausschnitte zeigt das 2013 eröffnete Overlord Museum in Le Bray (www.overlordmuseum.com).

Kreuze in Reih und Glied

In Colleville-sur-Mer erinnert der Cimetière Américain mit endlosen Reihen weißer Kreuze daran, wie hoch die Verluste waren: 9387 Soldaten liegen am Meer begraben. An der nahen Pointe du Hoc (10 km westlich) kämpften die Ranger erbittert um eine deutsche Geschützstation. Zu Füßen der Klippen schrumpft und weitet sich der Strand im Rhythmus der Gezeiten – am 6. Juni hatte sich der Atlantik besonders weit zurückgezogen. Ein idealer Tag für die Landung. Bombenkrater und zerborstener Beton zeugen von der Heftigkeit der Kämpfe um die Felsspitze. Aus der Vogelperspektive betrachtet wirkt das Gelände heute fast wie ein Land-Art-Projekt.

Landeinwärts liegen 21 222 deutsche Soldaten auf dem Cimetière Allemand von La Cambe begraben, an dessen höchster Stelle ein Basaltkreuz steht (9 km südlich von Grandcamp-Maisy via D 514). Den Friedhof beschirmen die 1200 Ahornbäume des Jardin de la Paix.

ÜBRIGENS

Der D-Day ist bis heute erstaunlich präsent, nicht nur durch alte Bunker oder neue Monumente. Entlang der Küste bewahren etliche Scheunenmuseen große und kleine Dinge, die die US Army zurückließ, als sie auf Paris vorrückte.

Tod im Fallschirm

Für einen amerikanischen Fallschirmspringer wurde der Kirchturm von Ste-Mère-Église zum Verhängnis: John Steels Fallschirm verfing sich in der Nacht des 6. Juni 1944 am Turm – die Episode ist durch den Hollywoodklassiker »The longest Day« berühmt geworden. Im Musée Airborne (www.airborne-museum.org) wird der gewaltige Kraftakt deutlich, den die alliierte Luftwaffe zum Transport von Fallschirmspringern, Bodentruppen und Material aufbringen musste.

Kanutour auf der Orne

Im Herz der Suisse Normande

»Zwei Handbewegungen müsst ihr beherrschen«, erklärt Frédéric Olivier bei Übergabe der Kanus. Dann sticht der Leiter des Kajakclubs von Thury-Harcourt mit dem Paddel von rechts oben nach links unten durch die Luft: Paddeln. Er legt die Handinnenflächen zusammen, macht einen Zug vor der Brust: Schwimmen.

Der Kleinbus von Frédérics Basis im 27 km die Orne abwärts gelegenen Thury-Harcourt setzt uns in Pont d'Ouilly ab. Trotz 40 kg Eigengewicht und zwei Paddlern an Bord gleitet das Kanu fast wie von allein den Fluss hinab. Mit dem Steuern klappt es nicht auf Anhieb. Frédéric erklärt, wie es geht: Paddel rechts ins Wasser und gegen die Strömung drücken: das Kanu schwenkt nach rechts. Für links das Ganze umgekehrt.

Stille im Tal

Das Paddeln wird schnell zur Routine, umso mehr kann man sich den Steilfelsen widmen. Der Ausflugstrubel in Pont d'Ouilly liegt auf der verschwiegenen Orne bald Lichtjahre entfernt, und die Normannische

So macht Kanufahren Spaß: Verlierst du das Paddel, kann es der Nächste wieder auffischen. Merci bien!

Bei Thury-Harcourt windet sich die Orne vor dramatischer Felskulisse ungehalten in ihrem Bett. Wildromantischer ist die Normandie nirgends.

Schweiz erweist sich als das Land, in dem sich Fuchs und Hase gute Nacht sagen. Ungehalten windet sich die Orne in ihrem von steilen Felsufern überragten Bett. Le Bô taucht am rechten Ufer auf. In diesem Minidorf besticht der Friedhof um die kleine Kirche St-Pierre aus dem 14. Jh. – ein friedvoller Ort.

Vorbei an der Croix de la Favière, einem Aussichtspunkt über dem Ufer, paddeln Sie auf die himmelstürmenden Bögen der Eisenbahnbrücke Viaduc de Clécy zu. Die Zahl der Kanus auf dem Wasser nimmt beträchtlich zu. Bald tauchen die ersten Uferlokale auf: Clécy, der größte Besuchermagnet der Suisse Normande, thront auf einer 80 m hohen Hügelkuppe über der Orne. In den von Granithäusern gesäumten Gassen ist es beim Landgang überraschend ruhig, denn die Massen drängt es ans Wasser. Was man als Kanute gut verstehen kann: Die Orne fließt ab Clécy durch ein bukolisches Tal, vorbei am Pain de Sucre (»Zuckerhut«), dem markanten Uferfels.

Auf einem Blütenteppich

Das Kanu gleitet über einen weißen Blütenteppich – meterlange Wasserpflanzen strecken ihre Blüten an die Oberfläche. Enten schnattern, Libellen tänzeln über der Orne. Beim Uferdorf St-Rémy erinnert die imposante Ruine eines Förderturms daran, dass hier bis 1968 Eisenerz abgebaut wurde. *Fini,* die Ufervegetation, überwuchert die Mine allmählich. Pont de la Mousse ist ein weiterer verbummelter Weiler, dessen lauschige Ufer zu einem Picknick einladen.

Das Ziel der Paddeltour ist das 2000-Einwohner-Städtchen Thury-Harcourt. Unterhalb der Schlossruine hat der örtliche Kajakclub samt eigenem Ponton seinen Sitz. Wer noch Puste hat: La Boucle du Hom heißt eine Flussschleife der Orne im Norden von Thury-Harcourt, die fast einen Kreis schließt – ein malerischer Platz am Fluss.

»QUAND JE VIENS ICI, C'EST COMME SI JE PRENAIS UNE DOUCHE DE MES ENNUIS. J'ADORE CE CLIMAT QUI FAIT FUIR LES IMBÉCILES, CE QUI FAIT QUE CEUX QUI SONT LÀ L'APPRÉCIENT.«

Wenn ich hierher komme, ist es so, als würde ich meine Sorgen abduschen. Ich liebe dieses Klima, weil es die Dummköpfe in die Flucht jagt, was bedeutet, dass die, die da sind, es wirklich schätzen.

Claude Lelouch
(Regisseur)

Mont St-Michel

Klosterberg im Meer

1879 wurde der Mont St-Michel durch eine Deichstraße mit dem Festland verbunden, und die Massen strömten zum Klosterberg. Ebbe und Flut strömten hingegen nicht mehr ungehindert, so drohte die Bucht zu versanden. Bis eine gigantische Renaturierungskampagne begann.

Im hypermodernen Centre d'Information am Parkplatz wird das 200 Mio. Euro teure Großprojekt in Fotos und Modellen vorgestellt. 2015 wurde die Deichstraße abgerissen. Bis 2020 sollen 80 % der Sedimente weggespült, bis 2025 die Bucht wieder in ihren Urzustand versetzt sein. Dafür wurde 2010 die elegante Brückenschleuse gebaut, mit der das Wasser des Couesnant so reguliert werden kann, dass es wieder die Bucht freispült.

Am besten zu Fuß!

Vom Parkplatz verkehrt ein Pendelbus (kostenlos) über die auf filigranen Pfeilern ruhende Brücke zum Mont St-Michel. Ich gehe lieber zu Fuß (ca. 30 Min.). Der Blick schweift dann über die weite Bucht, die sich bei Ebbe in eine Landschaft aus Sandbänken, Schlick und Prielen verwandelt.

Zauberberg des Abendlands

Wie durch ein Nadelöhr muss man zunächst durch die Porte de l'Avancée. Dahinter öffnet sich die Cour de l'Avancée: Die beiden Kanonen haben Engländer auf der Flucht 1434 zurückgelassen. Es folgen die Porte du Boulevard, der zweite Mauerring und die Porte du Roi. Am Portal von St-Pierre, der Pfarrkirche aus dem 11. Jh., befindet man sich bereits 50 m über dem Meer. Aber ein Ende der Kraxelei ist noch lange nicht in Sicht. Eine steile Treppe, Le Gouffre, führt weiter nach oben: zunächst zum Châtelet, einem Verteidigungsbau des 14. Jh. in grau-rosa-farbenem Granit. Und dann zur Salle des Gardes mit den Ticketschaltern für das Kloster.

Aussicht von der Festungsmauer: viel Sand, wenig Meer. Den Sand soll das Meer nun aber wieder fortspülen.

Die Besichtigung des Klosters erfordert etwas Puste: Das mittelalterliche Labyrinth zieht sich über mehrere Etagen. Es geht kräftig treppauf (300 Stufen!) und treppab. Kühn stauchen sich Rittersäle, Kirchengewölbe und Türme auf engstem Raum bis zu 157 m über dem Meer. Noch warten mit den Logis abbatiaux die Wohntrakte der Äbte im Süden und La Merveille, ein 1211 errichteter gotischer Bau mit Refektorium, Kreuzgang und sechs Sälen auf drei Etagen im Nordosten.

Die Abteikirche, auf deren Turm seit 1897 die Statue des hl. Michael mit dem Drachen prunkt, bildet den krönenden Abschluss. Erst nach dem Teilabriss des 1080 errichteten Gotteshauses 1780 erhielt der Bau die spätbarocke Fassade. Die im Kern romanische Kirche thront auf archaisch schlichten Krypten. Hinter dem Ausgang liegt der Jardin de l'Abbaye, der Klostergarten. Von hier sieht man zu den Chausey-Inseln hinüber, von denen der beim Bau verwendete rosafarbene Granit stammt. Der Besuch endet mit dem Gang über die Stadtmauer. Immer im Blick dabei die Bucht – ein Bild von surrealer Schönheit.

Vorfahrt für langsame Entdeckungen

Baden und Strände

Gut 600 km Küste bedeuten Badefreuden im Großformat. Viele Strände werden in der Saison überwacht. Vorsicht bei Strömungen nahe Flussmündungen! Unbedingt auf die Gezeiten achten.

Fahrrad und Mountainbike

Immer öfter haben Radfahrer auf der Landstraße Vorfahrt, etwa auf der schönen Küstenstrecke von Fécamp nach Étretat. Fürs Mountainbike wurden vor allem in der Suisse Normande zahlreiche Pisten eröffnet. Infos erhalten Sie über das Comité Régional Normandie de Cyclotourisme (www.normandie-cyclotourisme.com).

Reiten

Die Normandie ist Frankreichs wichtigste Pferdezuchtregion. Entsprechend groß ist das Angebot an Reitschulen, Übernachtungen für Reiter und Pferd, Reitwanderrouten. Viele Gestüte und Reiterhöfe bieten Tagestouren oder Wochenwanderungen an. Informationen unter www.chevalnormandie.com.

Segeln, Surfen, Strandsegeln

Strandorte, die sich besonders auf Segelsportler eingerichtet haben, tragen das Label »Station Voile«. Einen Überblick zu Segelschulen vermittelt das Portal der Fédération Française de Voile (www.ffvoile.fr).

Infos über Surfschulen findet man im Portal der Fédération Française de Surf, dazu Aktuelles aus der Surferszene (www.surfingfrance.com).

Das Mekka für Strandsegler bleibt dank endloser, flacher Sandstrände die Côte des Isles mit Basen in Les Pieux, Tourville-sur-Sienne, Bretteville-sur-Ay oder Granville. Weitere Infos über die Fédération Française de Char à Voile (www.ffcv.org).

Wandern

Bei den Fernwanderwegen Grande Randonnée (GR, rot-weiße Markierung) sind die entlang der Küste am beliebtesten. Dramatische Aussichten von hohen Klippen und lange Strände garantieren der GR 21 an der Côte d'Albâtre und der GR 223 um die Spitze der Cotentin-Halbinsel (Barfleur-Cap Lévy, Urville-Vauville). Die Fernwanderwege GR 36 und GR 221 durch die Suisse Normande können dank tiefer Flusstäler und romantischer Felsufer durchaus mithalten. Infos unter www.gr-infos.com.

Das Netz der GR komplettieren die Sentiers de Grande Randonnée de pays (GRP, gelb-rot markiert), Rundwanderungen am Verlauf der Fernwanderwege. Hinzu kommen Petites Randonnées (PR, gelb markiert), die als kürzere Rundwege angelegt sind.

Organisierte Wanderungen inkl. Übernachtung oder Gepäcktransport kann man über France Randonnée buchen (www.france-randonnee.fr).

Auch an windigen Tagen mit Sonne findet man im Schutz der Strandhütten in Le Havre ein schönes, warmes Plätzchen.

Blick von der Falaise d'Amont – tief unten läuft die See Amok. Der Zöllnerweg ist etwas für Schwindelfreie.

So schmeckt die Normandie

*Die Ausrüstung macht den Unterschied.
Das weiß auch der Grillmeister bei der
Fête du Hareng in Fécamp.*

Weißes Gold am Fließband: der echte Camembert fermier schmeckt nicht nach Plastik.

Die Normannen lieben eine ehrliche, dem Meer und dem bäuerlichen Hinterland verpflichtete Küche. Eine kulinarische Wüste ist die Normandie deswegen aber noch lange nicht. Das Zauberwort heißt »cuisine du terroir«. Was man darunter versteht? Rezepte der regionalen Tradition mit Zutaten aus der Region – präsentiert jedoch in durchaus moderner Form. Etwas für Entdeckungs-Schmecker!

Wo gibt es was und wann?
Für den Hunger zwischendurch gibt es im *café* oder in einer *bar* Sandwich, Pizza, Salat. Für Petits fours und Kuchen geht man in einen *salon de thé*. Abends werden im *restaurant* ab etwa 19.30 Uhr die ersten Bestellungen aufgenommen. In einer *brasserie* hält man sich weniger streng an Mittags- und Abendzeiten: Das Konzept heißt »durchgehend warme Küche«. Das *bistro* wiederum hat einen Bedeutungswandel durchlaufen – mitunter schmücken diese sich sogar mit einem Michelin-Stern. Auch feinere Adressen locken unter der Woche mittags mit einer *formule* (Vorspeise plus Hauptgang oder

Hauptgang plus Dessert, eventuell mit Getränk) oder einem günstigen Menü. Abends sind die Preise höher. Wachsender Beliebtheit erfreut sich die *bar à vin*. Dort werden die Weine auch glasweise angeboten, woanders bestellt man ganze Flaschen.

Restaurant-Kodex
Französische Restaurantriten wollen gelernt sein. Man überlässt es dem Kellner, einen Tisch vorzuschlagen – den man natürlich ablehnen kann, um einen anderen Platz zu erbitten. Nachdem die Speisekarten verteilt sind, fragt der Kellner, ob man einen Aperitif wünscht. Hat man gewählt, gibt man der Bedienung, die mit »Madame!« oder »Monsieur!« angeredet wird, ein Zeichen. Die Rechnung wird nur auf Aufforderung gebracht. Sie umfasst den Gesamtbetrag – getrennt zu zahlen, käme keinem Franzosen in den Sinn. Der Service wird in der Rechnung ausgewiesen, Trinkgeld zu geben ist jedoch üblich.

Satt und glücklich
Die traditionsreiche Küche der Normandie liebt Butter und Crème fraîche. Gebackener Camembert, *pâté* vom Schwein oder von der Ente, eine *assiette de charcuterie*

(Wurstplatte), Cotentin-Schinken, wahlweise eine *assiette de crudité* (Rohkostplatte), Austern, *langoustines* (Kaisergranat bzw. Scampi) oder Muscheln zählen zu den typischen Vorspeisen. Weiter geht's mit einer *blanquette* von Jakobsmuscheln in einer Butter-Calvados-Sauce, Seezunge oder Scholle aus dem Backofen, Rochen mit Kapern, Hummer von den Chausey-Inseln oder Salzlamm. Nicht zu vergessen: ein *plateau de fruits de mer* mit auf einem Bett aus Algen und Eis arrangierten Taschenkrebsen, Austern, Mies- und Herzmuscheln, Krabben, Seeschnecken und Kaisergranat wird frischer nirgends serviert. Die *andouille* mag nicht jedermanns Sache sein. So wie die Innereienwurst aber gehören *tripes*, Kutteln, zu den Spezialitäten. Das typische Dessert heißt *tarte aux pommes*, ein Apfelkuchen mit einem Schlag Crème fraîche, dazu eine Kugel Vanilleeis.

Was wollen wir trinken?
Cidre passt zu allem, denn man kann zwischen *doux* (lieblich), *brut* (trocken) und *mousseux* (schäumend) wählen. Weißweine von der Loire wie ein Cheverny oder ein Ménetou-Salon passen zu Fisch, ein Roter aus Chinon oder Bourgueil zu Fleisch.

Warum das Saarland?

Wahrzeichen und grandioses
Naturschauspiel: die Saarschleife
bei Mettlach-Orscholz

Schönste Provinz mitten in Europa

60 km sind es nur von Nord nach Süd, 90 km von West nach Ost. Wer es eilig hat, ist in gut einer Stunde durch. Wäre schade, denn ins Saarland kommt man nicht zum Rasen, sondern zum Entschleunigen: zum Wandern und Radeln durch tiefe Wälder und sanft gewelltes Hügelland – mit Blick nach Frankreich und Luxemburg. Ein Bummel durch den Saarbrücker Barock, eine kühne Klettertour auf die erkalteten Hochöfen des Weltkulturerbes Völklinger Hütte. Und zur Feier des Tages dann ein feines Dinner bei einem unserer sieben (!) Sterneköche. Oder in einer Dorfgaststätte. »Mir wisse, was gudd is.«

Man is(s)t gerne draußen, nicht nur in der Altstadt von Saarbrücken.

Der Bliesgau, eine alte Kulturlandschaft an der Grenze zu Frankreich

Das ist das Saarland ...

Was fällt Ihnen spontan zum Saarland ein? Nichts? Nicht viel? Macht nichts, da geht es Ihnen wie den meisten, die noch nicht hier waren. Aber Moment mal, kommt nicht »AKK« von hier? Genau! Unsere Ex-Ministerpräsidentin bestimmt seit geraumer Zeit die Schlagzeilen der Bundespolitik mit. Mal so, mal so. Wir nehmen die zunehmende »Saarlandisierung Deutschlands« (»DIE ZEIT«) eher gelassen zur Kenntnis – und zum Anlass, die geweckte Neugier beim Publikum lieber gleich mal in einen Besuch unseres Ländchens umzumünzen.

Oh, wie schön grün

Von wegen Kohlenstaub und rauchende Schlote! Die erste Überraschung, wenn Sie hier ankommen: Wie schön das hier ist und wie grün! Sanft gewellte Hügel, viel, viel Wald. Glitzernde Flusstäler und Seen, Felder und Wiesen mit knorrigen Obstbäumen, satte Weiden mit Rindern und Schafen, Weinberge. Dazwischen immer mal wieder Fördertürme und Kohlehalden, die Landmarken der Vergangenheit. Ein schönes Panorama, klein, kompakt, übersichtlich. Viel Abwechslung auf kleinstem Raum.

Arm, aber weise

Zu viel Idylle gleich am Anfang? Keine Sorge, die weniger schmeichelhaften Seiten werden schon noch nachgereicht. Lieber aber etwas später. Was durchaus dem Charakter des Saarländers entspricht. Er sei ein bisschen konfliktscheu, sagt man, dafür aber sehr offen und gesellig. Hat auch damit zu tun, dass viele ihr Leben lang zusammen malocht haben, unter Tage und am Hochofen, wo man fest aufeinander angewiesen ist. Gewachsen ist dies im »Montanzeitalter« des 19. Jh. Da entsteht so etwas wie eine saarländische Identität: kaum eine Familie, in der nicht mindestens einer Bergmann oder Hüttenarbeiter ist. Die Herren der Gruben und Hütten sind strenge Patrone, doch die Arbeiter wissen sich mit gegenseitiger Unterstützung und schlitzohriger Kumpelei das Leben zu erleichtern, auch in der Freizeit. Fast jeder ist Mitglied in einem Verein, bei den Turnern, Brieftaubenzüchtern oder in der Bergmannskapelle. Und auch nach der Schicht wird die »Schaffbux« anbehalten, um die Ziege hinterm Haus zu füttern oder dem Nachbarn beim Hausbau zu helfen. Und sonn-

In der Biosphärenregion Bliesgau, begegnen Ihnen Schäfer mit ihren Herden.

Der hölzerne Steg des Baumwipfelpfads schlängelt sich vom Cloef-Atrium aus in über 20 m Höhe 1250 m weit durch die Baumwipfel und mündet in einen 42 m hohen Aussichtsturm über der Saarschleife.

tags nach dem Hochamt gehen sie alle zusammen einen trinken. Dieser leise Stolz aufs Geschaffte, diese freundliche, unkomplizierte Solidarität untereinander, diese Lust am Anpacken, am Schwätzen und Feiern – das ist bis heute geblieben, das sind »die wahren postindustriellen Ressourcen in einem armen, aber weisen Land«, wie es eine angesehene deutsche Sonntagszeitung mal beschrieb. Und für so ein dickes Kompliment schämen wir uns fast schon wieder, auch das ist typisch saarländisch!

Zwischen Barock und Hightech

Wo waren wir stehen geblieben? Ach ja, beim Ankommen. Mit sanftem Schwung gleiten Sie also irgendwann ins Tal der Saar, der Lebensader in der Landesmitte, mit der Landeshauptstadt Saarbrücken. Da sitzen die Landesregierung, das Staatstheater, die großen Museen, da strömen sie aus allen Richtungen, auch aus Frankreich, zum Einkaufen in die City, da lässt man es sich gut gehen zwischen prächtigem Barock in der Altstadt und lockerem Laissez-faire am grünen Saarufer. Apropos Barock: Außer von seiner Industrie wurde das Land von drei kleinen Fürstentümern geprägt, die ihm im 18. Jh. nach verheerenden Kriegszeiten einen ersten wirtschaftlichen Aufschwung und einen architektonischen Bauboom bescherten, von dem wir immer noch profitieren. In Saarbrücken, aber auch im wiesenduftenden Bliesgau rings um Blieskastel, wo eine frühe Frau von der Leyen damals für Furore sorgte.

Offener Blick über die Grenzen

Äußerst frankophil waren diese barocken Herrschaften. Auch die Saarländer von heute genießen durchaus die Nähe zum Nachbarn, aber sie spre-

chen nicht so viel, sie essen lieber französisch. Oder Bodenständiges wie »Dibbelabbes« oder »Hoorische«. Im buckligen Saargau und an der sonnendurchfluteten, weinseligen Mosel an der Grenze zu Frankreich und Luxemburg. Oder im knorrigen Norden zwischen Schaumberg und Hochwald, mit seinen warmen Badeseen und den tiefen, zackigen Sandsteinfelsenwäldern, wo man endlos vor sich hinwandern kann. Dazwischen immer mal wieder magische Stätten aus keltisch-römischer Zeit und die rostigen Riesen des Industriezeitalters.

... und das sind seine Städte

Baumstümpfe mit Vergangenheit – ein mutiges Mahnmal am Rabbiner-Rülf-Platz mitten in der City von Saarbrücken

SAARBRÜCKEN

Saarbrücken hat Charme und eine ansteckende Lebensfreude. Und die Stadt lebt vom Reiz ihrer Kontraste: Am einen Ende ist sie Dorf mit Kirche geblieben, am anderen wandelt sie sich vom Schwerindustrie- zum Hightech-Standort. Im Süden grenzt sie direkt an Frankreich, im Osten versteckt sich ihre Uni im Wald. Und in der Mitte ist sie quirlige Stadt am Fluss – mit schönen Uferpromenaden und Stadtquartieren von Barock über Gründerzeit bis zur Moderne. Der St. Johanner Markt ist die gemütlichste Ecke der Altstadt und eine Bühne für Flaneure und Voyeure. Die Kulisse bilden der

Marktbrunnen und ein Ensemble barocker Bürgerhäuser mit kleinen Läden, Kneipen und Restaurants. Angelegt hat sie der Barockbaumeister Friedrich Joachim Stengel. Auch die Basilika St. Johann ist ein Werk Stengels, seine einzige katholische Kirche in Saarbrücken. In ihrem Inneren etwas mehr barocker Prunk als in Stengels Ludwigskirche auf der anderen Seite der Saar, die zusammen mit der Dresdener Frauenkirche und dem Hamburger »Michel« zu den bedeutendsten protestantischen Barockkirchen in Deutschland gehört. Das Ensemble Ludwigsplatz und Ludwigskirche war Stengels letztes Werk, die Krönung seines Schaffens, vollendet 1775. Als Baumeister Stengel 1735

zum ersten Mal in Saarbrücken weilte, fand er ein ramponiertes Renaissanceschloss vor. Fürst Wilhelm Heinrich spendierte sich und seinem Architekten erst mal eine Dienstreise nach Paris. Danach war klar: Auch das neue Schloss in Saarbrücken sollte was vom Glanz des königlichen Versailles haben. Die heutige (nicht unumstrittene) Form erhielt es 1989 von Gottfried Böhm. Von der Schlossgartenterrasse bietet sich ein weiter Rundblick über die Saar. Am anderen Ufer kann man direkt am Fluss durch diverse Grünanlagen spazieren und radeln. Zur Kulturmeile zwischen Staatstheater, Musikhochschule und Moderner Galerie des Saarlandmuseums. Weiter bis zum Staden, Saarbrückens populärster Sommerliegewiese vor der Kulisse vornehmer Gründerzeitvillen. Beliebter Treffpunkt ist auch die Freitreppe am Rabbiner-Rülf-Platz, der gleichzeitig Gedenkort ist für die von den Nazis ermordeten Saarbrücker Juden.

Umtriebig und lebhaft geht es im Nauwieser Viertel zu, wo sich Alt-68er, Studis, Punks, Jung-Dynamiker und Ureinwohnen über den Weg laufen – zwischen Kneipen, Bars, Bio-, Friseur-, Klamotten-, Trödel- und Tattooläden. Flankiert von Musikschule, Künstlerateliers und einer Prise Rotlicht am Rande. Mittelpunkt des bunten Treibens ist der Max-Ophüls-Platz, benannt nach dem 1902 hier im Viertel geborenen Filmregisseur, Namensgeber auch für das renommierte Filmfestival Max Ophüls Preis im Januar.

Die Saarlouiser tun grad so, als wären sie die (heimlichen) Hauptstädter des Landes!

Kennen Sie das »Blaue Pferdchen« von Franz Marc? Das Gemälde ist nur einer der vielen Kunstschätze der Modernen Galerie in Saarbrücken.

ST. INGBERT

Um die Klause des Einsiedlermönchs Ingobertus entstand ein kleines Waldbauerndorf, das im 18/19. Jh. zu einem dieser typischen saarländischen Industriestädtchen zwischen Forst, Wiesen, Hüttenwerken und Fördertürmen anwuchs. Das kann man heute alles noch hautnah in der Alten Schmelz erleben, einem ehemaligen Eisenwerk. Es ist angelegt wie ein kleines Dorf.
In der Fußgängerzone und im Handwerkerviertel am Maxplatz haben sich einige schöne Wohnhäuser aus der »Fürstenzeit« erhalten. Das Prunkstück aber ist die lichtdurchflutete Engelbertskirche von 1755. Die Wälder um St. Ingbert sind voller Sandsteinfelsen, denen Wind, Wetter und der Zahn der Zeit eigenwillige Formen verpasst haben. Auf der Kuppe eines kleinen steilen Bergrückens im Süden der Stadt ragt ein Fels in Form eines Stiefels auf, der, so geht die Sage, dem Riesen Kreuzmann gehört haben soll. Für St. Ingberter ist es Brauch, immer mal wieder zum Stiefel hochzusteigen.

ST. WENDEL

Der Ortspatron, der Sage nach im 7. Jh. aus Schottland angereist, liegt seit über 1000 Jahren in der Wendelinus-Basilika in der Stadtmitte begraben, dem Wahrzeichen der Stadt. Herzogin Luise kam 1824 nach St. Wendel, das nach dem

Wiener Kongress ihrem Hause Sachsen-Coburg-Gotha zugeschlagen worden war. So manches Gebäude auf dem Fruchtmarkt rings um die Basilika trägt noch die Handschrift ihrer Regentschaft und verträgt sich gut mit den noch älteren Häusern der Altstadt.

THOLEY

Kein Wunder, dass sich hier der heilige Wendelin vor 1300 Jahren schon wohlgefühlt hat! Die Gemeinde am Fuße des 569 m hohen Schaumbergs liegt eingebettet in eine traumhaft schöne Landschaft mit Gehöften, Mühlen und Resten römischer Siedlungen. Mitten im Ort steht das älteste Kloster Deutschlands. Der iro-schottische Missionar Wendelin soll der Gründer gewesen sein – eine schöne Legende! Derzeit halten zwölf Mönche die Abtei am Laufen, zugewandt und weltoffen: Abt Mauritius ist ein ehemaliger Gourmetkoch und bewirtet Besucher gerne im Gästehaus St. Lioba. Und kein Geringerer als Malerstar Gerhard Richter hat der frisch renovierten Abtei drei beeindruckende neue Kirchenfenster nach seinen Entwürfen geschenkt. Ein weiterer kostbarer Schatz in dieser uralten Klosterkirche.

SAARLOUIS

Die heitere, lebenslustige Stadt mit einer erstaunlichen französisch-deut-

schen Militärkarriere wurde 1680 von König Ludwig XIV. gegründet – unter der Regie seines Baumeisters Vauban – als Festungsstadt an der Saar zur Sicherung der Nordostgrenze Frankreichs. Ab 1815 hatten die Preußen das Sagen und bauten die Festung weiter aus. Der Große Markt mitten in der Stadt wird gesäumt von der einstigen Garnisonskirche und der Alten Kommandantur. Dahinter erstreckt sich die gemütliche Altstadt mit ihren Häusern aus der Barock- und Preußenzeit. Das Deutsche Tor führt hinaus an den Saar-Altarm, der die Vauban-Insel umschließt, von der noch Wallgräben und Bastionen erhalten sind. Heute haben Spaziergänger, Jogger und Radler die Festung in ihrer Hand. In der ehemaligen Soldatenherberge aus der Preußenzeit zeigt das Städtische Museum ein mehrere Meter großes Modell der Festungsstadt, wie Vauban und sein Stab sie einst binnen weniger Jahre aus dem Sumpf gestampft haben.

Das Saarland erleben

Der Kohlebergbau ist seit 2012 Geschichte. Daran erinnert das mächtige
»Saarpolygon« auf der Halde der Grube
Ensdorf. Sieht irgendwie aus wie ein um-
geknickter Förderturm, der im Fallen zum
futuristischen Kunstwerk geworden ist.

1. *TOUR*

Weltkulturerbe Völklinger Hütte –
Beim rostigen Riesen

Hier rauchte, quietschte und rumpelte es jahrzehntelang. Viele Völklinger arbeiteten »uff de Hidd« – im heimischen Stahlwerk, das lange eines der größten in Deutschland war.

2. *TOUR*

Eine Radtour im Tal der Blies –
Magie der Geschichte

Von der Industrie in die Natur ist es oft nur ein Katzensprung. Ganz deutlich wird das auf einer 25 km langen Radtour im Tal der Blies, der kleinen Schwester der Saar.

3. *TOUR*

Genuss im Dreiländereck –
Das Geheimnis des Moselweins

Schon die alten Römer fühlten sich hier wohl. Sie vermischten sich mit den einheimischen Stämmen, setzten die ersten Rebstöcke, trieben lebhaften Handel und ließen es sich gut gehen.

Weltkulturerbe Völklinger Hütte

Beim rostigen Riesen

**Einst wuselten Tausende Arbeiter durch das riesige Stahlwerk, glü-
hendes Eisen schoss aus den Hochöfen, es ächzte, ratterte, stank in
der ganzen Stadt. Seit 1986 ruht der Koloss, staunende Besucher-
scharen ziehen nun durch die Gebläsehalle mit ihren majestätischen
Windmaschinen, klettern auf die Hochofen-Bühne, beobachten, wie
sich ein grüner Dschungel in der alten Eisenhütte breitmacht.**

Viel hätte nicht gefehlt und das Werk wäre nach seiner Schließung
kurzerhand plattgemacht worden. Wären da nicht die Leute von der
Initiative Völklinger Hütte gewesen, die rechtzeitig erkannten, dass
dieser erkaltete Koloss ein einmaliges Industriedenkmal ist, kulturhis-
torisch so bedeutend wie der Kölner Dom oder die Akropolis! Die
Fachleute von der Unesco schlossen sich 1994 dieser Ansicht an und
nahmen die Völklinger Hütte – als erstes Denkmal der Schwerindustrie – in das Welterbe auf. Machen Sie sich also auf den abenteuerlichen Weg durch das nach Meinung vieler Experten am besten insze-
nierte Industriedenkmal der Welt.

*Große Bühne am Hochofen – einst für
die Arbeiter, heute für die Touristen.
Man kann nur staunen, wie monumental und trotzdem feingliedrig so ein
Hüttenkoloss ist.*

Fantastische Ausblicke

Über die Gasgebläsehalle dringen Sie ein in die »Eingeweide« des rostigen Riesen – in die Sinteranlage, wo die spezielle Erz-Koks-Mischung für den Hochofen hergestellt wurde. Danach geht es erst mal hoch auf das Dach der Erzhalle, mit Ausblick auf Völklingen und das noch aktive Stahlwerk der Saarstahl AG ganz in der Nähe. Weitere verschlungene Stege und Wege gewähren atemberaubende Einblicke in das Innenleben des Stahlwerks. Sie führen in die Möllerhalle, den »Bauch« der Hütte, in dem einst die Rohstoffe gelagert und mit Hängebahnwägelchen zum Hochofen transportiert wurden. Aus dem »Bauch« treten Sie wieder kurz hinaus ins Freie und kommen zum »Herz« der Hütte, den Hochöfen. Sechs stehen in einer Reihe, bei Nummer fünf führt eine Treppe hoch auf die Gichtbühne in 27 m Höhe, ein riesiges 240 m langes Plateau, das die Hochöfen miteinander verbindet. Über einen Schrägaufzug ratterten früher die Erz-Wägelchen auf die Bühne, wo sie die einzelnen Hochöfen befüllten. Diese Passage, eine der eindrucksvollsten des Rundweges, wird noch getoppt von der darüberliegenden Aussichtsplattform. Aus 45 m Höhe können Sie gut erkennen, wie zwischen dem Rostrot der Anlage überall ungezügelt frisches Grün hervorsprießt: Die Natur holt sich ihr Revier zurück, aus dem sie vor über 100 Jahren vertrieben wurde.

Auch nachts eine Show, dann aber nur noch von außen zu betrachten.

Grünes Hüttenparadies

Auch in der Kokerei, wo einst bei 1300 °C Kohle in Koks verwandelt wurde, breitet sich rings um die 100 Koksöfen frisches Grün aus. Hier wächst das neue »Paradies« der alten Hütte heran, ein neu angelegter Garten inmitten der Relikte des Industrie-Molochs. Strecken Sie auf einer der bequemen Sinnenbänke mal alle Viere von sich: So ein Panorama haben Sie vermutlich noch nirgendwo genossen.

Im ScienceCenter Ferrodrom wird noch einmal virtuell Hütte gespielt: Es rattert, quietscht und jault (aus Lautsprechern), Feuer- und Wasserkaskaden ergießen sich (über Monitore) auf die Besucher. Längs der Kohlegleise bewegen Sie sich wieder auf den Ausgang zu, begleitet von überlebensgroßen Porträts der Männer, die hier früher gearbeitet haben. Nachdem Sie durch Bauch, Herz und Haut der Hütte gestreift sind, wartet am Ende des Rundgangs noch die »Lunge« des Riesen. In der Gebläsehalle stehen die mächtigen Schwungräder, die einst den Wind für die Hochöfen entfacht haben. Ihre geballte stählerne Wucht verleiht der Riesenhalle eine Dynamik, von der auch die hier stattfindenden Konzerte und die großen Jahresausstellungen profitieren.

SPEKTAKULÄRE KULISSE

Klar, dass eine Location wie diese auch kräftig »bespielt« wird. Zentrales Event ist die große, jährlich wechselnde Themenausstellung in der Gebläsehalle (»Maschine Mensch«, »Mon Trésor – Europas Schatz im Saarland«). Spektakulär auch die UrbanArt Biennale (in ungeraden Jahren), bei der Künstler aus aller Welt die Hütte als Kulisse für ihre Street-Art nutzen (April–Nov.). Feste musikalische Highlights sind der Hütten-Jazz (www.voelklingenjazz.de, Ende Juni–Mitte Aug. freitags, kostenlos und open air) sowie das Electro-Magnetic-Festival im Sommer: Mehrere Bands und DJs performen eine Nacht lang in der fantastisch illuminierten Hüttenkulisse (www.voelklinger-huette.org).

Eine Radtour im Tal der Blies

Magie der Geschichte

Radeln Sie durch eine der schönsten Landschaften des Saarlands und machen Sie eine kleine Zeitreise durch zwei Jahrtausende. Nach der »Sprechstunde« bei einem römischen Augenarzt »reiten« Sie durchs barocke Reich der Gräfin von der Leyen, um am Ende in einem halben Bahnhof aus Kaiser Wilhelms Zeiten einzukehren.

Zwei Reiterfiguren bewachen die Relikte und nachgebauten Häuser einer versunkenen Römerstadt im Römermuseum Homburg-Schwarzenacker inmitten einer barocken Parkanlage. Sie betreten eine Taverne und das prächtig ausgeschmückte Haus eines Augenarztes. Im barocken Edelhaus am Museumseingang sind Ausgrabungspreziosen ausgestellt: grazile Götterstatuetten, Münzen, ein Rezeptstempel für Augensalbe, und Originalgemälde aus dem untergegangenen Schloss Karlsberg.

Magische Orte und barocke Pracht

Über die Bliesbrücke geht's nach Wörschweiler. Machen Sie sich die Mühe und laufen Sie hoch zu den verwunschenen Ruinen einer Zisterzienserabtei (12. Jh.) – ein Ort voller Magie und beschaulicher Ruhe. Am Ortsende biegen Sie von der Hauptstraße rechts ab zum Schloss Guten-

Äpfel und Birnen von »glücklichen« Bäumen. Die Streuobstwiesen im Bliesgau sind altes Kulturgut.

Verfahren verboten: Die alte Bahntrasse ist (wie alle Radwege) optimal ausgeschildert.

brunnen. Das barocke Herrenhaus war einst Liebesnest der Zweibrücker Herzöge (heute Privatbesitz) und ist von der alten Schlosskapelle aus einzusehen – noch so eine ländliche Idylle. Dann biegen Sie bei Ingweiler auf den markierten Saarland-Radweg und gondeln durch Felder und Flussauen nach Blieskastel. Drehen Sie eine Runde über den Paradeplatz und durch die barocken Gassen der Altstadt. Reichsgräfin Marianne von der Leyen machte aus Blieskastel und Umgebung in knapp 20 Jahren eine Perle des ländlichen Barock. Unter den drei Saar-Regenten ihrer Zeit sei sie »der einzige Mann« gewesen, hat ein Lokalhistoriker behauptet. 1793 musste sie jedoch vor den anrückenden französischen Revolutionstruppen fliehen. Ihr schönes Schloss wurde geplündert und verfiel. Das barocke Stadtbild blieb aber zum guten Teil erhalten.

Wieder zurück auf dem Radweg, geht es auf einer ehemaligen Bahntrasse durch Auenwälder längs der Blies, die sich hier kurz in verträumte Nebenarme verliert, bevor sie danach schnell wieder ordentlich die Gärten der Dörfer Blickweiler und Breitfurt säumt.

> »IST ER IM LAND, WILL ER MÖGLICHST SCHNELL RAUS, AM BESTEN NACH BERLIN, LEBT ER AUSSERHALB, SUCHT ER SICH BALD EINEN SAARLÄNDER-STAMMTISCH. DORT SITZT ER DANN, BEI MITGEBRACHTEM LYONER, HAT HEIMWEH NACH SÄTZEN, DIE MIT ›EI‹ BEGINNEN, NACH STREUOBSTWIESEN, NACH FRISCHEM BAGUETTE AM SONNTAGMORGEN UND LIEST DABEI ›NEMMEH DEHEMM‹, DIE ZEITUNG FÜR EXIL-SAARLÄNDER.«

Peter Winterhoff-Spurk

Der geteilte Bahnhof

Auch zwei alte Bahnhöfe träumen noch vor sich hin an der Trasse. Der Bahnhof Breitfurt (heute Wohnhaus) ist eigentlich nur ein halber, seine andere Hälfte steht im nahen Gersheim. Und das kam so: Ende des 19. Jh. wurde der zu klein gewordene Kaiserslauterer Bahnhof an der Bahnlinie Zweibrücken–Saargemünd wieder aufgebaut – an zwei verschiedenen Orten, in Breitfurt und in Gersheim! Der einstige Wartesaal des Bahnhofs Gersheim ist heute ein schönes Bistro-Restaurant, an den Wänden schmucke alte Fotos der Bliestalbahn. Sie wurde 1879 unter Kaiser Wilhelm in Betrieb genommen. In Friedenszeiten beförderte sie Arbeiter aus der Saarpfalz in die Steingutmanufaktur von Saargemünd, in den Weltkriegen Menschen und Material an die französische Front.

Wenn Sie lieber auf die etwas hügelige Tour zurückradeln möchten, nehmen Sie den Velo-visavis-Weg, der Sie über Seyweiler nach Blieskastel führt – mit wunderschönen Ausblicken in den stillen östlichen Bliesgau. Vom halben Bahnhof von Gersheim gelangen Sie auch ganz bequem mit dem Biosphärenbus (Linie 501) zurück.

www.velovisavis.eu

Genuss im Dreiländereck

Das Geheimnis des Moselweins

Wein wächst an der Saar leider nur außerhalb des Saarlands – in Rheinland-Pfalz. Der einzige saarländische Wein kommt von der Mosel. Und dort wächst auch noch luxemburgischer und französischer Moselwein. Und das alles im Dreiländereck um Perl und das berühmte Europadorf Schengen.

Das Leben genießen – hierzulande sagt man dazu auch gerne »Saar-voir vivre«! Im Rahmen des Saarländischen Weinsommers (April–Ende Okt.) präsentiert sich an jedem Wochenende ein anderes Weingut bei stimmungsvollen Weinproben mit Musik und kleinen Speisen. Ende Oktober wird zum Abschluss gemeinsam das große Wein- und Kellerfest gefeiert.
www.saarlaendischer-weinsommer.de

Alle elf saarländischen Winzer sind in der Gemeinde Perl zu Hause, die meisten im kleinen Ortsteil Sehndorf, der noch den Charakter eines richtigen Weindorfes hat. Rund um den historischen Waschbrunnen reihen sich mehrere reben- und blumenumrankte Weingüter. Bei schönem Wetter sitzen die Winzer mit ihren Kunden in den Vorgärten oder Höfen zum Fachsimpeln und Pröbeln. Nein, noch ist es zu früh, sich zu ihnen zu gesellen. Jetzt steht erst mal Mosel-Sightseeing auf dem Programm.

Mit dem Auto (oder Fahrrad) fahren Sie nach Perl, über die Apacherstraße zum Hammelsberg. Hier haben Sie einen grandiosen Ausblick über die Weinberge auf die Mosel, die sich mit elegantem Schwung ins Dreiländereck schmiegt. Auf der anderen Seite grenzen, ebenfalls gesäumt von Wald und Rebstöcken, Frankreich und Luxemburg aneinander. Von Weitem erkennen Sie die Weinberge von Schengen. In dieser Idylle hat sich 1985 große Geschichte ereignet. Auf dem Ausflugsschiff »Princesse Marie-Astrid« wurde das erste Schengener Abkommen unterzeichnet, das den Wegfall der Personenkontrollen an den EU-Grenzen auf den Weg brachte und zum (inzwischen leider nicht mehr unumstrittenen) Symbol eines neuen »Europas ohne Grenzen« wurde.

Fahren Sie über die Moselbrücke rüber nach Schengen und schnuppern das Flair dieses Ortes, das sich besonders am neu gestalteten Moselufer entfaltet. Der Architekt François Valentiny aus dem benachbarten Remerschen hat ihm elegante, aber auch humorvolle Akzente verpasst wie die Europa-Stelen am Ufer, in denen er die EU-Mitgliedsstaaten als eigenwillige Mini-Bronzereliefs verewigt hat. Fahren Sie nun ein Stück auf der Luxemburger Weinstraße nach Remerschen, dort hat Valentiny das Dorfbistro, die Schule und eine Jugendherberge mit seinen typischen, kühn-verspielten Formen versehen. Und im angrenzenden Naturschutzgebiet Haff Réimech liegt wie ein gestrandeter Wal sein neues »Biodiversum«, in dem Flora und Fauna dieses Reviers erläutert werden. Und von den Hängen dahinter grüßt auch hier wieder der Wein – auf Luxemburger Terroir.

WEINWANDERPICKNICK

Beim Wirt der Perler Maimühle bekommen Sie als Erstes ein Weinglas umgehängt, das Ihr ständiger Begleiter sein wird bei der anschließenden Weinwanderung von Perl nach Schengen – zusammen mit Sommelier Frederik Theis, der Sie mit launigen Erzählungen durch die Weinberge führt und immer mal wieder ein Gläschen einschenkt, begleitet von feinem Fingerfood – alles frisch aus seiner Wander-Kühlbox! (April–Okt., www. maimuehle.de). Sie können das Dreiländereck aber auch ganz individuell auf der Traumschleife »Schengen grenzenlos« (8 km) erkunden.

Traumschleifen und Gourmettäler

Baden, Wassersport und Wellness

Sommer-Badespaß versprechen die Strandbäder der beiden Stauseen in Losheim am See und Nohfelden-Bosen. Hier kann man auch segeln, surfen, tauchen und Tretboot fahren. Kanufahren ist möglich auf der Saar in Saarbrücken und auf der Blies bei Blieskastel-Breitfurt. Freibäder gibt's im ganzen Land, das größte ist das schön gelegene Totobad in der Landeshauptstadt. Die schönsten Indoor-Bäder sind das Blau in St. Ingbert, das Spaßbad Calypso in Saarbrücken, das Erlebnisbad Schaumberg in Tholey. »DAS BAD« in Merzig ist ein kombiniertes Spaß- und Gesundheitsbad mit Heilwasser-Therme. Auch in der großen Saarland-Therme in Kleinblittersdorf sprudelt es aus den heimischen Rilchinger Mineralquellen, ergänzt von einer üppigen Wellness-Landschaft.

Radfahren

Egal ob Rennradler, E-Biker, Tourenfahrer oder Genuss-Radler, das Saarland hat Pisten und Wege für alle Temperamente. Längs der Flusstäler geht es stundenlang ohne nennenswerte Steigungen über glatte Asphaltpisten, auch die Stauseen kann man auf eigenen Radwegen umrunden. Jenseits der Gewässer klettert man auf bewaldete Höhen und gleitet danach wieder hinunter in grüne Täler. Richtig anspruchsvoll wird es auf den Höhen des Hochwalds. Ganz Ehrgeizige muten sich sogar Teile der Profi-Trainingsstrecke der Mountainbiker rings um die Radhochburg St. Wendel zu. In Ottweiler können Mountainbiker auf dem Flowtrail am Steinberg locker ins Tal schwingen (www.radfahren.saarland).

Wandern

In den Charts der schönsten deutschen Wanderziele steht das Saarland ganz weit vorne. Das unabhängige Deutsche Wanderinstitut in Marburg hat um die 70 Touren im Saarland mit dem Prädikat Premiumwanderweg ausgezeichnet. Die Wege führen durch besondere Landschaften, bieten herrliche Ausblicke und schöne Ruheplätze, wobei jeder Weg seine eigene Dramaturgie hat. Zu diesen Rundwegen, die gut für eine (Halb-)Tagestour geeignet sind, gesellen sich drei Fernwanderwege: der Saar-Hunsrück-Steig (www.saar-hunsrueck-steig.de) zwischen Mosel, Saar, Hochwald, Hunsrück und Rhein (ca. 400 km). An diesen Steig knüpfen sich noch spezielle »Traumschleifen« – für Wanderer, die es schön, aber etwas gemütlicher haben wollen. Der Moselsteig verläuft von Perl nach Koblenz (ca. 305 km). Auch der legendäre Jakobsweg streift die Region: Vom Kloster Hornbach bei Zweibrücken geht's durch den Bliesgau, dann über Saarbrücken oder Saargemünd in die Lothringer Metropole Metz (ca. 130 km).

In flottem Tempo durchs Tal der Nied. Mit diversen Einkehrmöglichkeiten für Gourmets

Großer Fernwanderweg oder kleine Traumschleife: Alle haben ihre ganz eigene Dramaturgie.

So schmeckt das Saarland

»Dibbelabbes« oder Sterne-Menü:
Sie haben die Wahl – nicht nur im
Nauwieser Viertel in Saarbrücken.

Zu den hervorragenden Weißweinen (und Sekten) der saarländischen Winzer aus Perl an der Mosel gehören der fruchtige Auxerrois und der spritzige Riesling oder Elbling.

Hauptsach gudd gess: Das Essen (und Trinken) spielte schon immer eine große Rolle im Leben der Saarländer. Wenn man einen sagen hörte, er habe »gudd gess«, hieß das, es habe »dehemm« (zu Hause), auf Besuch oder in der Wirtschaft reichlich zu essen gegeben. Quantität stand also für Qualität bei den nicht gerade wohlhabenden Bauern und Industriearbeitern an der Saar. Sie hatten meist auch ein eigenes »Gäadsche« (Gärtchen), in dem die vielfältig verwertbare »Grumbier« (Kartoffel) die Hauptrolle spielte. Kein Wunder also, dass mit dem »Dibbelabbes« ein deftiges Kartoffelgericht in den Rang eines saarländischen Nationalgerichts erhoben wurde.

Eine Ziege im Stall (»Berschmannskuh«) sorgte dafür, dass auch mal Milch und Käse auf den Tisch kamen. In den prosperierenden 1950er-Jahren verhalf das nahe Frankreich mit seiner Haute Cuisine der bodenständigen saarländischen Küche zu neuen Höhenflügen. Vor über 20 Jahren schon stellte Gourmet-Papst Wolfram Siebeck erstaunt fest, dass Saarbrücken

gastronomisch durchaus mit Quartiers in Paris konkurrieren könne. Dem Urteil schlossen sich auch die Inspekteure des »Guide Michelin« an, die das kleine Saarland inzwischen gleich zweimal mit drei Sternen und fünfmal mit einem Stern ausgezeichnet haben.

Gutes aus dem eigenen Land
Aber was viel wichtiger ist: Die Sterne der Großen strahlen aus ins ganze Land, wecken den Ehrgeiz anderer Köche, die zum Teil bei den Grands Chefs gelernt haben und nun in ihrem eigenen Lokal ihre ganz persönliche Nische suchen zwischen mediterran, französisch, saarländisch und exotisch. Oft auch im lockeren Ambiente eines Bistros, Cafés oder einer alten Dorfwirtschaft, in die auch der Trend eingekehrt ist, Gutes aus dem eigenen Land auf den Tisch zu bringen: feine Öle, Fleisch, Fisch, Käse, Salat und Gemüse aus der Biosphäre Bliesgau etwa, Wein von der saarländischen Mosel, Bio-Bier aus der Abtei-Brauerei Mettlach, *Viez* (Apfelwein) von den zahllosen Streuobstwiesen im Lande. Doch an der Saar macht man daraus keinen Kult wie in so manchen hippen Großstadtquartieren. Man bietet es einfach an und freut sich, wenn's den Leuten schmeckt, fertig.

Auch das rustikal-proletarische Erbe lebt noch fort. In der urigen Land-Wirtschaft mit Biergarten, wo Bratwurst, Schnitzel oder *Gefillde* auf großen Tabletts über die Häupter der Gäste schweben. Oder in der Bierkneipe, wo es *Hackschnittchen* (Mettbrötchen) und Frikadellen am Tresen gibt. Nicht zu vergessen die unvermeidliche *Roschdworschdbud'*, in der die saarländische Bratwurst »to go« in einen aufgeschnittenen halben *Doppelweck* (Brötchen) geklemmt wird. »Maaahlzeit!«

Feste essen und trinken
Tradition und Bodenständigkeit spürt man noch bei den Bettsäächertagen im Frühjahr. Da wird im Garten der Löwenzahn gestochen und zubereitet, beim Walnuss- oder Leinblütenfest im Frühsommer sitzen alle an langen Tafeln unter freiem Himmel. Beim Biosphärenfest im Spätsommer tischen die Bauern auf, was ihre Felder und Ställe hergeben. Bei den Bliesgau-Lammwochen im Oktober wird Essen als eigene Kunstform zelebriert. Bei den Hochwälder Kartoffeltagen und Wildwochen im Spätherbst schließlich wird das aufgeboten, was die Menschen hier seit Jahrhunderten durch den Winter bringt.

Warum Schwäbische Alb?

Vom Knopfmacherfelsen im Naturpark Obere Donau reicht der Blick weit über das Donautal.

An der Kante

Nach einer steilen Kraxelei ist die Überraschung perfekt:
Statt eines Gipfels tut sich eine weite Hochebene mit weiden-
den Schafen auf. Allein das ist eine Reise auf die Schwäbische
Alb, dem Radel- und Wanderparadies zwischen Neckar und
Donau, wert. Doch es gibt noch mehr: urige Fachwerkstädtchen, Burgruinen, spannende Schauhöhlen und Gasthäuser,
die deftige Hausmannskost servieren.

*Schwäbischer Barock vom Feinsten:
in der Klosterkirche Ave Maria in
Deggingen*

Sonnenaufgang über der Schwäbischen Alb, direkt an der Nebelgrenze

Das ist die Schwäbische Alb ...

Die Schwäbische Alb ein Mittelgebirge? Passt irgendwie nicht, denn das Wort »Gebirge« lässt ja im Kopf das Bild von aneinandergereihten Bergen entstehen. In diesem Fall aber handelt es sich um eine fast 5900 km² große Hochebene, die auf der nordwestlichen Seite beeindruckend abrupt abfällt. Ein bis zu 40 km breiter Klotz also, der auf etwa 200 km Länge schräg durch Baden-Württemberg verläuft. Ein bisschen zwar auch durch Bayern und die Schweiz, aber das wird hierzulande gern unterschlagen.

Der Blick vom Balkon

Die Grenze ist klar erkennbar: Der Albtrauf bildet eine Kante, die wie ein Balkon wunderbare Ausblicke bietet. An der südöstlichen Grenze – nicht ganz so eindeutig zu erkennen – verläuft die Donau. Im Norden setzt sich das Mittelgebirge als Fränkische Alb fort. Dort, wo sich die beiden treffen, ist auf der Karte eine Delle zu bemerken: das durch den Einschlag eines Meteoriten entstandene, kreisrunde Nördlinger Ries. Im Südwesten stößt die Alb wiederum mit dem Schwarzwald zusammen.

Schichttorte in Bewegung

Die Hauptsache aber ist das Hochplateau. Einst Teil eines riesigen Ozeans, entstand die Schwäbische Alb vor 150 bis 200 Millionen Jahren – in der sogenannten Jura-Zeit – aus Ablagerungen von Ton-, Kalk- und Mergelschichten. Im Zuge der Entstehung des Oberrheingrabens hoben sich dessen Ränder, und das Ganze geriet in Schräglage. Herausgehobene Schichten verwitterten und wurden – bzw. werden – im Lauf der Jahrmillionen abgetragen. Widerstandsfähige Gesteinsformationen wurden zu Stufen, der Albtrauf ist dabei nur die markanteste. »Südwestdeutsches Schichtstufenland« sagen dazu die Geologen. Das Hochplateau neben dieser Kante ist aber keinesfalls topfeben, es besteht aus leicht gewellten, in Richtung Trauf auch steileren Tälern. Ein ideales Gelände für Wanderer und Radfahrer. Wer sich zudem für Geologie interessiert, findet hier viel Spannendes. Nach wie vor ist die gesamte Region durch Erosion in Bewegung. Wer sich mehr für die Historie interessiert, freut sich über die vielen Burgen und Burgruinen, die von der Vergangenheit erzählen.

Hohenrechberg bei Schwäbisch Gmünd ist nur eine von zahlreichen malerischen Burgruinen auf der Alb.

Schroffe Felsen, wildes Leben: Der Albdurchbruch der Donau ist als Naturpark geschützt.

Immer einen Kittel kälter

So lieblich das Plateau im Vergleich zu den felsigen Abgründen am Albtrauf scheint: Es ist eine raue, fast unwirtliche Gegend. Es sei hier, sagen die Schwaben, »immer einen Kittel kälter«. Nur bei Inversionswetterlage im Herbst oder Winter ist es gelegentlich oben sonnig, während in der Ebene der Nebel wabert. Dann ist die Fernsicht besonders faszinierend.

Durchlöchert – und manchmal sogar geschüttelt

Die Alb war immer eine Armeleutegegend, der Boden nur mühsam zu beackern. Vielleicht eine Erklärung dafür, warum die sprichwörtliche Sparsamkeit der Schwaben hier gelegentlich noch gesteigert wird. Vor allem aber fehlt es an Wasser. Der Kalkstein bildet nämlich eine Karstlandschaft, die vom Regenwasser geradezu durchlöchert wird. Das Wasser versickert, sucht sich seinen Weg und tritt zuweilen als Karstquelle wieder hervor. Berühmtestes Beispiel ist der Blautopf: Die blau leuchtende Quelle lockt ebenso wie etliche der etwa 2500 Höhlen auf der Alb die Touristen an.

Als sei der karge Boden nicht schlimm genug, gehört die Region auch noch zu den Erdbebengebieten in Deutschland. So mancher erinnert sich noch an den 3. September 1978, als die Erde in den frühen Morgenstunden zwei Sekunden lang in große Aufruhr geriet. Gemessen wurde die Stärke 5,7 auf der Richterskala. Die Erschütterungen waren im Umkreis von 400 km zu spüren, die Schäden enorm. Zuletzt gab es ein leichtes Wackeln in der Nacht zum 1. Dezember 2020, Stärke 3,9. Da war die Region noch einmal mit dem Schrecken davongekommen.

Hartgesotten, bodenständig – und nicht leicht zu verstehen

Kein einfaches Leben also. So ist es nicht verwunderlich, dass die Bewohner dieser dünn besiedelten Region als besonders hartgesotten bewundert werden. Es lebt ein ganz eigener Menschenschlag hier oben, eher bodenständig als weltläufig. Das zeigt sich auch in der Sprache: Selbst wer des Schwäbischen mächtig ist, tut sich »uff d'r Alb« manchmal schwer, den örtlichen Dialekt zu verstehen.

... und das sind ihre Städte

Rund um den Marktplatz strahlt Reutlingen noch ein wenig mittelalterliches Flair aus.

Urban ist die Schwäbische Alb nicht wirklich: die größeren und meist auch interessanteren Städte sind vielmehr um sie herum angeordnet. Zwar wurde die Gegend vergleichsweise früh besiedelt, doch nur dort, wo das Land flacher und die Verkehrsanbindung günstiger waren als auf der unwirtlichen Hochebene, haben sich auch Städte entwickelt. Gleichwohl werden Ulm, Schwäbisch Gmünd und Tübingen dieser Region zugeschlagen. Mit mehr als 125 000 Einwohnern ist Ulm die größte von ihnen. Links der Donau schwäbisch, rechts der Donau als Neu-Ulm bayerisch, ist die Universitätsstadt in erster Linie bekannt für das Münster – größte evangelische Kirche Deutschlands, höchster Kirchturm

der Welt (161,53 m genau gesagt). Die Ulmer sind schon recht stolz auf ihre gotische Schönheit. Schwäbisch Gmünd, an der Rems gelegen, ist deutlich kleiner, hat aber ebenfalls schöne alte Kirchen und viel Fachwerk zu bieten. In die Schlagzeilen schafften es die Gmünder, als sich eine Stadträtin anlässlich der Landesgartenschau 2019 von einem Bodypainter als das Wappentier, ein Einhorn, bemalen ließ. In der Universitätsstadt Tübingen am Neckar können sich Besucher wie der akademische Nachwuchs von Cambridge oder Oxford fühlen, wenn sie auf dem Neckar mit dem Stocherkahn unterwegs sind. An Fronleichnam wird alljährlich um die Wette gestochert.

AALEN

Am nordöstlichen Rand der Alb, in der gleichnamigen Bucht am Oberlauf des Kochers, liegt Aalen. Die Stadt wirkt von außen eher nachkriegsmodern, weist aber im Innern überraschend viel historisches Flair auf. Tief in die Vergangenheit dringt zudem, wer sich im Limesmuseum mit der Geschichte des Römischen Reichs (1.–6. Jh. n. Chr.) befassen möchte. Auf den Resten des größten Reiterkastells nördlich der Alpen wird die Geschichte rund um das militärische und zivile Leben an diesem Grenzwall gezeigt.
Im Übrigen hat die Sage vom Aalener Spion Bekanntheit erlangt, der im Heer des gegnerischen Kaisers freimütig zugab, ein Kundschafter zu sein. Eine Stadt, in der solche Schlaumeier lebten, habe Schonung verdient, meinte daraufhin der Herr über Leben und Tod.

REUTLINGEN

Unterhalb des Bergkegels Achalm liegt Reutlingen. Die jüngste und kleinste Großstadt Baden-Württembergs steht manchmal im Schatten der eigentlich kleineren Unistadt Tübingen. Besonders hübsch ist sie nicht, doch sie besticht durch ein überraschend üppiges Kulturangebot. Das liegt einerseits an dem im 19. Jh. entstandenen Wohlstand des Bürgertums (Textilindustrie, gefolgt von Maschinenbau), andererseits an

Im großen Stadtschloss in Sigmaringen residieren bis heute die Fürsten von Hohenzollern.

Das Stadtmuseum von Bad Urach in der alten Klostermühle zeigt auch Uracher Handwerkskunst.

einer starken Arbeiterbewegung. Die erste Schauspieltruppe, das 1928 entstandene Naturtheater, ist aus einem Arbeiter- und Bildungsverein hervorgegangen. Auch das heute bedeutendste Theater der Stadt, liebevoll »Die Tonne« genannt und in einem modernen, im Sonnenlicht geradezu strahlenden Kubus untergebracht, geht auf eine private Initiative zurück. Bezeichnend ist ebenso, wie die Stadt gleich nach dem Zweiten Weltkrieg das Musikleben aufblühen ließ. Namhafte Solisten gastieren gern in der großen Stadthalle mit ihrer herausragenden Akustik, und die Konzerte der Württembergischen Philharmonie Reutlingen oder der Jungen Sinfonie sind regelmäßig ausverkauft. Kulinarisch bietet Reutlingen eine Besonderheit, die *Mutschel*. Das sternförmige Hefegebäck mit acht Zacken und einer Erhebung in der Mitte verweist, so die Legende, auf den Stern der Weisen aus dem Morgenland. Alljährlich am Donnerstag nach dem Dreikönigsfest wurde und wird in den Cafés und Gaststätten der Stadt um die *Mutscheln* gewürfelt.

BAD URACH

Urach ist seit 1983 als Luftkurort und Heilbad Bad Urach anerkannt. Das kleine Fachwerkstädtchen, in dem einer Legende nach die schwäbische Brezel erfunden wurde, besticht durch seinen historischen Marktplatz und sein Residenzschloss. Bekannt ist es vor allem wegen eines der schöns-

ten Naturschauspiele der Alb, dem Uracher Wasserfall. Aus 37 m stürzt das Wasser über eine Tuffsteinkante in die Tiefe. Alle zwei Jahre findet in Bad Urach der Schäferlauf statt, bei dem junge Schäferinnen und Schäfer barfuß über die Wiese rennen.

TUTTLINGEN

Das Stadtbild der Großen Kreisstadt Tuttlingen ist im Großen und Ganzen durch das Wörtchen »schnurgerade« charakterisiert. Wo nämlich die zwei Hauptstraßen aufeinandertreffen, liegt ein geräumiger Marktplatz mit einem quadratischen Grundriss. Da die Innenstadt im Jahr 1803 vollständig abbrannte, gibt es so gut wie keine historischen Gebäude – wenn man die Zeit danach nicht als historisch betrachten möchte. Die Front der evangelischen Stadtkirche gilt nämlich als eine der schönsten Jugendstilfassaden in Süddeutschland. Und auch der typische »Tuttlinger Hut« ist eine Folge dieses Brandes: Die Walmdach-Variante sollte vor Feuer schützen und wurde als Standard für die Neugestaltung der Innenstadt festgelegt. Für Verwunderung aber sorgt bei Besuchern das Verschwinden der Donau: An etwa 155 Tagen im Jahr versickert der Fluss bei Tuttlingen-Möhringen vollständig im Karstgestein und hinterlässt ein ausgetrocknetes Flussbett. Etwa 12 km Luftlinie entfernt, tritt das Wasser im Aachtopf dann wieder zutage. Jüngere Leser werden Tuttlingen wohl eher mit

der Festungsruine Honberg in Verbindung bringen, dem Wahrzeichen der Stadt mit seinen zwei charakteristischen Türmen. Dort findet regelmäßig im Sommer ein Zeltmusikfestival statt.

SIGMARINGEN

Der bei Touristen beliebte Ausgangsort für Wander- und Radtouren liegt mitten auf der Alb. Hoch über der Altstadt thront ein beeindruckendes Renaissanceschloss. Es ist das Hohenzollernschloss – nicht zu verwechseln mit der eigentlichen Stammburg der Hohenzollern bei Hechingen, auch wenn die Geschicke seiner Bewohner eng miteinander zusammenhängen. Wer sich der Stadt nähert, dessen Blick bleibt natürlich zuerst an dieser imposanten Schönheit oberhalb der noch jungen Donau hängen, doch auch die Straßen der Altstadt zeigen zahlreiche historische Gebäude.

1.
TOUR

2.
TOUR

3.
TOUR

Die Schwäbische Alb erleben

Ob zu Fuß oder per Rad – die Landschaften der Schwäbischen Alb sind zu jeder Jahreszeit eine echte Augenweide.

1. TOUR

Auf der Zollernalb –
Die Jagd nach dem Burgblick

Von den vielen herrlichen Aussichten auf dieser perfekten Albwanderung ist der Ausblick auf die Märchenburg der Hohenzollern die Krönung – wenn der Himmel es zulässt …

2. TOUR

Erkundungen auf der Ostalb –
Nach Schwäbisch-Sibirien

Früher war hier viel los – Meteoriteneinschläge, steinzeitliche Bildhauer, römische Reiter, mittelalterliche Burgherren. Heute locken ihre Hinterlassenschaften und die karge Schönheit der Kalk- und Karstlandschaft.

3. TOUR

Tagestour ins Tal der Großen Lauter –
Alb für Anfänger

Der Ausflug ins Große Lautertal bietet von allem, was die Schwäbische Alb ausmacht, ein bisschen: rauschende Wasserfälle, romantische Burgruinen und Fachwerkhäuser, eine imposante Schauhöhle und barocke Kirchenkunst.

1.
TOUR

2.
TOUR

3.
TOUR

Auf der Zollernalb

Die Jagd nach dem Burgblick

Diese Tour hat alle Zutaten für die perfekte Albwanderung: einen markanten Albtrauf mit vielen Aussichten, den Blick auf die Märchenburg der Hohenzollern, die Wacholderheide – im Idealfall noch mit Schafen – und solide schwäbische Küche. Bei gutem Wetter ist die Runde auch für Familien attraktiv, denn sie geht überwiegend sanft bergauf, bergab, doch auch schlechtes Wetter hat hier seinen Reiz.

Von Bisingen am Fuß der Alb immer bergan fahrend, erreichen wir den Startpunkt der Rundtour am Parkplatz Stich kurz vor Albstadt-Onstmettingen. Zu Fuß geht es jetzt stetig bergauf, die Abbruchkante wird immer deutlicher, und mit Heiligenkopf und Blasenberg sind die ersten Höhe- und Aussichtspunkte bald erreicht. Auf der einen Seite geht es von nun an beeindruckend in die Tiefe, auf der anderen gefällt sich eine Hochebene geradezu im Understatement: Wacholderheiden, Buchenwäldchen, dunkelgrüne Nadelwald-Tupfer, Wiesen, Ackerflächen, weidende Schafe.

Wie ist dieser Kontrast eigentlich zustandegekommen? Weiche Kalk-, Ton- und Mergelschichten – Ablagerungen aus der Zeit, als die Gegend noch ein riesiger Ozean war – sind Wind und Wetter aus-

Burg Hohenzollern, eine Burg wie aus dem Bilderbuch – und diese Aussicht ist jede Anstrengung wert!

gesetzt und werden nordwestlich des Albtraufs abgetragen. Widerstandsfähige Gesteine formten die heute so beliebten Aussichtsplattformen. Nach Südosten breitet sich die Albhochfläche aus.

Von Fernblick kann heute allerdings keine Rede sein. Dauerregen sorgt für nasse Klamotten und beschlagene Brillen. Selbst die Vögel scheinen sich in den Bäumen zu verstecken, und nur neugierige Eichhörnchen beobachten, wie sich diese sonderbaren Touristen die Regentropfen aus dem Gesicht wischen. Wir lassen uns aber nicht bange machen und laufen unverdrossen über den breiten Pfad, links neben uns immer den Abgrund. Es ist morgendlich still, der Nebel, der aus dem Tal hochwabert, dämpft alle Geräusche.

Panorama mit Hindernissen

Leider nimmt er auch die Sicht, und so können wir den Blick vom Zeller Horn, immerhin 913 m hoch, zunächst nicht so recht genießen. Irgendwo da vorne im Nebel liegt die Burg Hohenzollern, doch noch ist keine Zinne, kein Türmchen zu entdecken. Ein, zwei Becher Kaffee aus der Thermoskanne später schöpfen wir Hoffnung und beschließen zu warten. Denn immer wieder reißt der Himmel auf und zeigt ein wenig Blau. Die Nebelschwaden wabern schneller und schneller an uns vorbei, und da: Plötzlich kann man den Berg ahnen, auf dem die Burg einsam vor dem Albtrauf liegt.

Inmitten der weißen Nebelwatte ist die Burg Hohenzollern noch beeindruckender als gewöhnlich, geradezu romantisch. Für Geschichtsinteressierte symbolisiert sie den Ursprung preußischer Könige und deutscher Kaiser. Preußisch? Hier im Schwabenländle? Ja, durchaus, und wer wissen möchte, wie das zusammenhängt, erfährt das bei einer Führung durch die Burg. Sie ist nach wie vor im Privatbesitz der Hohenzollern. Ihre Vorfahren ließen den Stammsitz der Familie um 1850 zu Repräsentationszwecken neu errichten.

Hält er oder fällt er?

Dass die Alb geologisch nach Millionen von Jahren noch immer in Bewegung ist, zeigt unser nächstes Ziel, der Hangende Stein. Wobei der Begriff »Stein« irreführend ist, denn die mächtige Felswand aus Kalkstein hat sich auf etwa 200 m durch Erosion vom Plateau getrennt. Noch können Wagemutige die etwa 2 m breite Kluft überspringen, doch eines Tages wird der Hangende Stein vollends ins Tal hinabstürzen.

So langsam werden wir hungrig, lassen den weiteren Albtrauf links liegen und kürzen ab, direkt zum Nägelehaus. Nach dem Essen sparen wir uns die Aussicht vom Raichbergturm – bei klarem Wetter könnte man hier bis ins Berner Oberland sehen. Zurück zum Startpunkt geht es dann auf der sanft eingeschnittenen Hochfläche. Der wilde Albtrauf scheint hier vollständig vergessen.

Hier sind es ausnahmsweise Ziegen, die unter den herbstleuchtenden Bäumen auf der Albhochfläche ihr Futter suchen.

GANZ NACH BEDARF

Die ganze Runde (15,5 km, 6 Stunden) steht als »Traufgang Zollernburg-Panorama« auf www.traufgaenge.de. Man kann an verschiedenen Stellen starten und die Strecke nach Bedarf abkürzen.

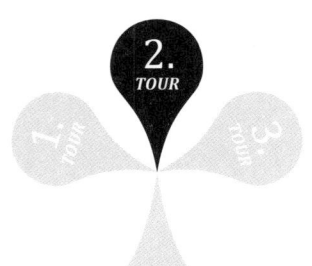

Erkundungen auf der Ostalb
Nach Schwäbisch-Sibirien

»Cholera, Malaria und von d'r Alb ra« sind die drei Geißeln der Menschheit, wie sie von jenen Schwaben gesehen werden, die nicht auf der Ostalb leben. Das Leben im kargen, eher dünn besiedelten Osten mag hart gewesen sein, aber die Natur- und Kuturschätze der Region – vom besterhaltenen Asteroidenkrater der Welt bis zu den ältesten Kunstwerken der Menschheit – sind jede Reise wert.

Vor 15 Millionen Jahren war in der Gegend von Nördlingen nicht gut sein. Denn ein kilometergroßer Asteroid schlug just da mit tödlicher Urgewalt ein, wo heute eine der schönsten Altstädte Deutschlands liegt. Vom 90 m hohen »Daniel« aus, dem Turm der St.-Georgs-Kirche, der die komplett erhaltene Wehrmauer überragt, ist das Ergebnis der kosmischen Katastrophe gut zu sehen: Das ziegelrote Dächermeer der ehemals freien Reichsstadt liegt in einem kreisrunden, rund 20 km großen Krater, der umgeben ist von den Hügeln der Fränkischen und Schwäbischen Alb. Heute ist dies der Geopark Ries, in dem man auf Wander- und Radwegen und dank Infotafeln und Lehrpfaden in die geologische Vergangenheit reist.

Zurück in der Gegenwart geht es weiter nach Bopfingen, ebenfalls eine ehemalige Reichsstadt mit langer Geschichte und geprägt von einem Naturphänomen: dem Ipf. Nein, ein Vulkan, wie viele meinen, ist er nicht, der scheinbar kreisrunde, 668 m hohe, allein stehende Hügel. Die markante Erhebung mit dem Gipfelplateau ist ein Zeugenberg, ein Überbleibsel der Schwäbischen Alb, die sich im Lauf der Jahrmillionen zurückgezogen hat. Wer den Ipf über die flachere östliche Seite besteigt, wird mit demselben fantastischen Rundblick belohnt, den wohl schon die Kelten in ihrer Festung vor fast 2000 Jahren hatten: auf das Ries, den Aufstieg auf die Alb und die Alb selbst.

An den Limes und ins All

Über Lauchheim und vorbei an der stolzen Kapfenburg, deren Burghof im Sommer atmosphärische Open-Air-Kulturevents beherbergt, hinauf auf den östlichsten Teil der Alb. »Schwäbisch-Sibirien« wird das Härtsfeld mit seinen harten Wintern auch genannt. Bei der Fahrt über diese einsame, dünn besiedelte Kalkhochfläche voll karger Schönheit kann man sich vorstellen, wie hart das Leben früher für die Bauern hier war.

Angekommen in Aalen geht es wieder weit zurück in der Zeit, denn das Limesmuseum mit seiner fantastischen Ausstellung liegt genau an jenem Ort, an dem sich im 2. Jh. n. Chr. das größte römische Reiterkastell nördlich der Alpen befand. Einen Blick ins Universum kann man dann in Oberkochen werfen: Das hochmoderne Zeiss Museum der Optik erzählt vom Fernrohr Napoleons, zeigt die Brille des Dichters Eduard Mörike, Mikroskope aus allen Zeiten – und erlaubt mit dem kleinsten Planetarium der Welt eine Reise zu den Sternen. Nur wenige Kilometer weiter, im Schatten des hübschen barocken Rathauses, wird der Himmel dann auf die Erde geholt. Er spiegelt sich im klaren, glatten Wasser des Brenzursprungs, das je nach Lichteinfall in den schöns-

»VIEL STEINE GAB'S UND WENIG BROT«

heißt es über das Leben auf dem Härtsfeld, dem östlichsten Teil der Ostalb.

ten Blau- und Grüntönen leuchtet. Die Karstquelle mit ihrem unterirdischen Zufluss ist ein typisches Phänomen im Kalkgestein.

Das liebliche Eselsburger Tal der Brenz ist nicht nur für Wanderer anziehend, sondern kann auch radelnd oder kletternd erkundet werden.

Ein Paradies aus Wacholderheiden und Felsen

Im Nachbarort Steinheim am Albuch schließt sich ein Kreis. Das kleine Städtchen liegt in einem Krater – der nur wenige Sekunden nach dem Nördlinger Ries entstanden ist. Der Meteorit, der hier einschlug, raste zusammen mit dem Ries-Asteroiden durchs All. Die Entstehung und die Geschichte des Steinheimer Beckens kann man im kleinen, aber feinen Meteorkrater-Museum nacherleben.

Wer nicht schon rund um Steinheim per pedes die Wälder und die für die Alb typischen, offenen Wacholderheiden erkundet hat, sollte spätestens im Naturschutzgebiet Eselsburger Tal bei Herbrechtingen in die Wanderschuhe schlüpfen. Auf der sonst so wasserarmen Alb findet sich hier, in einer Flussschlinge der Brenz, ein Paradies aus Heide, (Kletter-) Felsen und Feuchtgebieten. Wie die Kalk- und Karstwelt unter der Erde aussieht, offenbart die nahe Charlottenhöhle, die längste begehbare Tropfsteinhöhle der Alb. Und noch einmal einige Kilometer weiter geht es ein letztes Mal weit zurück in der Zeit. Der Archäopark Vogelherd beherbergt ein Unesco-Welterbe: kleine, 40 000 Jahre alte Skulpturen eines Mammuts und eines Höhlenlöwen. Die ältesten Kunstwerke der Menschheit faszinieren ebenso wie das Wissen, dass hier in der Steinzeit tatsächlich Menschen lebten. Mit einem Höhepunkt anderer Art, der ebenfalls die Kunstfertigkeit des Menschen zeigt, endet die Tour am südlichen Rand der Ostalb: mit dem Blick zurück vom Ulmer Münster, dem höchsten Kirchturm der Welt.

Schädel eines Gabe (Heteroprox larteti)

Zu den Fossilienfunden aus dem Steinheimer Becken gehört auch dieser Überrest eines Gabelhirschs im Meteorkrater-Museum.

Tagestour ins Tal der Großen Lauter

Alb für Anfänger

Manche Ausflüge machen es einem wirklich schwer. Warum? Weil sie so vieles bieten, dass man sie eigentlich mehrmals machen muss. Die Fahrt von Stuttgart ins Lautertal ist ein solcher Ausflug. Ihr großes Plus: Da sie von allem, was die Alb ausmacht, ein bisschen hat, ist sie ideal für Alb-Neulinge.

Der Weg auf die Alb führt über die Schnellstraße Richtung Metzingen. An Werktagen kann man den Ausflug mit einer Einkaufstour in der Outlet-Stadt verbinden, doch realistischerweise spart man sich diesen Progammpunkt lieber für Schlechtwettertage auf. Hinter Metzingen rücken die Albhänge näher, und schon bald ragt rechts der Straße ein kegelförmiger Hügel in den Himmel, auf dem die imposante Ruine der Burg von Bad Urach thront. Wer möchte, kann hier schon das erste Mal die Wanderschuhe schnüren, denn zur Hauptattraktion des Kurstädtchens, den berühmten Wasserfällen, kommt man nur zu Fuß. Der Weg zum unteren Rand der Wasserfälle ist noch kinderwagentauglich, für die etwa dreistündige Rundwanderung, die von herrlichen Aussichten begleitet ist, braucht man Trittsicherheit und festes Schuhwerk. Im Herbst, wenn die bewaldeten Höhen sich bunt färben, ist diese Wanderung ein Traum!

Bad Urach selbst wird heute vor allem vom Kurbetrieb dominiert. Mittelpunkt der überschaubaren Altstadt ist der großzügige, von herrlichen Fachwerkhäusern umgebene Marktplatz, den man am besten bei Kaffee und Kuchen auf sich wirken lässt.

Ein Fluss windet sich

Hinter Urach wird das Tal enger und enger, bis sich die Straße in steilen Kehren zur Hochfläche der Alb hinaufschlängelt. Endlich wieder weite Landschaft und weite Sicht! Schon nach wenigen Kilometern ist Münsingen erreicht, wo man die B 465 verlässt und auf kleinen Straßen Kurs auf das Große Lautertal nimmt. In Buttenhausen stößt die Landstraße auf den Fluss, nach dem das Tal benannt ist. So gemächlich sucht er sich im flachen, mal breiter, mal schmaler werdenden Tal seinen Weg, dass man ihn an manchen Stellen für ein stehendes Gewässer halten möchte. Die Hänge links und rechts bedecken dichte Buchenwälder, aus denen immer wieder steile Felsen herausragen. Am Wochenende sind die vielen Parkplätze an der Straße meist gut belegt, unter der Woche hat man die breiten Wander- und Radwege, die rechts der Großen Lauter (und auch oberhalb des Tals) verlaufen, meistens für sich allein.

Im Tal der Burgen

In kurzen Abständen folgen hübsche kleine Ortschaften – Hundersingen, Bichishausen, Gundelfingen, Indelhausen –, die im Schatten von trutzigen Burgruinen liegen. Gundelfingen wird sogar von zwei Burgen bewacht, Niedergundelfingen auf der einen und Hohengundelfingen auf der anderen Talseite. Der kurze Aufstieg zur Ruine

Der 37 m hohe Uracher Wasserfall ist ein zauberhaftes Naturschauspiel – im Winter kann er sogar zufrieren.

Ein trügerischer Name – die Große Lauter, ein Donauzufluss, ist eher ein schmales, geruhsames Flüsschen.

Hohengundelfingen ist ein absolutes Muss: Von der majestätisch auf bewaldeten Felsen thronenden Anlage, einst Sitz des mittelalterlichen Adelsgeschlechts der Gundelfinger, bietet sich ein fantastischer Ausblick auf das Große Lautertal.

Steinzeithöhlen und barocke Sommerresidenz

Indelhausen ist das letzte Dorf im Großen Lautertal, dann geht es erst in großen Kurven bergauf nach Hayingen und kurz hinter dem Straßendorf durch ein bewaldetes Tal wieder bergab. Die erste Abfahrt von der Straße führt vor die Tore von Schloss Ehrenfels, das idyllisch im Wiesenbett liegt. Die Anlage, im 18. Jh. als Sommerresidenz für das nahe gelegene, ehemalige Kloster Zwiefalten erbaut, ist ein beliebtes Spaziergerziel an Wochenenden und kann nur von außen besichtigt werden. Wenige Hundert Meter weiter folgt der Parkplatz, von dem aus es zur Wimsener Höhle geht – die einzige der vielen Alb-Höhlen, in die man sogar mit einem Kahn hineinfahren kann. Höchst beliebt an Sommerwochenenden ist auch der Gasthof Friederichshöhle direkt daneben.

Die Bierbraukunst des Benediktinerklosters Zwiefalten geht auf das 16. Jh. zurück.

Ein Bier zum Schluss

Wie wäre es zum Abschluss des Ausflugs mit einem zünftigen Essen und einem frisch gezapften Bier? Dann auf nach Zwiefalten in den dortigen Brauereigasthof! Auch für Zwiefalten gilt: Am besten unter der Woche kommen, dann hat man auch die schöne barocke Klosterkiche, der man unbedingt einen Besuch abstatten sollte, weitgehend für sich.

Die Maultaschen-Rezepte mögen von Familie zu Familie variieren, aber es beginnt immer mit dem Teig ...

So schmeckt die Schwäbische Alb

Typisch schwäbische Küche: Maultaschen in der Brühe

Nudelteig, Kartoffeln, Hülsenfrüchte: Wer hart arbeitet, muss Nahrhaftes auf den Tisch bekommen. Die traditionelle Küche der kargen Schwäbischen Alb wirkt deshalb eher bodenständig als fein. Dabei gibt es besonders leckere Entdeckungen zu machen, die weit über Spätzle hinausgehen. So manches Gericht wird von der Slow-Food-Bewegung als Wiederentdeckung gefeiert.

Vom Lieblingsessen der Schwaben künden mittlerweile T-Shirts und Postkarten: »Mit Spätzle ond Soß wirsch groß!« Nicht nötig, zu betonen, dass die wahren Spätzle handgeschabt oder zumindest handgepresst sind. Ähnlich nahrhaft ist der Schwäbische Kartoffelsalat, dessen Geheimnis unter anderem in Brühe, Senf, Essig und Öl besteht. »Schlonzig« muss er sein, also so saftig, dass er »schwätzt«. Und dann gibt es noch die berühmten Maultaschen. Mit ihrer Hilfe umgingen die findigen Schwaben das Fastengebot »vegetarisch«, indem sie dem Hackfleisch Kräuter und Spinat beimischten und es diskret mit Nudelteig verhüllten. Noch heute werden diese Teigtaschen *Herrgottsbscheißerle* genannt.

Vom Armeleuteessen …

Von der Alb sind vor allem die Linsen. Diese Hülsenfrüchte mögen nämlich kargen Boden und vertragen Frost. Bis in die 1950er-Jahre wurden auf der Hochfläche Linsen angebaut, zusammen mit Getreide, das als Rankhilfe diente. Allerdings war die Trennung nach der Ernte aufwendig, der Anbau wurde nahezu aufgegeben. Wenn die schwäbischen Linsen nicht zufällig in einer St. Petersburger Genbank gefunden und 2006 wieder auf die Alb zurückgeholt worden wären, sähe so manche Speisekarte hierzulande anders aus. Vom Armeleuteessen haben es die »Alb-Leisa«, zubereitet mit Mehlschwitze, Wein und Essig, mittlerweile in die »Arche des Geschmacks« der Slow-Food-Bewegung geschafft.

… zur Slow-Food-Bewegung

Angeblich wurde sogar die Laugenbrezel in dieser Region erfunden. Einer Legende nach war es ein Hofbäcker aus Bad Urach, der den Auftrag bekam, ein Brot zu backen, durch das »dreimal die Sonne scheint«. Nicht ohne Grund ist man hier überzeugt, dass die schwäbischen Brezeln den bayerischen weit überlegen sind – von den amerikanischen *Pretzels* ganz zu schweigen. Bis Übersee haben

sich deren Kollegen, die sogenannten *Seelen*, nicht verbreitet. Dabei handelt es sich um eine Art Mini-Baguette aus Dinkelmehl: außen knusprig, innen weich, mit Kümmel und Salz bestreut.

Allerlei mit Obst

Zum Kaffeetrinken am Nachmittag gibt es süße *Stückle* oder einen *Träubleskuchen*. *Träuble* sind übrigens keine Trauben, sondern Johannisbeeren, und das Geheimnis des *Träubleskuchens* liegt in der leckeren Haube aus Eischnee. Zahlreiche Streuobstwiesen auf dem Hochplateau liefern zudem das Material für die Kelter. Neben Bier und Wein trinkt man in dieser Gegend gern aus Äpfeln und Birnen gewonnenen Most. Vorsicht: Im Gegensatz zu anderen Regionen handelt es sich dabei nicht um Fruchtsaft, und der Most steigt schnell zu Kopf. Auch zum Schnapsbrennen eignet sich das hiesige Obst, und so haben sich auf und am Fuß der Alb zahlreiche Brennereien etabliert. Zur Berühmtheit hat es sogar der schwäbische Whisky gebracht. Wer auf Alkohol verzichten und dennoch etwas Besonderes trinken möchte, für den ist der PriSecco aus Schlat das Richtige. Er kombiniert den Geschmack von Streuobst mit dem von Wiesenkräutern.

Warum Slowenien?

Ljubljana, Drachenbrücke und
Dom St. Nikolai

Auf der Sonnenseite der Alpen

Wandern zwischen Granitgreisen und Baden an der Adria, Höhlentrips im Karst, Wellness in Wald-Thermen – und kaum eine Autostunde dazwischen! Mittendrin liegt die Hauptstadt Ljubljana, deren Name übersetzt »die Geliebte« heißt. Meist ist es Liebe auf den ersten Blick, denn die elegante Architektur der Altstadt verzaubert auf Anhieb. Lieben lernen werden Sie auch Sloweniens Küche, die Mediterranes mit Bodenständigem mischt. Und dazu der Wein! Dass er nicht bekannter ist, liegt einzig daran, dass ihn die Slowenen selbst so gerne trinken …

Der Leuchtturm von Piran

*Das Logar-Tal:
9 km saftige Weiden,
umschlossen von
hohen Bergen*

Das ist Slowenien ...

»So klein ist das Land«, witzeln die Slowenen, »dass ein gut genährtes Huhn mit Leichtigkeit darüber hinwegfliegen könnte.« Tatsächlich ist Slowenien nur halb so groß wie die Schweiz und wird von nicht mal zwei Millionen Menschen bewohnt. Mit seinen riesigen Wäldern und sauberen Gewässern zählt es zu den grünsten Gebieten in Europa. Die Vielfalt der Landschaften erstaunt: Gebirgsketten und verkarstete Plateaus, Höhlenlabyrinthe und glitzernde Seen, Weinstraßen und ein nicht gerade langes, aber doch bemerkenswertes Stück Küste.

Zwischen Bergen und Meer

Die meisten Touristen reisen über die Alpen ein: Sie fahren via Kranjska Gora durchs Soča-Tal zur Küste oder via Bled in die Hauptstadt Ljubljana. Die Landschaft im Alpenraum wirkt vertraut, sieht gar nicht so viel anders aus als die in Oberbayern, Kärnten oder der Steiermark: Man schaut auf schneebedeckte Gipfel und saftig-grüne Wiesen, picobello saubere Bilderbuchdörfer und kleine Kapellen am Wegesrand. Zentrum der Julischen Alpen ist der Triglav-Nationalpark: ein Ensemble von mächtigen

Gipfeln, rauschenden Wasserfällen und kristallklaren Flüssen. Höchster Berg ist mit 2863 m der legendäre Triglav (der »Dreigesichtige«), der aus allen Himmelsrichtungen bestiegen werden kann.

Mit dem Auto braucht man drei Stunden, um von den Alpen zur Adria hinabzufahren. Alle Orte rund um den Golf von Triest sind venezianisch geprägt, über 500 Jahre lang gehörten sie zur Lagunenstadt. An der 47 km langen Küste liegen die historischen Städte Piran, Izola und Koper – mit berühmten Kulturdenkmälern, Zeugnissen einer dynamischen Geschichte. In ihrem Umkreis gibt es attraktive Badebuchten, bei Strunjan fallen Klippen senkrecht zur Küste ab. Wer weitem Sandstrand den Vorzug geben möchte, wählt den Ort Portorož: Bereits im 19. Jh. kamen Gäste hierher und verbanden den Urlaub mit einem Kuraufenthalt.

Herber Karst

Ein paar Kilometer landeinwärts bietet sich ein vollkommen anderes Bild: Eine 100 m hohe, weißgraue Kalksteinwand markiert die geologische und klimatische Grenze zum Karst (*kras* = steinerner

Eine Postkartenschönheit: der See von Bled mit Kircheninsel und Klippenburg, im Hintergrund die Karawanken

Die letzten Meter zur Wasserfallgrotte sind etwas rutschig, da kommt das Drahtseil wie gerufen.

Boden). Diesseits überwiegen die sanft gerundeten Formen des Flysch-Gesteins, und die Winde sind angenehm mild. Jenseits öffnet sich das Hochplateau einer Gebirgslandschaft, deren Oberfläche von Graten und Rinnen zerfurcht ist. Im Sommer sind die Hänge von der sengenden Sonne ausgeglüht, im Winter hingegen vom kalten Wind der Bora nahezu leergefegt. Auf den Bergkuppen kauern mittelalterliche, aus Bruchstein errichtete Wehrdörfer – Oasen der Stille, in denen heute nur noch wenige Menschen leben.

Der Karst birgt viele Geheimnisse: Dunkle Seen verschwinden über Nacht von der Erdoberfläche, es gibt märchenhafte Höhlen und unterirdische Flüsse. Die tiefste Grotte liegt 1000 m unter der Erde, eine ist gar mehr als 20 km lang. Spektakulär sind vor allem die Höhlen von Škocjan (Škocjanske Jame) und die Adelsberger Grotte (Postojnska Jama).

Ljubljana und der Osten

Unbestrittenes Herz des Landes ist die kosmopolitische Hauptstadt Sloweniens, Ljubljana, eine »Perle des Barock«, wo sich alles, was schön ist, zu Fuß erreichen lässt. Die beschwingte Architektur sorgt zusammen mit dem jugendlichen Lebensstil für ein ungewöhnliches Stadterlebnis. Südlich und östlich von Ljubljana geht der Karst in bewaldetes Mittelgebirge über.

An Flüssen wie Krka und Sava liegen kleine Städte, aber auch mächtige Burgen und befestigte Klöster. Sie erinnern daran, dass die Gegend einst Grenzland war, ein Bollwerk des christlichen Abendlands gegen das auf dem Balkan vorrückende Osmanische Reich. Vielerorts sieht man steile Weinhänge, die sich bis Prekmurje, dem »Land jenseits der Mur«, ausdehnen.

Der älteste Rebstock der Welt ist über 400 Jahre alt und wächst in Maribor, der Hauptstadt von Štajerska (Steiermark). Unter ihrem historischen Zentrum liegen die größten Weinkeller Mitteleuropas – düstere, labyrinthartige Gewölbe, in denen die edlen Tropfen in großen Eichenfässern ruhen. Und fährt man aus der Stadt heraus, kommt man in eine wunderbar liebliche, hügelige Landschaft: Jeder noch so kleine Ort produziert seinen eigenen Tropfen, und manch einer davon erreicht sogar Spitzenqualität.

... und das sind seine Städte

Früher Kasernen, heute Kunst- und Kulturquartier – die Metelkova Mesto nördlich der Altstadt von Ljubljana

LJUBLJANA

Die Hauptstadt Sloweniens ist eine architektonische Perle: Die Straßenzüge zu Füßen der Burg sind von den Formen des Barock und Jugendstils geprägt, verkehrsberuhigte Plätze und Promenaden schaffen eine entspannte Atmosphäre. Sympathischer Mittelpunkt der Stadt ist der Prešernov trg, der weiträumige Platz an der Flussbiegung. Aus allen Himmelsrichtungen münden Straßen ein, in seiner Mitte steht die Statue des France Prešeren, dessen »Trinklied« zu Sloweniens Nationalhymne wurde. Am Fuße des Dichterdenkmals trifft sich die Jugend, für eine anmutige Kulisse sorgen

die Bauten im Jugendstil ringsum. Nachhaltig geprägt wurde die Stadt von dem Architekten Jože Plečnik. Sein originellstes Werk ist Tromostovje, die Dreierbrücke: Eine Autospur wird von zwei Fußwegen flankiert, die strahlend weiße Balustraden und elegante Leuchten säumen. Sie queren den Fluss Ljubljanica und laufen trichterförmig auf die Altstadt zu. Links schwingen sich Plečniks Kolonnaden zur Drachenbrücke und bilden einen prächtigen Rahmen für den Markt (Glavna tržnica). Südlich davon beginnt am verkehrsberuhigten Stadtplatz (Mestni trg) die einstige Altstadt. Wo er sich weitet, steht das Rathaus (1718). Auf dem Platz, der sich südwärts in den Stari trg verlängert, gibt es viele schöne

Geschäfte. Holzgeschnitzte Schaufenster, schmiedeeiserne Schilder und Laternen bilden den Rahmen für eine lebendige Café- und Künstlerszene, die bis zur parallel verlaufenden Uferpromenade und zum Oberen Platz (Gornji trg) reicht. Vom Krekov trg, zwei Gehminuten vom Markt entfernt, fährt eine Panorama-Bergbahn hinauf zur mittelalterlichen Burg von Ljubljana (www.ljubljanskigrad.si). Bis heute ist sie das Wahrzeichen der Stadt, ihr Innenhof ist von Gebäuden der Romanik bis Gotik umschlossen. Eine Wendeltreppe führt auf den Aussichtsturm und zu einem 360°-Panorama von Stadt und Land. Von der Altstadt führt die Čevljarski most (Schusterbrücke) zum universitären Zentrum am Neuen Platz (Novi trg) und dem ehemaligen Kreuzritter-Kloster Križanke, heute ein Kulturzentrum, in dem im Sommer herrliche Konzerte stattfinden. Am und im Tivoli-Park im Westen findet sich mit einem Opernhaus, dem Nationalmuseum sowie weiteren großen Museen und Galerien eine der dichtesten Konzentrationen von Kunst in Mitteleuropa, darunter auch die Nationalgalerie.

MARIBOR

Die 112 000 Einwohner zählende Universitätsstadt ist das Zentrum der slowenischen Steiermark, nur 18 km liegt die zweitgrößte Stadt Sloweniens von der österreichischen Grenze entfernt. Auf einem Spaziergang

Maribors Marionettentheater ist das beste im Land – untergebracht in einem ehemaligen Kloster am Fluss.

An der Uferpromenade von Piran können Sie ein Sonnenbad nehmen oder über Treppen ins Wasser steigen.

durch die weitgehend verkehrsberuhigte Alt- und Innenstadt kommen Sie immer wieder an hübschen Plätzen vorbei: so am Hauptplatz (Glavni trg) mit seinem Rathaus, der barocken Aloisiuskirche und der Pestsäule oder dem noch schöneren Slomšek-Platz (Slomškov trg) mit klassizistischer Post und Universitätsbibliothek, dem Slowenischen Nationaltheater und der ursprünglich romanischen Kathedrale. Unterhalb der Stadt liegt das ehemalige Hafenviertel Lent mit zahlreichen Galerien, Bars und Cafés. Die schmalen Gassen sind bis heute nach den Handwerkern benannt, die hier im Mittelalter ihre Werkstätten hatten. Am Flussufer steht das Haus der alten Rebe (Hiša Stara trta), hier wächst der guinnessamtlich älteste Rebstock der Welt. Geht man am Ufer ein Stück Richtung Osten, kommt man zum mächtigen Wasserturm (Vodni stolp) aus der Mitte des 16. Jh. 100 Jahre älter und bedeutend kleiner ist der Judenturm (Židovski stolp), der das einstige jüdische Viertel vom Flussufer abgrenzt. Die ehemalige Synagoge nebenan ist heute Kulturzentrum mit Konzerten und Ausstellungen (www.sinagogamaribor.si). Die Stadtburg (Mestni grad) ließ Kaiser Friedrich III. 1478 errichten, um sich vor den Türken zu schützen. Ab dem 16. Jh. stieg sie zur Residenz auf, bekam einen herrlichen Treppenaufgang und einen Festsaal mit reicher Stuckatur und Deckenbemalung. Heute beherbergt sie ein landeskundliches Museum (www.

museum-mb.si) das in Geschichte, Kunsthandwerk, Handel und Kunstproduktion einführt.

CELJE

»Stadt der Grafen und Fürsten«: Hoch über der Savinja thront die Burg der Grafen von Cilli, die hier im 14./15. Jh. residierten. Ihr zu Füßen kauert am gegenüberliegenden Ufer die verkehrsberuhigte Altstadt. Bürgerpaläste aus dem 19. Jh. verströmen gründerzeitlichen Charme, im Sommer öffnen Straßencafés. Zu den schönsten Flecken der Stadt zählt Celjes Hauptplatz (Glavni trg), mit barocken Bürgerhäusern und einer Mariensäule aus dem Jahr 1776. Früher wurde hier der Stadtmarkt abgehalten, heute bildet der Platz die Kulisse für Konzerte und Theateraufführungen im Freien. Südwärts schließt sich der Slomšek-Platz (Slomškov trg) mit der gotischen Danielskirche (Sv. Daniel) an. Oberhalb der Stadt liegt die im 12. Jh. erbaute Burg. Unter der Regentschaft der Cillis war sie das mächtigste slowenische Bauwerk. Gut erhalten ist der Friedrichsturm (Friderikov stolp), von dem man einen prachtvollen Blick bis zu den Steiner Alpen genießt.

PIRAN

Piran ist die romantischste und am besten erhaltene Stadt an der slowenischen Küste und steht unter Denkmalschutz. Malerisch liegt sie

auf einer weit ins Meer ausgreifenden Halbinsel, auf drei Seiten wird sie vom Meer umspült. Im historischen Ortskern begegnet man auf Schritt und Tritt Zeugnissen der venezianischen Vergangenheit. An den Fassaden von Palästen und Kirchen, an Brunnen und Plätzen entdeckt man das Symbol der Lagunenstadt, den geflügelten Löwen. Von 1283 bis 1797, also fast 500 Jahre, gehörte Piran zur Venezianischen Stadtrepublik. Ein Muss für alle Besucher ist der Tartini-Platz und der Aufstieg zur Georgskathedrale. Muße ist an der malerischen Uferpromenade angesagt. Dort reihen sich Cafés und Terrassenlokale aneinander, auf Felsplatten können Sie ein Sonnenbad nehmen oder über eine Eisenleiter ins Meer steigen. Den besten Blick auf Küste und Stadt hat man von den Stadtmauern, die Piran im Südwesten vom Hinterland abschirmen. Im 15. Jh. aus Furcht vor Türkenangriffen errichtet, blieben sie auf einer Länge von 300 m erhalten.

1. TOUR

2. TOUR

3. TOUR

Slowenien erleben

1. *TOUR*

Passstraße durchs Soča-Tal –
Dramatik pur in einer wilden Schlucht

Weißer Fels im Flussbett, darüber türkisfarbenes Wasser, mal munter dahinrauschend, mal teuflisch wild. Und darüber fast senkrecht aufschießende Felswände. Erst im Golf von Triest, wo die Soča ins Meer mündet, wird die Szenerie milder.

2. *TOUR*

Die Höhlen von Škocjan –
Unterirdisches Spektakel

Warm anziehen und hinab in die Eingeweide der Erde! Donnernd rauscht ein Fluss durch eine uns fremde Welt, die das Wasser in Jahrmillionen gestaltet hat. Vielleicht wird er Sie bis in Ihre Träume begleiten …

3. *TOUR*

Zwischen Drau und Mur –
Reben und verträumte Dörfer

Hier schlägt Slowenien seine anmutigen Seiten auf. Nicht umsonst heißt der Hauptort Jeruzalem: eine »heilige« Stätte des Weins und so schön zwischen Rebgärten gelegen, dass man gern länger bleibt.

Eine besonders schöne Badestelle ist die Soča, die türkis und kristallklar leuchtet. Sie bildet herrliche Gumpen aus, so in der Großen Trogschlucht (Velika korita) oberhalb von Bovec.

Dramatik pur in einer wilden Schlucht

Eine spektakuläre Passstraße führt durch eines der schönsten, von Bergriesen flankierten Alpentäler. Benannt ist es nach der Soča, einem Fluss, der einer Felsspalte unterhalb des Vršič-Passes entspringt. An mehreren Stellen können Sie halten und von schmalen Hängebrücken auf den türkisblauen Fluss hinabschauen.

Zum Vršič-Pass

Schon die Auffahrt zum 1611 m hohen Vršič-Pass ist ein Erlebnis! Von Kranjska Gora schraubt sich die ab 1916 erbaute Hochalpenstraße in 25 Spitzkehren (14 % Steigung!) zum Pass hinauf, danach geht es über ebenso viele Kehren abwärts.

Unterwegs lohnen mehrere Stopps, ein erstes Mal schon nach 2 km: Am Eingang des Pivnica-Tals breitet sich zwischen Gneis und Granit der Jasna-See (Jezero Jasna) aus: blau leuchtend und kristallklar. An seinem Ufer steht die Bronzeskulptur von Zlatorog, dem mythenumrankten Ziegenbock mit markanten Goldhörnern. Die Geschichte dazu geht so: Eine junge Frau gibt ihrem Geliebten den Laufpass und zieht mit einem

Eine Welt aus Gneis und Granit – Wanderweg nahe dem Vršič-Pass

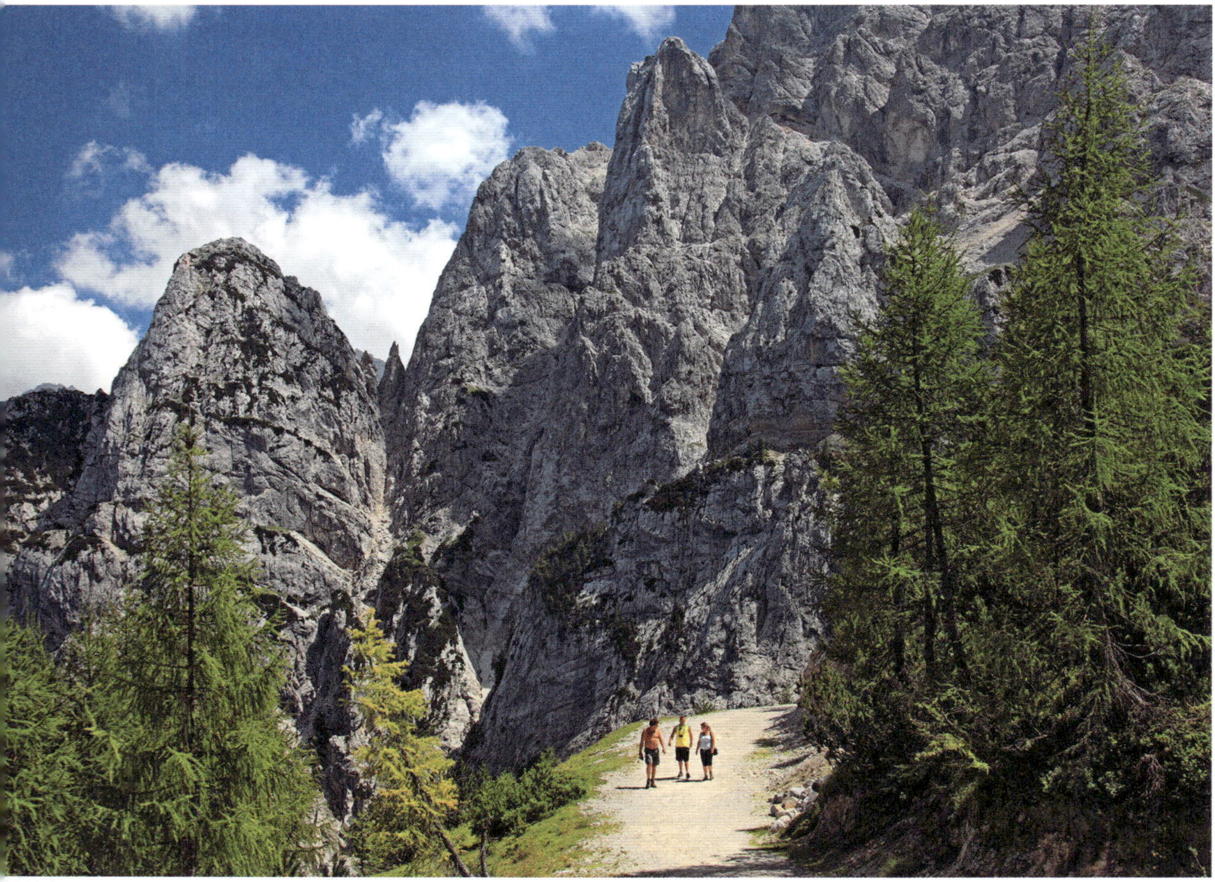

reichen Venezianer davon. Der Verschmähte macht sich umgehend auf die Suche nach Goldhorn, dem er seinen Schatz rauben will – mit noch mehr Geld will er die Frau zurückgewinnen. Er findet den Bock und schießt – doch mit letzter Kraft gelingt es dem Tier, den Jäger in den Abgrund zu stoßen. Als die Frau schließlich zu ihrem Ex zurückkehren will, findet sie nur noch seine Leiche im Tal. Und die Bergwiesen wurden öd und leer ... In einem Ausflugslokal können Sie die alpine Szenerie (und die Geschichte) auf sich wirken lassen.

Nach weiterer etwa 4 km versteckt sich im Wald rechts der Straße die Russische Kapelle (Ruska Kapelica). Vor der kleinen Holzkirche mit dem Kreuz der Orthodoxen steht das »Grab des unbekannten Soldaten« und erinnert an die über 1000 russischen Kriegsgefangenen, die 1916/17 beim Bau der Straße für das kaiserliche Österreich starben – viele von ihnen durch Lawinen.

In der Folge steigt die Straße kräftig an und erreicht nach 12 km den Vršič-Pass, die Wasserscheide zwischen Sava und Soča. Genießen Sie den tollen Weitblick! Im Westen ragt der 2366 m hohe Mojstrovka auf, im Osten der Triglav, mit 2864 m Sloweniens höchster Berg. Im Tičarjev Dom, einer Berghütte zur Linken, kann man sich stärken, für Wanderer und Kletterer stehen Schutzhütten bereit.

Anschauliche Präsentation der Flora und Fauna der Alpen im Besucherzentrum von Trenta

Hinab ins Soča-Tal

Über 9 km geht es nun in engen Serpentinen talabwärts. An der 48. Kurve (so auch ausgeschildert) kann man an dem auf einem Vorsprung postierten Julius-Kugy-Denkmal eine Pause machen.

Hat man Lust auf ein kleines Abenteuer, biegt man schon in der nächsten, der 49. Kurve rechts ab und folgt einer Stichstraße 1,3 km zu einer Hütte (Koča pri izviru Soče), wo der Wagen abgestellt werden muss. Auf einem markierten Waldweg gelangt man steil aufwärts zu einem Plateau, dann weiter auf einem ausgesetzten, durch Stahlseile gesicherten Felsband. Nach 15 Minuten steht man unvermittelt vor der Soča-Quelle (Izvir Soče): Kraftvoll zwängt sich der Fluss aus einer engen Felsspalte und stürzt mit ohrenbetäubendem Getöse kaskadenartig in ein mit kristallklarem Wasser gefülltes Becken!

Alpengärten und Trogschluchten

Zurück auf der vom Tourismusamt so getauften »Smaragdstraße« erreicht man wenig später den Weiler Trenta. Dort befindet sich das Alpinum Juliana, ein 1928 auf Anregung eines Triestiner Kaufmanns entstandener Botanischer Garten mit über 1000 Pflanzen aus den Julischen und Kamniker Alpen, den Karawanken und Friauler Bergen. Darunter befinden sich auch einige Endemiten, d.h. Pflanzen, die nur hier und nirgends sonst auf der Welt vorkommen. Zu den schönsten zählen die Triglav-Rose, der Julische Mohn und die Zois-Glockenblume. Im Frühsommer ist der Garten in ein Meer blühender Farben getaucht.

Er wächst nur hier, nirgends sonst auf der Welt: der Julische Mohn.

Mehr über die Alpen erfährt man im Dom Trenta, dem modernen Besucherzentrum des Triglav-Nationalparks, einem Museum für Naturkunde und Ethnografie. Multimedia-Stationen, Schautafeln und Filme beleuchten Geologie, Flora und Fauna, die Anfänge des Alpinismus und die Lebensbedingungen von Bauern und Hirten. Daneben erhält man Unterkunftstipps sowie Faltblätter zu Lehrpfaden und Wandertouren, z. B. dem Soča- und dem Pokljuka-Weg sowie dem Radweg Radovna.

Nächste Station ist das lang gestreckte Dorf Soča. Die Kirche der nach dem Fluss benannten Streusiedlung überrascht mit einem interessanten kulturhistorischen Detail: Auf dem 1944 entstandenen Deckenfresko kämpft Erzengel Michael nicht allein mit dem Teufel, sondern auch mit Hitler und Mussolini. Im unteren Teil des Dorfes Soča achte man auf eine erste Ausschilderung »Velika korita«, wo man von einer Hängebrücke in die Tiefe schaut (Parkausbuchtung).

KLEINER TIPP FÜR WANDERER

Nahe der Soča-Quelle startet der markierte, attraktive Soča-Weg (Soča pot). Mal führt er links, mal rechts des Flusses, der hin und wieder über Hängebrücken gequert wird. 20 km schlängelt er sich bis Bovec hinab, wobei Sie sich an jeder beliebigen Stelle einklinken können. Besonders schön ist der Abschnitt von der Trogschlucht Velika Korita bis Bovec.

Noch spektakulärer ist das Schauspiel ein Stück weiter südlich, wo eine Asphaltpiste nach Lepena abzweigt. Nur ein kurzes Stück dahinter queren Sie eine Brücke, von der Sie in die 750 m lange, 15 m tiefe und nur 2 m breite Trogschlucht (Velika Korita) blicken. An weniger steilen Stellen können Sie zu türkisfarbenen Gumpen hinabsteigen, die im Sommer herrliche Erfrischung bieten. Von der Asphaltpiste führt zudem ein ausgeschilderter Abstecher links hinauf zur Pristava Lepena: ein komplett aus Holz erbautes Feriendorf mit einem idyllischen Gasthaus – sehr gut für eine Stärkung!

Wieder zurück auf der Soča-Straße, müssen Sie an der nächsten Gabelung entscheiden, ob Sie noch Lust auf einen Abstecher rechts hinauf zur majestätisch über der Koritnica-Schlucht thronenden Festung Kluže haben. Sind Sie bereits zu erschöpft, folgen Sie dem Lauf der Soča und fahren direkt nach Bovec.

Zlatorog – das »Goldhorn« am Jasna-See

Die Höhlen von Škocjan

Unterirdisches Spektakel

Was sich in der Unterwelt des Karsts verbirgt, gehört zum Aufregendsten, das die Natur zu bieten hat: von wildem Wasser durchrauschte Canyons und Tropfsteine in kühnsten Formen. Die Unesco hat die Škocjanske Jame zum Weltnaturerbe erklärt.

6000 Höhlen verbergen sich im adrianahen Gebirgsstock – und erst etwa 100 von ihnen wurden bislang erforscht. Was sich im Karst abspielt, nennen Geologen »Kalkkorrosion«: Durch die stete Einwirkung von Wasser wird das poröse Gestein zersetzt, wobei Schluchten, Grotten und Tropfsteine entstehen. Freilich braucht die Natur dafür unendlich viel Zeit – für einen Millimeter Tropfstein 30 Jahre!

Unterirdischer Canyon

Weniger überlaufen als die Höhlen von Postojna, dafür eine Spur wilder sind die 35 km westlich gelegenen, von Plinius d. Ä. und Vergil besungenen Höhlen von Škocjan (Škocjanske Jame). Es handelt sich um einen 3,5 km langen, bis zu 60 m breiten und über 140 m tiefen Canyon, der sich stellenweise zu riesigen Hallen erweitert. Durchflossen wird er von der Reka, die nach einem 55 km langen Lauf über der Erde just hier abtaucht, um 34 km weiter nahe der Küste wieder zum Vorschein zu kommen.

Vom Besucherzentrum läuft man mit Führer 500 m bis zum Höhleneingang, passiert einen künstlichen Tunnel und betritt die »Stille Grotte« voll schöner Tropfsteine. Anschließend kommt man zum »Großen Saal« mit bis zu 15 m hohen Steinriesen. Hier beginnt ein seltsames Rauschen, das sich zu einem furiosen Finale steigert: Entlang hoher Steilwände stürzt der Fluss Reka in schwindelerregende Tiefen, an Stromschnellen sprüht die Gischt – unbestreitbarer Höhepunkt dieser Tour!

Über einen gesicherten Felssteg wandert man längs der Schlucht, um sie schließlich auf einer 45 m hohen, schmalen Brücke zu queren. Hinab geht es zu einer Halle voll terrassenförmig gestapelter Sinterpfannen – so werden die durch Wasserstrudel entstandenen schüsselähnlichen Gebilde genannt. In der »Schmidhalle« erwartet Besucher ein letzter Kick: Vom Grund eines 165 m tiefen Einsturztrichters schaut man nach oben zum Licht und zurück auf die Reka, die sich in einem 10 m hohen Wasserfall ergießt. Danach bringt ein Schrägaufzug Besucher in die Oberwelt zurück.

Wer mehr sehen will, folgt vom Besucherzentrum dem 2 km langen Rundlehrpfad rings um den Großen und Kleinen Einsturztrichter. Man erlebt, wie die Reka dramatisch »abtaucht«, und passiert das Dorf Škocjan mit dem Höhlenmuseum. Darin sind Hunderte von Funden ab dem 12. Jh. v. Chr. ausgestellt, u. a. ein Gefäß mit einer venezianischen Inschrift aus dem 5. Jh. v. Chr., dem ältesten erhaltenen Schriftzug auf slowenischem Boden. Anhand von Modellen wird nachgezeichnet, wie sich das Wissen um die Höhle im Lauf der Zeit erweitert hat; in historischen Speichern sind Ethno-Exponate zu sehen. Über das Dorf Matavun geht es zum Besucherzentrum zurück.

Wie ein Augenschlitz – durch Einsturztrichter schauen Sie aus der Unterwelt in die Helligkeit des Tages hinauf.

Zwischen Drau und Mur

Reben und verträumte Dörfer

Lieblich ist die »steirische Toskana« und exquisit sind ihre Weißweine. Probieren kann man sie in Gaststätten und kleinen Kellereien, während der herbstlichen Weinlese auch in improvisierten Buschenschänken.

Die schönste der slowenischen Weinstraßen verläuft etwa 50 km östlich von Maribor und verbindet Ljutomer mit Jeruzalem und Ormož. Sie führt durch eine anmutige Landschaft mit Weinhügeln und terrassierten Hängen, Winzerdörfer thronen auf Bergkuppen und bieten ein herrliches Panorama. Aufgrund besonderer Böden reifen in dieser Region die unterschiedlichsten Reben. Die Palette reicht vom fruchtigen Chardonnay über diverse Riesling- und Burgundersorten bis zum halbsüßen Traminer und dem rassigen Furmint, hier Šipon genannt.

Nach Jeruzalem!

Südlich der Kleinstadt Ljutomer liegt das Filetstück der Region, der Jeruzalemer Landschaftspark mit sanft geschwungenen Hügeln. Zwischen den Rebstöcken klappert das Klapotetz, ein Windrad mit buntem Schlagwerk, das Vögel davon abhalten soll, Trauben zu naschen. Über schmale, teilweise kurvige Straßen erreicht man das 7 km entfernte Jeruzalem, ein Dorf im Herzen der Weinberge, das seinen Namen dem Deutschen Orden verdankt: 1222 hatte der Salzburger Erzbischof Eberhard II. Ritter des Deutschen Ordens in diese Region geholt, damit sie gegen die Ungarn kämpften. Die Kreuzritter erfüllten den Auftrag und waren von der Landschaft so begeistert, dass sie sich hier niederließen; dem von ihnen auserwählten Ort gaben sie den Namen der Heiligen Stadt. Die Ritter stifteten die Marienkirche samt Bildnis der aus Jerusalem mitgebrachten »Traurigen Madonna« und legten jene großen Weingärten an, die die Landschaft bis zum heutigen Tag prägen. Zu den Winzern, die das Erbe der deutschen Kreuzritter antraten, gehören die Betreiber des Dvorec Jeruzalem, eines wunderschön gelegenen »Weinschlösschens« aus dem 17. Jh. Stilvoll ist auch die Gostišče Brenholc Jeruzalem, in der Spezialitäten à la Buchweizen-Sterz und Steinpilz-Steak, am Martinstag auch Gänse- und Entenbraten angeboten werden. Und wer nach zu viel Wein nicht weiterfahren will, kann in gemütlichen Gästezimmern übernachten.

Ormož

Das historische Städtchen Ormož, 1273 erstmals urkundlich erwähnt, rühmt sich seiner erlesenen Weine. Wichtigster Produzent ist Jeruzalem-Ormož, dessen Weinkeller sich über fünf unterirdische Stockwerke erstreckt. In mächtigen Eichenfässern im dritten Stock reifen Welsch- und Rheinriesling, Weißer und Grauer Burgunder und Grüner Silvaner. Auch der legendäre Sauvignon aus dem Jahr 1956 wird im Keller aufbewahrt. Es heißt, er sei der beste Wein des 20. Jh. Zur Weinprobe im Vinska klet gibt es Käse und andere Appetithäppchen.

Weinlese in den Hügeln von Jeruzalem

Ü
ÜBRIGENS

Im Frühherbst, zur Zeit der Weinlese, öffnen allerorts Buschenschänken. Am Martinstag (11. November) wird der frische Most feierlich getauft. Dann fließt der Wein in Strömen, dazu gibt es geröstete Esskastanien und pikante, kegelförmige Käsestücke.

Von den Alpen bis zur Adria

Baden

In Portorož, dem schönsten Sandstrand an der 47 km langen Küste, kann man segeln, surfen, tauchen und Wasserski fahren. Vielerorts gibt es nur Kiesstrand, in Piran begnügt man sich mit künstlichen Liegeflächen aus Fels und Beton.

Wer nicht aufs Meer angewiesen ist, macht einen Sprung in den slowenischen Norden: Wunderbar baden kann man in den Alpenseen von Bled und Bohinj sowie in den Gebirgsflüssen.

Radfahren

Für den 232 km langen Radrundweg von Kranjska Gora über Bled, Bohinj, Tolmin, Kobarid und Bovec zurück nach Kranjska Gora sind fünf Tage einzuplanen. Weitere schöne Touren führen durch die Täler der Savinja und Krka, den herben Karst, die Wälder bei Kočevje und die Weinhügel im Osten (www.slovenia.info/de/aktivitaten/aktivurlaub/radfahren).

Wandern

Slowenien verfügt über ein 8000 km langes Netz markierter und gesicherter Wege. Die meisten Wanderer trifft man in den Julischen Alpen. Die Landkarten, die man in den Touristenbüros vor Ort erwerben kann, zeichnen sich durch sehr gute Qualität aus (www.slovenia.info/de/aktivitaten/aktiv urlaub/wandern-und-rucksacktouren).

Wellness

Es gibt in Slowenien 18 staatlich anerkannte Heilbäder und 25 Kurzentren – die meisten im Osten und Südosten des Landes. Das wohltuende Thermalwasser hat eine Temperatur von 27–38 °C, sodass man schon im Winter Lust auf Badeurlaub bekommt.

Neben klassisch-medizinischen Behandlungsmethoden wird Wellness großgeschrieben. Traditionsreich sind die Kurbäder Bled, Radenci und Rogaška Slatina, einst Treffpunkte des habsburgischen Adels.

An sämtliche Kuranlagen sind Hotels und Campingplätze angeschlossen. Kombiniert wird das Wellnessprogramm mit Wandern und Radfahren, vier Kurorte (Bled, Čatež, Terme Ptuj und Moravske Toplice) verfügen zudem über 18-Loch-Golfplätze (www.slovenia-terme.si).

Wildwassersport

An der Küste vergnügt man sich mit Tretbooten und Wasserski, auf den Alpenflüssen sucht man das Abenteuer beim Kajak- und Kanufahren sowie beim Rafting. Dabei steht die Soča an oberster Stelle der Beliebtheitsskala. Aktivsportler kommen im Spätfrühling nach der Schneeschmelze oder im Herbst, wenn es ausgiebig geregnet hat. Anfänger ziehen den Sommer vor – dann fließen die Flüsse ruhiger. Kurse und organisierte Touren bieten Agenturen in Bled, Bohinj, Tolmin und Bovec.

Auf einigen Abschnitten der Soča braucht man Erfahrung, um die Kurve zu kriegen.

Schmale, gesicherte Wege führen durch die faszinierende Tolmin-Klamm im Nordwesten Sloweniens.

So schmeckt Slowenien

Begeben Sie sich an den Fluss, um in Sloweniens Hauptstadt bei schönem Ausblick zu genießen.

Für reichlich Platz auf saftigen Weiden sorgen Sloweniens Bio-Bauern für ihr Vieh.

Slowenien ist das EU-Land mit den meisten Bio-Bauern. Sie versorgen die Märkte mit Regionalprodukten, aus denen herzhafte Hausmannskost entsteht. Doch auch feines Slow Food ist auf dem Vormarsch: Kreative Köpfe schaffen aus erstklassigen Zutaten fantasievolle Kreationen. Die kulturelle Vielfalt Sloweniens spiegelt sich in der Esskultur – die Palette reicht von österreichisch über ungarisch und italienisch bis zu balkanisch.

Regionale Vielfalt

Vielleicht wollen Sie Ihre Urlaubsplanung ein bisschen davon abhängig machen, was die einzelnen Regionen zu bieten haben? Bodenständige Gerichte liebt man vor allem in den Alpen und der südlichen Steiermark. Da gibt es Eintopf mit Schweine- und Hammelfleisch, saure Rahmsuppe oder Rindfleisch mit Kren (Meerrettich), Käse, Speck und viel Wurst. Fleisch wird gern »aus dem Kübel« serviert: erst angebraten, dann in einem Fass mit Schweineschmalz übergossen. Und zur Krönung des Mahls isst man Cremeschnitten, Pfannkuchen und köstlichen Strudel.

In der Karst-Region sollte man sich *pršut*, den leckeren Schinken, nicht entgehen lassen: Nur Fleisch vom Jungschwein, das weniger als 125 kg wiegt, darf zu seiner Herstellung verwendet werden. Einen Monat lang wird es in eine Lake mit Meersalz, Knoblauch und Kräutern eingelegt, anschließend in Räumen aufgehängt, durch die der scharfe Bora-Wind pfeift. Nach etwa einem Jahr ist es so weit: Das ausgedörrte Fleisch wird in hauchdünne Scheiben geschnitten und mit pikant eingelegten Oliven und Steinofenbrot serviert.
An der Küste regiert mediterrane Kost. Auf der Speisekarte wird Fisch in vielen Varianten angeboten, häufig auch gratinierte Cannelloni, Risotti und Minestre – typische Beispiele für eine Gastronomie venezianisch-friaulischen Ursprungs. Zum Abschluss ist Süßes angesagt: mürbe Strauben *(flancati)* oder Krapfen *(fritule)*.
Letzte Station ist der Osten, wo sich mediterrane und pannonische Einflüsse mischen. Vegetarier haben es dort schwer, Fleischgerichte sind Trumpf. Jenseits der Mur, im ungarischen Grenzland Prekmurje, bevorzugt man scharf gewürzte Paprikagerichte und Gulasch.

Wen es bei derlei Kalorienbomben nach Leichterem gelüstet, der greift zu frischem Salat, der mit Obstessig und nussigem Kürbiskernöl abgerundet wird.

Wasser und Wein

Erstklassig sind Sloweniens natürliche Mineralwasser, von denen das nach den »Drei Herzen« benannte Radenska am bekanntesten ist. Doch das Lieblingsgetränk der Slowenen war schon immer der Wein: keine Speisetafel ohne gefüllten Krug, kein festliches Zusammensein, bei dem die edlen Tropfen nicht in Strömen fließen. Seit der Unabhängigkeit hat slowenischer Wein enorm an Qualität gewonnen, mittlerweile kann er es mit den besten der Welt aufnehmen. Die Spitzenprodukte kommen aus dem Karst und dem Landesosten – die Weinstraßen zwischen Drau und Mur halten wahre Schätze bereit!
Eine besondere Gaumenfreude sind auch die in den Gaststätten aufgetischten Schnäpse und Liköre. Zur Verdauung geeignet sind würziger Wacholder- und Kräuterschnaps *(brinovec/lušterk)*, milder sind Birnenschnaps *(viljemovka)* und süßer Traubenlikör *(radgonska ranina)*.

Warum die Steiermark?

Wer ohne Wanderschuhe in die Steiermark reist, dem ist nicht zu helfen. Für jeden Geschmack und jedes Fitnesslevel findet sich hier der richtige Gipfel.

Vielfalt hoch fünf

Morgens mit der Gondel auf den Gletscher, am Abend in der steirischen Toskana Wein trinken. Tagsüber eine Radtour, abends aufgemascherlt in die Grazer Oper. Am Vormittag auf einem Berggipfel das Panorama bewundern, am Nachmittag eine Vernissage an der Schlösserstraße. Und zum Schluss in der Therme relaxen. Dazwischen köstliches Backhendl, fangfrischen Saibling oder Weinstrauben speisen. Ein Wunderwuzzi der Sinne und Erlebnisse. Wie hat man die Steiermark nicht auf dem Radar haben können?

Nur ein schwerreicher Exzentriker konnte die barocke Schlossanlage der Steiermark, das Schloss Eggenberg in Graz, ersinnen.

Der Wintersportort Schladming macht auch im Sommer eine gute Figur.

Das ist die Steiermark ...

Grün hinter den Ohren ist die Steiermark längst nicht mehr, höchstens nachweislich das grünste Bundesland Österreichs mit den größten Waldflächen. Natürlich ist das »Grüne Herz Österreichs« ein klebrig-markanter Marketing-Slogan, aber möglicherweise auch schon das Einzige, was das Bundesland eint. Denn in Wahrheit schillert die Steiermark in den buntesten Farben des Regenbogens.

Die richtige Balance

Dass den Österreichern nicht unbedingt unschlagbare Effizienz nachgesagt wird, ist kein Geheimnis. Und obwohl im Industrieland Steiermark Spitzenkonzerne in der Metallverarbeitung- und -erzeugung, im Maschinenbau, im Fahrzeugbau oder der Elektrotechnik sitzen, wissen die Steirer um die unerlässliche Balance zwischen Arbeit und Genuss.

Ablenkungen zur Arbeit existieren zuhauf. Da wären die Berge und Hügel, der Steirer liebste Spielplätze. Kein Hügel ist zu flach, um nicht mindestens einen ausgeschilderten Wanderweg zu haben. Die südlichen Landesteile eignen sich eher zum Genuss-

wandern, mit dem Almenland nördlich von Graz, dem Schöckl vor den Toren von Graz, den reizvollen Wanderungen am Reinischkogel oder den Panorama-Spaziergängen in der südlichen Steiermark. Je weiter nördlich, desto anspruchsvoller präsentiert sich das Terrain. Bei Speikkogel, Hochschwab, Gesäuse, Schladminger Tauern, Bösenstein oder Dachstein-Massiv glänzen die Augen von Bergfexen. Wer nicht wandert, fährt Rad.

Und im Winter? Da spielt in den gebirgigen Landesteilen der Wintersport die erste Geige.

Zackzack ist anderswo

Scheinbar geht es in der Steiermark nicht ohne Schwitzen. Wenn schon nicht vor Anstrengung, dann wenigstens vor Wonne. Schon im 19. Jh. gaben sich der Kaiser und die Aristokraten wegen der heilenden Thermalwasser in Bad Gleichenberg die Klinke in die Hand. Vom verstaubten Kurbad-Image hat sich die Branche mittlerweile befreit. Modernste Spa- und Wellness-Zentren, die auf 100 °C heißes Wasser aus 3000 m Tiefe zurückgreifen, locken in der südöstlichen Steiermark.

Fesche Dirndln im Dirndl flanieren beim Volkskulturfestival Aufsteirern durch die Grazer Altstadt.

Mit der anlässlich des Kulturhauptstadtjahres 2003 errichteten Murinsel freundeten sich die Grazer erst nach und nach an.

Traditionsbewusst mit Avantgarde

Menschenmassen strömen Jahr für Jahr nach Graz, nämlich zum Bauernbundball im Februar und zum Aufsteirern im September – beides angeblich österreichweit die größten Volkskulturveranstaltungen. Selbst die Jugend findet nichts dabei, volkstümliche Schlager zu grölen oder im Dirndl anzutanzen.

Ja, die Volkskultur schmeckt nicht jedem, aber sie wird in der ganzen Steiermark gelebt, und zwar sichtbar. Ein echtes, steirisches Dirndl hat mit gewagten Farbkombinationen oder unsittlichen Längen nichts am Hut. Ganz im Gegenteil: Es existieren an die 290 regionale, dokumentierte Frauentrachten, die sich in Farb-, Stoff- und Musterkombinationen, Schnittformen, Rüschen, Borten oder Verschlüssen unterscheiden. Dabei haben sogar die Farben eine Bedeutung. Der Klassiker unter den Dirndln, das Ausseer Dirndl, kombiniert einen grünen Leib (steht für Wald und Wiesen), einen rosa Rock mit weißen Streublumen (als Symbol für die Almröschen) und eine lila Schürze, die den Enzian symbolisiert.

Um den Frauen das Funkeln zu überlassen, hüllen sich die Männer in dezente Farben. Entstanden ist der Steireranzug zwar aus der Tracht der Jäger aus den nördlichen Landesteilen, aber heute existieren Varianten von olivgrün bis dunkelbraun. Allen Steireranzügen gemein ist aber der typisch dunkelgrüne Besatz.

Wer glaubt, dass die Tracht im »Kasten« (Schrank) vergammelt, der irrt. In Tracht aufzutreten, ist keine Schande. Von Erstkommunion über Buschenschank-Besuche bis zu Bällen und Hochzeiten gelten Frau und Mann in Tracht immer als passend gekleidet. Pikant wird es nur dann, wenn sich Tradition und Avantgarde kreuzen. Wenn Besucherinnen im Dirndl den Klängen des sommerlichen Musikfestivals Styriarte lauschen oder Performances des steirischen herbst sehen. Oder wenn g'standene Männer in Lederhosen beim Summertimeblues in Gamlitz jammen. Aber genau das macht die Steiermark aus. Vieles findet hier zusammen, was lange als unvereinbar galt: Ost und West, Stadt und Land, Wein und Bier, Dirndl und Gucci, Gabalier und Harnoncourt. Und die Steirer? Auf Unbekanntes offen zuzugehen und Traditionelles zu bewahren, darin haben sie jahrhundertelange Routine.

... und das sind ihre Städte

Mit der Schloßbergbahn ist man ruckzuck oben auf dem Schloßberg, der höchsten Erhebung in der Grazer Innenstadt.

Alt und neu reiben sich wunderbar aneinander: der Landhaushof aus der Renaissance, der spätgotische Dom sowie die kaiserliche Grazer Burg, beide aus dem 15. Jh., und das Unesco-Welterbe Schloss Eggenberg einerseits, die futuristischen Wahrzeichen Kunsthaus und Murinsel, beide 2003 eröffnet, andererseits. Alles im Blick hat von oben das Wahrzeichen und beliebteste Fotomotiv: der Uhrturm.

ALTAUSSEE

Wie ein lebendiges Freilichtmuseum kommt das idyllische Dörfchen Altaussee daher. Bei weniger als 2000 Einwohnern ist fast jedes Haus entlang der Fischerdorfstraße entweder denkmalgeschützt oder einfach nur zu schön, um nicht fotografiert zu werden. Ganz nebenbei sind die Aussichten betörend, zum einen auf den See, zum anderen auf die grandiose Bergwelt drum herum. Dem Salz verdankt Altaussee seine Entstehung, vermutlich schon gegen Ende der Römerzeit. Heute ist das Salzbergwerk Altaussee die größte Salzabbaustätte Österreichs. Nicht das Salz, sondern die frische, kühle Bergluft klang für die Städter aus Wien in stickigen Sommern verlockend. Das nahe Bad Ischl diente dem Hofadel seit 1849 als kaiserliche Sommerresidenz. Die Entourage und Hofnarren schlugen in der Nähe ihr Lager auf. An der Promidichte hat sich bis heute nicht viel geändert, angeblich sollen

GRAZ

Ein Hauch von Italien weht über die markanten roten Dachschindeln der Altstadt, die von der Unesco für schützenswert befunden wurde. Die Cappuccinos werden oft schon im März im Gastgarten geschlürft, kein Wunder bei durchschnittlich 2200 Sonnenstunden im Jahr. Weil die Alpen wie ein Schutzschild gegen Norden wirken, genießt Graz südliche Wetterlagen, die sich im Gemüt niederschlagen. Besucher schwärmen vom mediterranen Lebensgefühl, von gastfreundlichen Menschen, von sympathischem Schlendrian. Selbst die Architektur, etwa das Grazer Landhaus, wird maßgeblich von italienischen Baumeistern aus der Renaissance wie Domenico dell'Allio bestimmt. In Graz locken vor allem die prachtvolle, lebendige Altstadt mit einem mittelalterlichen Stadtkern, der idyllische Schloßberg mit viel Grün und Fernsicht bis nach Slowenien, liebenswerte Stadtviertel und interessante Architekturhighlights aus jüngerer Zeit. Ein Spaziergang im Schloss Eggenberg, dem bedeutendsten Barockbau der Steiermark, erfrischt. Für Kunst- und Kulturfestivals wie auch Shopping und Konzerte reisen Gäste von fern an. Die lebendige Beisl- und Café-Szene ist nicht nur den 60 000 Studierenden zu verdanken, sondern auch der südländischen Genussfreudigkeit.

Altaussee hat vielleicht das Flair einer Hollywoodkulisse, ist aber ein lebendiger Ort mit Historie und Charakter.

Laufen Sie in Bruck an der Mur den Koloman-Wallisch-Platz in Richtung Norden und Sie landen unversehens im Süden – beim Kornmesserhaus.

im Ausseerland österreichweit die meisten Millionäre leben. Was lockt die Schönen und Reichen heute? Sicher die Landschaftsjuwele und das Klima. Wahrscheinlich auch der herbe Charme seiner Bewohner, denn niemand quatscht einen von der Seite blöd an. Man muss ja überhaupt froh sein, wenn die Einheimischen ein Wort mit einem wechseln. Aber sei's drum, die unvergleichliche Naturkulisse genießt sich ohnehin am besten in Ruhe, beim Wandern, Radfahren oder Skifahren. Beinahe das gesamte steirische Salzkammergut steht unter Naturschutz.

Und wenn Sie schon in der Gegend sind: Statten Sie dem knapp 30 km entfernt gelegenen, malerischen Pürgg am Fuße des Grimming einen Besuch ab. Ein Spaziergang lohnt das ganze Jahr über, aber besonders im Advent, wenn sich Pürgg in den größten Adventskalender der Steiermark verwandelt.

BAD RADKERSBURG

Rein zufällig verirrt sich niemand nach Bad Radkersburg im äußersten südöstlichen Zipfel der Steiermark, quasi in Dead-End-Position. Dennoch überraschen die Gästezahlen. Im hiesigen Kurbad, auf neuhochdeutsch Therme, hoffen Besucher auf Rundumerneuerung. Einmal dort, verlieben sie sich Hals über Kopf in das kleine Städtchen direkt an der Mur, dem längsten und wichtigsten Fluss der Steiermark, der Österreich von Slowenien trennt.

Hätten die Osmanen aus dem Osten nicht beständig an seine Tore geklopft, wäre Bad Radkersburg wohl keine Erwähnung wert. Weil sie aber ihre Stadt noch effektiver sichern wollten, holten sich die Stadtväter Mitte des 16. Jh. die besten Festungsbauer aus Italien. Weite Teile der Renaissance-Befestigungsanlage blieben bis heute erhalten, einzelne Bastionen sind gut erkennbar und selbst einige Kurtinen, also die Schutzwälle zwischen den Bastionen, bestehen noch. Und das Schöne daran? In den historischen Gassen pulsiert das Leben. Etwa 350 Häuser innerhalb der Anlage, viele davon mit großzügigen Innengärten und grünem Hinterhof, sind bewohnt. Die Anrainer teilen ihren Schatz gerne mit Gästen, Cafés und Restaurants flankieren die Plätze, Open-Air-Veranstaltungen im Sommer bringen noch mehr Leben in die Mauern. Ach ja, hier im äußersten Süden haben Sie mehr laue Sommernächte als weiter nördlich. Allein das ist schon einen Aufenthalt wert.

BRUCK AN DER MUR

Tja, das Schicksal einer Verkehrsdrehscheibe ist, dass alle daran vorbeifahren. Oder bestenfalls umsteigen. So wie viele Bahnfahrer, die mit dem Zug nach Wien oder Linz wollen. Dabei hat Bruck an der Mur ja Übung mit Zugvögeln. An den beiden größten Flüssen der Steiermark, der Mur und der Mürz, gelegen, kristallisierte sich der Ort

schon früh als Verkehrsknotenpunkt und Handelsstadt heraus. Erstmals wird Bruck an der Mur im 9. Jh. erwähnt und 1263 die erste, wehrhafte Stadtmauer angelegt, die in Teilen noch existiert. Dort, wo Waren, allen voran Salz und Eisen, und Menschen zusammenkamen, füllten sich die Säckel, erkennbar am kunstvollen Eisernen Brunnen, dem Rathaus mit Arkadenhof und zahlreichen Stadtpalais. Wobei das wichtigste Baujuwel zweifelsohne das Kornmesserhaus am Hauptplatz darstellt. Historiker attestieren ihm, einer der schönsten gotischen Profanbauten Österreichs zu sein. Sie brauchen aber niemanden in Bruck danach zu fragen, die venezianischen Arkaden verraten sich von selbst.

Und wenn so viel altes Geld Sie ermüden, haben Sie es nicht weit in prächtige Natur. Der Grüne See, einer der ungewöhnlichsten und schönsten Seen Österreichs, liegt eine halbe Stunde entfernt auf dem Weg zum pyramidenförmigen Erzberg.

Die Steiermark erleben

Lust auf ein paar Takte Vogelperspektive? Auf der Hängebrücke schwebt man oberhalb des schroffen Dachsteins und blickt weit ins Land.

1. *TOUR*

Der Dachstein –
Auf dem Dach der Steiermark

Wer hätte gedacht, dass der höchste Berg der Steiermark zugleich am einfachsten zugänglich ist? Bei so einer bestechenden Aussicht kann man nur sagen: Glück gehabt!

2. *TOUR*

Eine Radtour im Rebenland –
Grenzerfahrungen zwischen Weinbergen

Im hügeligen Rebenland der Südsteiermark kommen Sie vielleicht schneller als gedacht an Ihre Grenzen. Aber wo Grenzen verschwimmen, erfahren Weinselige bleibende Eindrücke.

3. *TOUR*

Am Erzberg –
Aussichtsreiche Eisenpyramide

Glauben Sie nicht, dass nur wegen der Besucher der Erzabbau eingestellt wird. Alle Sinne sind gefordert, allein schon weil die wunderbaren Landschaften magnetisch die Blicke anziehen.

Der Dachstein

Auf dem Dach der Steiermark

Stellen Sie sich darauf ein, dass Sie bei gutem Wetter und brillanter Fernsicht nicht die einzige Feder im Adlerhorst sind. Der höchste Punkt der Steiermark kann einfach nicht anders, als ein Touristenmagnet erster Güte zu sein. Besonders, weil es mit der Panoramagondel nur sechs Minuten dauert, um auf 2700 m Seehöhe mit grandiosem Rundum-Panorama transportiert zu werden.

Auffi gondeln

Da muss ich rauf? In der gelben, vollflächig verglasten Panoramagondel fliege ich adlergleich nach oben. Via Südwand schweben wir über Wiesen, Nadelbaum-Fleckchen und Geröllfelder, vorbei an der Südwandhütte. Der Blick wandert übers Ennstal bis hinein in den Salzburger Pongau. Was kann man schon sagen, wenn einem der Mund offen bleibt? Nach der Halbzeit wird es deutlich karger und schroffer. Das typische grau-weiße, in Schichten angeordnete Kalkgestein, der Dachsteinkalk, ist leicht erkennbar. An der Spitze des Hunerkogels landet der Adler schließlich in seinem Horst.

Himmlisch schön

Ich gehe mit dem Flow, dem Windflow, und lande rechts auf dem Skywalk, einer Aussichtsplattform an der Bergstation. Vorbei an einladenden Strandkörben hangle ich mich nach vorn. An guten Tagen soll der Ausblick bis zum slowenischen Triglav und dem Großglockner reichen. Ich muss mich aufs Hörensagen verlassen, denn wo genau Slowenien beginnt, ist mir ein Rätsel. Aber immerhin: Ich sehe Trilliarden kleiner und großer Berggipfel. Mittels Panoramatafel habe ich rechter Hand wenigstens den Hohen Dachstein mit seinen 2995 m ausgemacht.

Hängen geblieben im Nichts

Vor mir blanker Fels, unter mir ein Blick ins Bodenlose, das Herz pocht, die Finger krallen sich am Stahlseil fest. Ein paar Schritte durch Glet-

Wer den Dachstein vor der Abreise nicht auf der Liste hatte, revidiert dies spätestens bei so einem Anblick.

Erste Belastungsprobe für den Magen an der Bergstation: der Skywalk

scherschnee vom Skywalk entfernt, teste ich die frei schwebende Hängebrücke auf ihre Tauglichkeit. Sie soll pro Quadratmeter 450 kg Gewicht aushalten, aber darauf ankommen lassen möchte ich es lieber nicht. Wie ein Blinddarmfortsatz baumelt die vollverglaste Treppe ins Nichts in der Landschaft. Ich denke nicht so sehr ans Fliegen, sondern eher ans Fallen. Wie muss es den Arbeitern beim Bau ergangen sein? Schwindelfrei trifft die Anforderungen ans Personal nur unzureichend.

Geteilter Gletscher

Hinter Bergstation, Skywalk, Hängebrücke und Eispalast erstreckt sich der Dachsteingletscher, der im Sommer trostlos wirkt. Jedenfalls sichtbar sind die Liftsteher und -trassen. Auf den beiden Langlaufloipen und den Skipisten trainieren gerne Profisportler. Genau genommen liegt dieser Teil bereits in Oberösterreich, was die Trennlinie im Gletscherrestaurant verdeutlicht. Aber wer will schon so kleinlich sein?

Schneestapfen im Sommer

In vielen Karten als »Dachsteinwarte« eingezeichnet, befindet sich ebenda die eher stromlinienförmige als im Stile alpiner Hütten designte Seethalerhütte. Wegen der extremen Wetterbedingungen wurde beim Neubau 2018 die Hütte auf 2740 m Seehöhe mit großflächigen Aluschindeln verkleidet.

Auf einem frühmorgens von einem Pistenbully gespurten Weg durch das ewige Eis stapfe ich ca. 45 Minuten zur Hütte. Je später man unterwegs ist, desto kräfteraubender ist der Weg durch den erweichten Schnee. Bei einer hausgemachten, heißen Suppe taue ich in der Hütte auf. Ich könnte ewig bleiben, das Panorama wird niemals langweilig. Ich muss mich aber sputen, damit ich zeitgerecht für die letzte Talfahrt des Tages an der Bergstation bin.

Ü ÜBRIGENS

Am Ende der Hängebrücke, gleich hinter der Treppe ins Nichts, führt eine Tür in den Eispalast. Wechselnde, fluoreszierende Farben des Regenbogens umhüllen die einzelnen Exponate aus blankem Eis. Ca. 60 Tonnen Eis werden pro Ausstellung verarbeitet. Bei ca. -2 °C Innentemperatur bleiben die einzelnen Ausstellungen etwa zwei Jahre frisch, nur der Dachstein-Thronsaal (mit dem Selfie-Thron) hat kein Ablaufdatum.

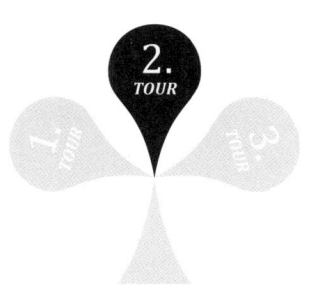

Eine Radtour im Rebenland

Grenzerfahrungen zwischen Weinbergen

Trunken sein vor Glück. Oder waren es die Panoramen? Wohl eher der Wein. Egal. Eine Runde mit Fahrrad (alternativ mit dem E-Bike) kann alle möglichen Sehnsüchte kurieren. Die Sehnsucht nach der Toskana. Oder nach am Horizont zerfließenden Landschaften. Oder nach Leckerbissen. Eine Grenzerfahrung der anderen Art.

Echt jetzt? Eine Brauerei an der Weinstraße, nach nur drei Minuten Fahrt? Schweren Herzens radeln wir vorbei, aber aufgeschoben ist nicht aufgehoben. Falls wir nach knapp 50 km auf dem Panorama-Radweg R54 (teilweise als R25 oder Weinstraßen-Tour ausgeschildert) noch Kraft dazu haben.

So glasig die Augen (und die Trauben)

Von Leutschach strampeln wir die stetig ansteigende Landstraße entlang. Kurz vor dem Gut Pössnitzberg verheißt die mit fünf Metern Höhe größte Weintraube der Welt aus Edelstahl und Glas eine aussichtsreiche Verschnaufpause auf 483 m Seehöhe. Gleich hinter dem Hotel zweigt die Südsteirische Panoramastraße rechts ab. Allein der ausgeschilderte Panoramablick in Richtung Norden über das Hügelland rechtfertigt diesen Abstecher. Auf Hängen mit bis zu 70 % Gefälle ist der Weinbau wahrlich kein Honigschlecken. Wir bleiben der R54 treu und folgen der Beschilderung nach Langegg.

Ein Tisch, der Hände schüttelt

Gegenüber vom Weingut Eibenhof an der Glanzer Kellerstraße eine Grenzerfahrung: Die Staatsgrenze zwischen Österreich und Slowenien verläuft mitten durch einen Picknicktisch, den »Grenztisch«. Seit dem Mittelalter gehörte die Untersteiermark, zwischen Mur und Save, zu Österreich. 1919, im Friedensvertrag von Saint-Germain, wurde aber getrennt, was jahrhundertelang mühselig zusammengewachsen war. An den beiden Grenzsteinen ist gut abzulesen, wie die Grenzziehung erfolgte, nämlich auf Zuruf. Die Weinbauern entschieden selbst, wo sie hingehören wollten.

> »STEIRERBLUAT IS KOA HIMBEERSOFT.«
>
> Redensart

Straße in den Tourismusboom

An der nächsten T-Kreuzung halten wir uns rechts und zweigen weiter vorne nach Sulztal und Ratsch (erkennbar am Schilderwald) ab. Die Autokorsos lassen es erahnen: Hier beginnt der beliebteste Abschnitt der Weinstraße, wohl wegen der beständigen Panoramen entlang des Hügelgrats. Rechts oben thront die Kästenburg von 1638, das älteste Bauwerk an der Weinstraße. Damals war an Fremdenverkehr nicht zu denken. Vielmehr zählte die Südsteiermark bis in die zweite Hälfte des 20. Jh. zu den ärmsten Regionen Österreichs. Erst 1955 wurde das vergessene Grenzland mittels Teerstraße an den Rest der Welt angebunden.

Erkennen Sie die weißen Grenzsteine am Straßenrand? Die erste Hälfte des 20. Jh. hinterließ grausige Spuren im Grenzland. Nur so viel: Weder die ethnischen Säuberungen unter Hitler in Jugoslawien noch jene unter dem Kommunismus taten den Beziehungen sonderlich gut. Selbst ohne Wachtürme oder Stacheldrahtzäune überwachte man die Grenze rigide. Zwischen den Weingütern Silly und Gallunder ist einer der Grenzübergänge teilweise erhalten (erkennbar an der dunkelbraunen Hütte). Gegenüber führt die Straße nach Slowenien.

Aber bitte mit Aussicht!

Vorbei an den Leitbetrieben Tement und Erich & Walter Polz geht es den Grassnitzberg bergab, überwiegend zumindest. Wer noch Kraft in den Beinen hat, kann den Abstecher bergauf zur Aussichtswarte Plac (Placki Vrh) wagen, die direkt an der Staatsgrenze liegt. Die Zufahrt erfolgt vorbei am Hotel Hochgrassnitzberg. Beim Buschenschank

Trummer (Abzweig links vor der Eisenbahnunterführung) ist die Hälfte der (Tor)Tour absolviert. Nun ist es wirklich Zeit für eine Stärkung mit berauschendem Ausblick!

Der Schatz der Südsteiermark: die Weinberge zwischen Ehrenhausen, Spielfeld und Leutschach

Hach, es wird flach! Entlang der Eisenbahntrasse und der Mur radeln wir nach Ehrenhausen, dem Tor zur Südsteirischen Weinstraße. Unverkennbar thront das Schloss Ehrenhausen auf dem Hügel. Die stark befahrene B 69 windet sich durch den Ort und schlängelt sich weiter entlang der Hügelwelt nach Gamlitz. Das Hochzeits- und Event-Schloss Gamlitz leuchtet in royalem Schönbrunner Gelb über der ausladenden Blumenpracht des schmucken Ortes.

Hinter dem Ortsende von Gamlitz folgen wir den Schildern des Radwegs R 25 nach Sernau und passieren einen weiteren Leitbetrieb, den Sattlerhof. Links und rechts der Straße geht der Blick tief in das Rebenland, mir bleibt die Luft weg. Oder ist es doch die Puste?

Hinter dem Winzerhotel Wurzenberg geht es an der T-Kreuzung rechts und dann 300 m weiter vorne links in die Fötschacher Straße bergab, bis ich an der Hauptstraße rechts nach Leutschach abzweige. Der Kirchturm weist den Weg. Beim Anblick der Hopfenplantagen rechts und links fällt's mir wieder ein. Ach ja, zur Brauerei wollte ich doch auch noch. Prost!

Am Erzberg

Aussichtsreiche Eisenpyramide

Der Erzberg zieht magnetisch an. Läge es nicht am Eisen im Inneren, dann daran, dass es sich um den einzigen aktiven Bergabbaubetrieb Europas handelt, der Besucher live bei der Arbeit zuschauen lässt. Dabei weiß man eigentlich gar nicht so genau, was mehr beeindruckt: die größte Eisenpyramide der Welt, die ungekünstelte Betriebsamkeit oder die dramatischen Bergformationen rundum.

Unter welchen Mühen einst Erze abgebaut wurden, ist heute schwer vorstellbar. Immerhin wird nachweislich seit 712 am Erzberg geschuftet, möglicherweise sogar viel länger. Händisch mit Schlägel und Eisen rackerten anfangs gestählte Männer in oberflächlichen Senken, die jederzeit einstürzen konnten. Erst ab dem 16. Jh. verordnete der Kaiser den Stollenbau, was zwar den Fördermengen dienlich war, nicht aber den Arbeitsbedingungen. Es staubte, stank, es war dunkel und stickig, und die blanke Angst, lebendig begraben zu werden, blieb ein täglicher Begleiter. Seit 1720 übernehmen Pulver und später Dynamit die Sprengungen, die ab 1890 an die Oberfläche wanderten und somit die charakteristische Pyramidenform einläuteten. Die tiefste der 42 Etagen liegt auf 707 m, die höchste auf 1465 m Seehöhe.

Big is prrretty beautiful!

Schwerfällig kommen die 55 gelben Tonnen trotz der 860 PS in Fahrt. Gut festhalten! Es rumpelt, poltert und knattert. Früher waren die *Haulys* (abgeleitet vom Markennamen Haulpak-Wabco) im Einsatz, sie konnten aber »nur« 77 Tonnen laden. Zwei dieser alten Muldenkipper kutschieren heute Besucher über den Erzberg (www.abenteuer-erzberg.at).

Ein aktiver Bergbaubetrieb als Ausflugsziel? Die beeindruckenden Landschaften sprechen jedenfalls dafür.

Tatsächlich im Abbau rattern Schwerlastwagen von Komatsu, die bis zu 120 Tonnen Erz transportieren, über die Etagen. Mit dem Eigengewicht sind die Muldenkipper mit gut und gerne 200 Tonnen Gewicht unterwegs. Allein ein Reifen wiegt 1,6 Tonnen! Zukünftig werden Schwerlaster von Liebherr eingesetzt, die mit Strom fahren – eine Pionierleistung im Bergbau europaweit. Ähnlich wie bei O-Bussen hängen die Fahrzeuge an einer Oberleitung.

Schau, schau

Mit den Schaufahrten verhält es sich wie mit einem Überraschungsei. Man weiß nie genau, was man kriegt. Weil der Tagebau den Erzberg laufend verändert, werden die Routen permanent angepasst. Zwar ist die Tour so konzipiert, dass jeweils zwei Stopps eingelegt werden, aber wo genau, variiert. Ein Stopp findet beispielsweise an der Aussichtsplattform beim Erzlager statt, wo die Gäste die Verladung auf mehrere Züge täglich beobachten. Das an Bord gespielte Video macht ergänzend die komplette Produktion begreifbar.

Drei, zwei, eins

Tröööööt! Nein, das ist kein in den Hafen einlaufendes Kreuzfahrtschiff, sondern das Kommando zur Sprengung. Dann eine Explosion, fliegendes Geröll, eine Staubwolke. Dreimal am Tag, zu fixen Schusszeiten, wird gesprengt, um Spateisenstein (Siderit) mit einem durchschnittlichen Eisengehalt von 33,5 % zu gewinnen. Ihn erkennt man an der grauen Färbung. An der Oberfläche oxidiert er zu rostig braunem Gestein. Nur jeweils am Donnerstagmorgen haben Besucher die Gelegenheit, eine Sprengung live zu erleben.

Alles kein Verhau

An die zwölf Millionen Tonnen Gestein, der sogenannte Verhau, werden pro Jahr aus dem Berg gesprengt, aber längst nicht alles ist verwertbar. Unterm Strich bleiben 3,2 Millionen Tonnen reinstes Eisenerz übrig, das die Werke in Linz und Donawitz zu Eisen weiterverarbeiten. Im Unterschied zu Erzen aus anderen Ländern kann es ohne jede weitere Aufbereitung genutzt werden.

Bei der Weiterverarbeitung des Gesteins kommt einfache Physik zum Einsatz. Entweder wird das Erz mit Flüssigkeiten vermengt, wobei das schwerere, erzhaltige Material auf den Boden sinkt, oder Magnete angeln das Eisen aus bereits fein zerriebenem Abbaumaterial. Unvorstellbar: Früher trennten Frauen das Gestein händisch. Die letzten »Klaubanlagen« schlossen 1967.

Spektakulär sucht Spektakel

Wenn g'standene Mannsbilder mit ihren Motocross-Maschinen wie Schoko-Nikoläuse bis zu den Ohren in Matsch getaucht sind, dann läuft das Erzberg-Rodeo (immer am Fronleichnam-Wochenende). Ähnlich dreckig geht es beim 4x4 Erzberg-Rodeo zu Pfingsten zu. Nichts für Saubermänner sind auch die meisten Laufveranstaltungen, wie der Dirtrun oder die Adventure-Days an zwei Wochenenden im Juli.

In liebevoll »Hauly« genannten Schwerlastern brettern die Besucher über die Stufen der Eisenpyramide.

ÜBRIGENS

Lust und Zeit auf mehr Industriegeschichte und traumhafte Landschaften an der Steirischen Eisenstraße? In Vordernberg verkehrt die steilste Normalspurbahn Europas, die Erzbergbahn (www.erzbergbahn.at). Der smaragdgrüne Leopoldsteiner See nördlich von Eisenerz lässt sich in 1,5 Std. per pedes umrunden (www.leopoldsteinersee.at).

So schmeckt die Steiermark

Aus leuchtend grün-gelben Kürbissen sprudelt das grüne Gold der Südsteiermark.

Die Steiermark besuchen ohne eine Brettljause zu verkosten? Unmöglich!

Säßen ein Bad Radkersburger und ein Altausseer an einem Tisch, wären sie sich genauso fremd wie ein Italiener und ein Russe. Typisch steirische Gerichte auf eine kurze Liste zu reduzieren, gelingt daher nicht. Nichtsdestotrotz: Wenn von der »steirischen Küche« gesprochen wird, meint man meist die Spezialitäten des südlichen Raums. Wahrscheinlich, weil die flache Landschaft mehr Vielfalt zuließ. Oder die günstige Verkehrslage für eine nachhaltigere Verbreitung im Reich sorgte.

Das grüne Gold
Dickflüssig wie Motoröl, dunkelgrün wie ein im Saft stehender Nadelwald. Und der Geschmack? Etwas nussig und leicht süßlich. Erst nach einer Spontanmutation entwickelten sich Samen mit einer dünnen Schale, die das Rösten und Pressen des Inhalts erlaubten. Traditionell wird das Kürbisöl für Salate verwendet, aber selbst aufs Vanilleeis träufeln es Experimentierfreudige. Für einen Liter werden fast 35 Kürbisse verarbeitet.

Kalt erwischt
Nein, Tränen in einem Buschenschank sind keine Schande. Der frische Kren

(Meerrettich) auf der Brettljause brennt zwar höllisch in den Augen und in der Nase, ist aber unverzichtbarer Bestandteil derselben. Außerdem gehören dazu (in Abwandlungen) fein aufgeschnittene Schweinefleischspezialitäten (Schinken, Selchwürstel, Geselchtes, Schweinsbraten), Aufstriche, Gemüse oder sauer Eingelegtes. Gemeinsam mit ein paar Scheiben Schwarzbrot werden die Zutaten auf einem Holzbrett serviert. Falls Sie's sauer mögen, gönnen Sie sich dazu einen Käferbohnen-Salat mit viel Kernöl. Die zart nussigen Käferbohnen (Feuer- oder Prunkbohnen), deren braun gesprenkelte Haut ihnen den Vergleich mit Käfern eingebracht hat, gedeihen in den Lehmböden der südlichen Steiermark prächtig. Maßgeblich »Schuld« an Ihrer Brettljause hat Erzherzog Johann, Herzog der Steiermark von 1807 bis 1859. Im damaligen Armenhaus Steiermark reformierte er die Landwirtschaft und führte zahllose damals unbekannte Feldgemüsesorten ein, wie Käferbohnen, Kren oder Radieschen.
In einem echten Buschenschank bleibt übrigens der Herd kalt. Seit 1784 dürfen Weinbauern gemäß kaiserlichem Dekret ihre eigenen Erzeugnisse verkaufen, an wen sie wollen. Sobald ein *Buschen*, also

ein Bund von Zweigen, an der Tür steckte, standen Hoferzeugnisse zum Verkauf. Selbst heute werden die verarbeiteten Lebensmittel entweder selbst produziert oder von anderen Höfen zugekauft.

Knusprig goldgelb
Auch wenn die Wiener es gerne für sich reklamieren möchten, ist das Steirische Backhendl durch und durch grün-weiß. Knusprig sollte die Panier aus Mehl, verquirltem Ei und Semmelbrösel sein. Heiß begehrt unter Genießern sind die Sulmtaler Hendln aus der südwestlichen Steiermark. Das Besondere an ihnen? Sie werden mit Mais gefüttert, wodurch Fleisch und Haut appetitlich gelb schimmern und besonders gut schmecken.

Vom Skandal zum Shootingstar
Wer hätte 1985 gedacht, dass die südsteirischen Weine den Glykol-Skandal zu einer Umkehr nutzten? Heute werden die steirischen Weine in einem Atemzug mit französischen und spanischen Weinen genannt. Schon im 8. Jh. soll in der Steiermark Wein gekeltert worden sein. Zu den wichtigsten Sorten zählen der spritzig-frische Welschriesling, der aromatische Sauvignon Blanc und der herbere Schilcher.

Entspannen in der Normandie

EINE SCHÖNE ZEIT,
WO IMMER DIE REISE
HINGEHT

Impressum

1. Auflage 2021
© 2021 DuMont Reiseverlag GmbH & Co. KG, Ostfildern
Alle Rechte vorbehalten.

Autoren und Verlag haben alle Informationen mit größtmöglicher Sorgfalt geprüft. Gleichwohl sind Fehler nicht vollständig auszuschließen. Alle Angaben erfolgen ohne Gewähr.

Autoren:
Dordogne: Manfred Görgens
Extremadura: Jürgen Strohmaier
Fischland: Claudia Banck
Friaul-Julisch Venetien: Nicoletta De Rossi (S. 65–63 u. 68–69),
Annette Krus-Bonazza (S. 64–67)
Kanalinseln: Petra Juling
Korfu: Klaus Bötig
Luxemburg: Reinhard Tiburzy
Malta: Hans E. Latzke
Menorca: Jonas Martiny
Nordportugal: Jürgen Strohmaier
Normandie: Klaus Simon
Saarland: Wolfgang Felk
Schwäbische Alb: Jens Bey (S. 208–209), Sabine Schwieder
(S. 198–207 u. 212–213), Andrea Wurth (S. 210–211)
Slowenien: Dieter Schulze
Steiermark: Daniela Eiletz-Kaube

Gestaltung und Satz: Birgit Eggers, Potsdam
Redaktion: Thomas Rach, Jessika Zollickhofer
© DuMont Reiseverlag, Ostfildern

Printed in Italy
ISBN 978-3-7701-8241-1
www.dumontreise.de

FSC
www.fsc.org
MIX
Papier aus verantwortungsvollen Quellen
FSC® C015829

Abbildungsnachweis

Alle Zeichnungen: Gerald Konopik, Fürstenfeldbruck
Alexander Gross, Saarbrücken: S. 185 u., 188/189, UK hinten/4
Andrea Wurth, Stuttgart: S. 203 re., 211 o., 211 u.
AWL Images, Whitchurch (GB): S. 102/103 (imagebroker)
Dieter Schulze, Bremen: S. 216, 219 li., 223 o., 228
DuMont Bildarchiv, Ostfildern: S. 192(Arthur F. Selbach); 14 (Frank Heuer); 191, 193 (Georg Knoll); 198/199, 199, 201 o., 206, 209 u., 212, 213 (Reinhard Schmid)
Fotolia, New York (USA): S. 110 (Image Source); 53 (kitchenkiss.de); 108/109, UK vorn/7 (Parente); 167 (shocky); 113 (Weller)
Getty Images, München: S. 123 li. (Avelino); 120 (Avino); 172/173 (Chanson); 176 (Cumming); 177 (hemis.fr/Cormon); 87 (Hulton Archive); 215 (Joel Rogers); 119 (Time Life Pictures/Birns)
Hans E. Latzke, Bielefeld: S. 121 o., 130, UK vorn/8
Huber Images, Garmisch-Partenkirchen: S. 65 (Cattaruzzi); 182/183 (Hans-Peter Merten); Titelbild (Luca Da Ros); 66 (Pavan); 217 o. (Pearson); 38/39, 41 o., 183 (Reinhard Schmid); 180 (Ripani); 74, 81, 89 u. (Schmid)
iStock.com, Calgary (CA): S. 71 (13460889); 238 (4FR); 163 (Angelina Borowska); 202 (aprott); 124/125 (arkanto/Dal Canto); 114 (art4stock); 55, 68 (Bepsimage); 235 li., 235 re. (Borisb17); 232 (Christopher Moswitzer); 54/55 (egon69); 22/23 (Estellez); 234 (GoodLifeStudio); 99 re. (Gosiek-B); 225 (gremlin); 239, UK hinten/7 (josefkubes); 236/237 (kruwt); 160 (Martín Burguillo); 129 (Memitina); 10 (MI-MOHE); 231 (pavlemarjanovic); 138 (rosn123); 146 (Rudi_Lange); 137 u., 147 re. (Simona Balconi); 112 (Stanislava Karagyozova); 34, UK vorn/2 (tahir abbas); 149 (tashka2000); 59 re. (thewizzthatwoz); 203 li. (tichr); 101 (titoandrade); 134/135 (Tono Balaguer); 166/167 (Vetta); 76/77 (VFKA); 200 (Wetterfotografie); 60/61 (zakaz86)
laif, Köln: S. 83 re., 85 (Amme); 194 (Bernd Jonkmanns); 107 li., 214/215 (Boening/Zenit); 107 re. (Bourget/Reporters); 229 (Büssemeier); 11 li., 12/13, 40, UK vorn/1, UK vorn/3 (Christian Kerber); 51. re. (Clemens Zahn); 49 (Dagmar Schwelle); 197 (Dorothea Schmid); 58 (Fechner); 41 u. (Frank Siemers); 185 o., 187 li., 196 (Georg Knoll); 137 o., 143 (Gonzalo Azumendi); 52 (Gregor Lengler); 118/119 (Harding/Neale Clark); 20 (Herbert Hartmann); 171 li. (hemis.fr/Cormon); 178 (hemis.fr/Guiziou); 171 re. (hemis.fr/Maisant); 73 o. (hemis.fr/Sudres); 219 re. (Heuer); 17 (HOA-QUI/REPERANT); 100 (IML/Kouri); 131 re. (Invision/Migeon); 139 re. (Knechtel); 19 re., 181 (Le Figaro Magazine/Martin); 15, 21 (Le Figaro Magazine/Robin); 82 (Michael Runkel/robertharding); 51 li. (Paul Langrock/Zenit); 91 re. (Polaris/Kouri); 147 li. (REA/Francois PERRI); 169 o. (Rigaud); 86/87 (robertharding/Farrin); 90 (robertharding/Tomlinson); 80 (robertharding/Treadway); 103, 105 u., 116, 218 (Schwelle); 115 re. (Specht); 78 (Steinhilber); 140/141 (Thomas Linkel); 46 (Toma Babovic); 179 li. (Top/Tripelon/Jarry)
Lookphotos, München: S. 246 (SagaPhoto)
Manfred Görgens, Wuppertal: S. 8, 9 o., 19 li.
MATO, Hamburg: S. 217 u. (Aldo Pavan/Schapowalow); 11 re. (Douglas Pearson); 222 (Günter Gräfenhain/Schapowalow); 70/71 (Justin Foulkes/Schapowalow); 122 (Richard Taylor/Schapowalow)
Mauritius Images, Mittenwald: S. 174 (age fotostock); 7 (age fotostock/Langley); 148, UK hinten/1 (age fotostock/Tolo Balaguer); 175 (AGF/Guichaoua); 94, 98, UK vorn/6 (Alamy); 135 (Alamy/ACORN); 115 li., 169 u., UK hinten/3 (Alamy/Arterra Picture Library); 88 (Alamy/Davis Photography); 139 li. (Alamy/Findlay); 220/221, UK hinten/6 (Alamy/Hare); 9 u. (Alamy/Julian Elliott Photography); 127 (Alamy/Kase); 142 (Alamy/MIKEL BILBAO GOROSTIAGA-TRAVELS); 72 (Alamy/Miyake); 168 (Alamy/nobleIMAGES); 128 (Alamy/Patrick); 133 (Alamy/Ramirez); 226 (Alamy/Robertson); 136 (Alamy/STOCKCHILDREN); 121 u. (Alamy/Stockimo/mrkrabs); 170 (Alamy/Whitefoot); 132, 227 re. (Alamy/Wild Places Photography/Howes); 123 re. (Alamy/Wyatt); 223 u. (Alamy/Zoonar GmbH); 179 re. (Alamy/Zooner); 84, UK vorn/5 (foodcollection); 44/45 (Jean Schwarz); 145 (Jose Fuste Raga); 224, 227 li. (nature picture library/Munoz); 6/7 (Photononstop/Patrick Somelet); 144 (robertharding/Marco Simoni); 91 li. (SuperStock/Sawyer PCL); 156/157 (ZUMA Press, Inc./Alamy)
Oliver Dietze, Saarbrücken: S. 187 re.
Petra Huber, Avliotes (GR): S. 89 o., 92/93
Petra Juling, Lissendorf: S. 73 u., 75 re.
picture-alliance, Frankfurt a. M: S. 39 (blickwinkel/D. u. M. Sheldon); 43 re. (Hagen Hellwig); 79 (Heritage Images/Fine Art Images/Fine Arts Collection)
Reinhard Tiburzy, Aachen: S. 106
Sabine Schwieder, Ostfildern: S. 207
Shutterstock.com, Amsterdam (NL): S. 24 (agsaz); 50 (aldorado); 42 (Alexander Weickart); 154 (AlexelA); 97 (Andrew Mayovskyy); 69 (barbajones); 153 u., 159 re. (Bruno Ismael Silva Alves); 25 o. (Carl Allen); 33 (Carlos Sanchez Benayas); 230/231 (Christopher Moswitzer); 111 (ciwoa); 209 o. (Daniel Huebner); 233 o. (Elena N Ivanova); 26 (Francisco Cidoncha); 25 u. (Francisco Javier Gil); 18 (Gareth Kirkland); 37 (Gelpi); 83 li. (haraldmuc); 27 re. (Helissa Grundemann); 31 (imageBROKER.com); 159 li. (inacio pires); 155 li. (Ivan Micoluchin); 153 o. (Jan Jerman); 57 o. (Jenny Sturm); 210, UK hinten/5 (jopelka); 28/29 (Juan Aunion); 233 u. (K3S); 30 (Karel Bartik); 75 li. (Kiev.Victor); 105 o. (Kit Leong); 47 (LaMiaFotografia); 161 (Luis Pedro Fonseca); 35 re. (lunamarina); 59 li. (Marco Lissoni); 95 (Martien van Gaalen); 151 (MAV_malaga); 23 (Megapixeles.es); 155 re. (mehdi33300); 36 (Miguel G. Saavedra); 56 (milosk50); 35 li. (Obatala-photography); 162 (Philippe 1 bo); 241, 244 (Przemek Iciak); 165 (Radiokafka); 150/151 (Renato Martinho); 245 (Rene Walter); 32 (Richard Semik); 104 (RossHelen); 158, UK hinten/2 (rui vale sousa); 201 u. (Schlesier52); 57 u., UK vorn/4 (Sebastiano Calanzone); 63 (Taljat David); 62 (tommaso lizzul); 204/205 (Umomos); 117 (Vicuschka); 152 (vouvraysan); 27 li., 164 (Wirestock Images)
Stock.adobe.com, Dublin (IE): S. 184 (Petair)
Tom Schulze, Leipzig: S. 126
Tourismus Zentrale Saarland GmbH, Saarbrücken: S. 195 li., 195 re. (Eike S. Dubois)
VA Erzberg: S. 242, 243 (August Zöbl)
viewingmalta.com, Malta: S. 131 li. (Scicluna)
Visum, Hannover: S. 99 li. (DeBeeldunie/Meyst)
Wolfgang Felk, Saarbrücken: S. 186, 190
© VG Bild-Kunst, Bonn 2019: S. 43 li. Installation von Hubertus von der Goltz